달달 읽고 **곰곰** 생각하는

달곰한 문해력

초등 어휘

달곰한 공부 계획

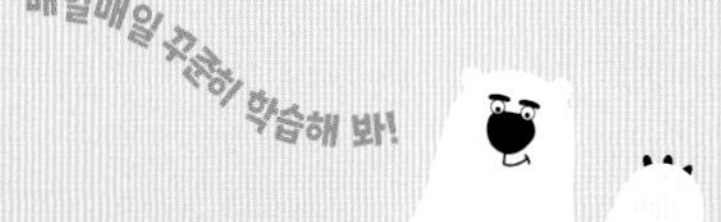

국어

주제 01	주제 02	주제 03	주제 04	주제 01~04 주간 학습
월 / 일	월 / 일	월 / 일	월 / 일	월 / 일
주제 05	주제 06	주제 07	주제 08	주제 05~08 주간 학습
월 / 일	월 / 일	월 / 일	월 / 일	월 / 일

사회

주제 01	주제 02	주제 03	주제 04	주제 01~04 주간 학습
월 / 일	월 / 일	월 / 일	월 / 일	월 / 일
주제 05	주제 06	주제 07	주제 08	주제 05~08 주간 학습
월 / 일	월 / 일	월 / 일	월 / 일	월 / 일

과학

주제 01	주제 02	주제 03	주제 04	주제 01~04 주간 학습
월 / 일	월 / 일	월 / 일	월 / 일	월 / 일
주제 05	주제 06	주제 07	주제 08	주제 05~08 주간 학습
월 / 일	월 / 일	월 / 일	월 / 일	월 / 일

우리는 매일 국어, 과학, 사회 등의 교과 수업을 들으며 새로운 낱말을 만나요. 이 낱말들은 우리가 세상을 이해하고, 더 많은 지식을 쌓는 데 도움을 주어요. 하지만 낱말의 뜻을 잘 모르면 공부가 어려워질 수 있어요.

'달곰한 문해력 초등 어휘'는 여러분이 일상생활뿐만 아니라 교과 과목에서 자주 만나는 중요한 낱말들을 재미있게 익힐 수 있도록 도와줄 거예요. 그림과 함께 이야기를 읽으며 낱말의 뜻을 추론하고, 어휘 반복 학습을 통해 낱말을 확실히 익힐 수 있도록 구성했어요. 여러분의 어휘력이 쑥쑥 자라도록 도와줄게요.

그럼, 이제 '달곰한 문해력 초등 어휘'를 시작해 봐요!

WHY 왜 어휘를 따로 공부해야 할까요?

어휘는 문해력의 기본

어휘는 문해력의 기본이 되기 때문입니다. 문해력은 단순히 글을 읽고 해석하는 것에서 나아가 글과 문장 속에 숨어 있는 맥락을 찾아내고 그것을 내재화하여 확장하는 능력까지 포함되는 것입니다. 이를 위해서는 글과 문장 속에 있는 어휘의 정확한 뜻을 인지하고 있어야 합니다. 또 해석을 넘어 문장과 글, 다른 상황에도 확장하여 활용할 수 있어야 하기 때문입니다.

초등 어휘

국어 교과 어휘

사회 교과 어휘

기타 교과 어휘

과학 교과 어휘

수학 교과 어휘

어휘는 모든 교과서의 기본

부족한 어휘 지식은 국어만이 아니라 수학, 사회, 과학을 학습할 때도 맥락과 상황, 현상을 이해하는 데 걸림돌이 될 수 있습니다. 모든 교과 학습에서 기본은 우리말인 국어이며 각 교과에서 필수적으로 알아야 할 어휘들이 바탕이 되어야 온전히 교과 학습을 이해할 수 있습니다.

WHAT 어떤 어휘를 공부해야 할까요?

학년별 필수 교과 어휘

어휘 공부에서 가장 기본적인 바탕이 되는 것은 교육과정에 따른 교과 어휘입니다. 따라서 과목별로 교과 필수 어휘를 공부하는 것이 가장 중요합니다. 이때 어휘는 과목별로 따로 익혀야 합니다. 교육과정에 따른 각 과목의 교과 어휘를 별도로 학습해야 해당 교과를 공부할 때 어휘를 적재적소에 활용할 수 있기 때문입니다. 또한 해당 학년 외에 선행 어휘를 익힐 필요도 있습니다. 학년에 맞는 수준으로 쓴 글이나 문장도 일부 어휘의 난이도가 높을 수 있기 때문입니다.

학습이 필요한 어휘

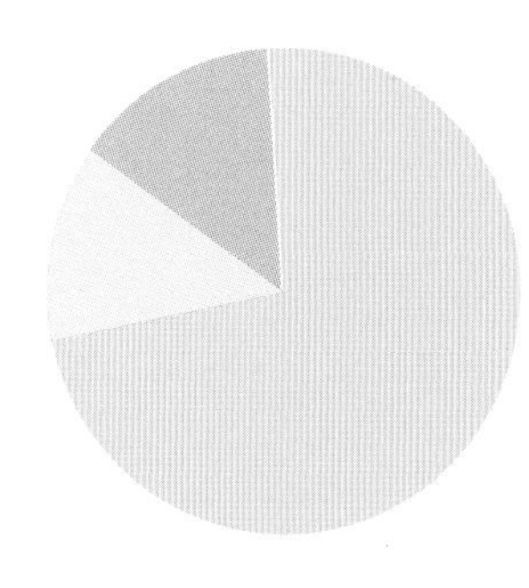

학년 필수 교과 어휘 선행 어휘

알고 있다고 생각하지만 모르는 어휘

HOW 어떻게 어휘를 공부해야 할까요?

의미 연결 학습

어휘를 단순히 나열하여 암기하는 방법으로는 어휘를 오래 기억하고 내재화하기 어렵습니다. 따라서 어휘는 의미를 연결 지어 학습하는 것이 효과적입니다.

문맥 속 추론 학습

어휘의 뜻만 기억하는 것보다, 어휘가 사용된 문맥 속에서 직접 추론하고 뜻을 익히면 기억에 오래 남아 다른 상황에서도 해당 어휘를 효과적으로 활용할 수 있습니다.

반복 학습

어휘력 향상은 기억력과의 싸움입니다. 따라서 반복 학습을 통해 어휘를 계속 기억할 수 있도록 해야 합니다. 해당 어휘가 사용되는 여러 상황을 반복적으로 접함으로써 어휘의 활용 능력도 향상시킬 수 있습니다.

달곰한 문해력 초등 어휘
한 권으로 어휘 학습 완성!

『달곰한 문해력 초등 어휘』는 각 학년 교과 필수 어휘를 완벽하게 익히는 완전 학습이 가능합니다. 교과 어휘 중 가장 핵심적인 어휘를 선정하여 주제별로 묶어 어휘를 의미적으로 연결하여 학습합니다. 지문의 문맥 속에서 추론하며 익히고, '일일 학습-주간 학습-어휘 평가'까지 세 번의 반복 학습을 통해 완전 학습이 가능합니다.

주제 낱말밭을 통해 의미적으로 연결된 **어휘 학습**

지문을 통해 문맥 속 어휘의 뜻 **추론 학습**

[일일 학습-주간 학습-어휘 평가]로 이어지는 **반복 학습**

이 책의 활용법

나에게 맞는 어휘 **학습 주기**로 계획을 세워 공부해요.

10일

과목별 집중 학습

국어, 사회, 과학 어휘를
순서대로 각각 10일씩
총 30일 학습**해요.**

5일

과목별 선택 학습

국어, 사회, 과학 중
원하는 과목을 골라서
5일씩 학습을 두 번**해요.**

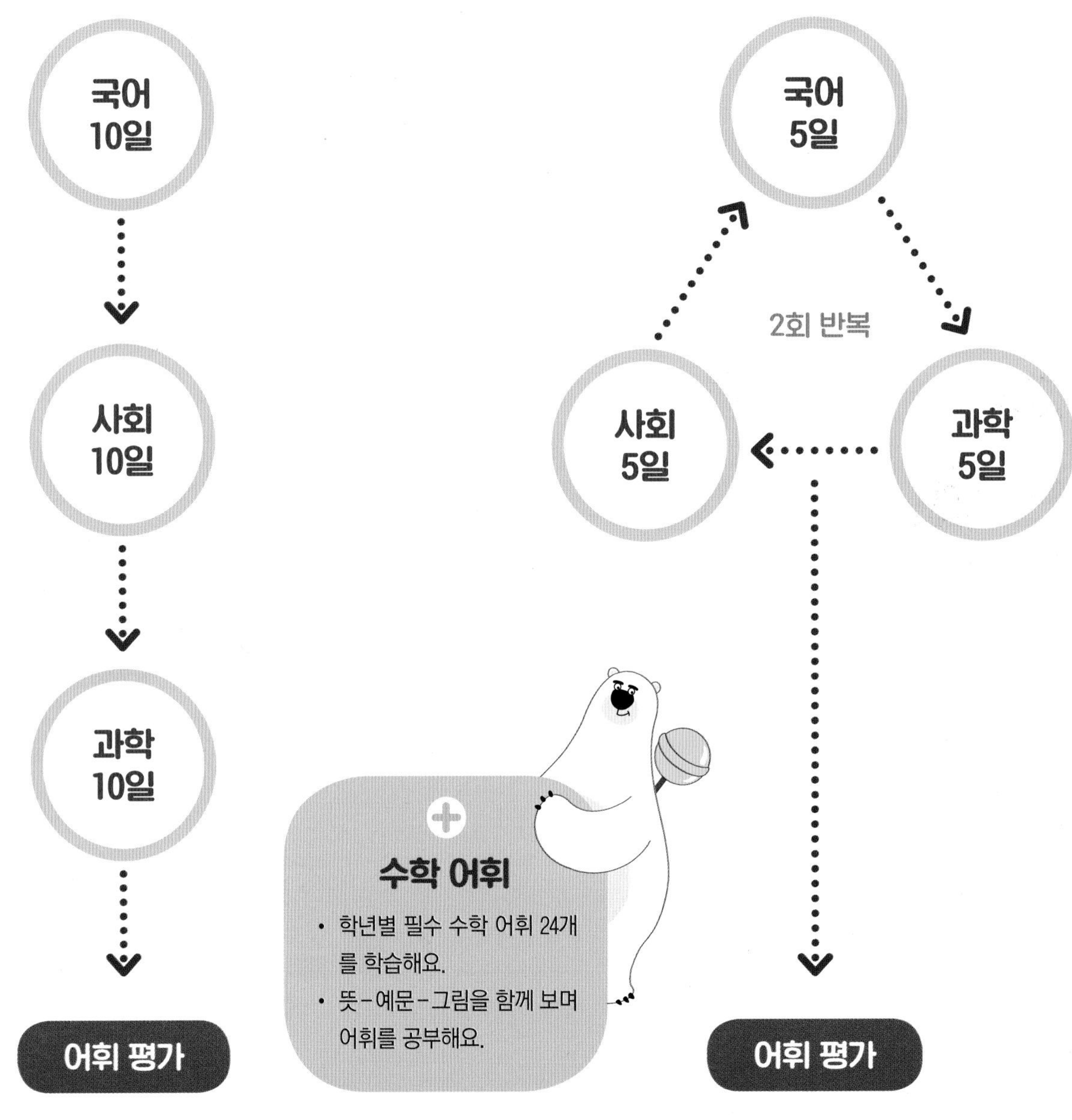

이 책을 추천하는

선생님의 한 마디

"달곰한 문해력 초등 어휘와 함께 체계적인 어휘 학습을 시작해 보세요"

추천사 **김택수 교수님**

경희사이버대학교
한국어문화학부 초빙교수

어휘력은 우리의 삶과 세상을 이해하는 가장 기본이 되는 도구입니다. 단순히 많은 단어를 아는 것을 넘어서서, 단어들이 담고 있는 깊이 있는 의미와 뉘앙스를 이해하고, 이를 통해 세상을 더욱 섬세하게 바라볼 수 있게 해주는 중요한 역할을 합니다.

어휘를 잘 모르면 어떤 일이 벌어질까요? 단어의 뜻을 모르므로 글에 대한 이해력이 떨어지고, 학습에 어려움을 겪게 될 것입니다. 또래 친구들과의 소통에서 문제가 생길 수도 있습니다. 어휘력이 낮으므로 자신을 표현할 수단이 적어 자기 생각과 감정을 정확하게 표현하기 어렵게 됩니다. 이에 따라 사회적 관계 형성과 유지 등 사회적 측면에서도 어려움을 경험하게 할 수 있습니다.

이러한 문제가 생기지 않게 하기 위해서는 체계적인 접근이 필요합니다. 먼저, 주제별 필수 어휘 학습을 시작으로 기초 어휘를 이해하고 단계적으로 확장하는 체계적인 어휘 학습이 매우 중요합니다.

또한 어휘를 단순히 나열하고 암기하는 방식이 아닌 추론과 반복 학습을 통해 여러 가지 상황과 다양한 문맥에서 그 의미를 이해하는 맥락 중심의 학습이 필요합니다. 여기에 규칙적이고 지속적인 복습과 적용 연습을 통한 반복 학습이 더해지면 학습자의 어휘력은 더욱 성장하게 될 것입니다.

'달곰한 문해력 초등 어휘'는 이러한 요소들을 통합적으로 제공합니다. '주제 낱말밭'을 통해 어휘를 의미적으로 연결한 어휘 학습을 제공하며, 단계적인 어휘력 향상과 맥락 속에서 자연스럽게 어휘를 이해하는 능력을 신장하는 데 도움을 줍니다.

이러한 과정을 통해 차근차근 하나하나 주어진 과제를 수행하면 '세상을 이해하는 단단한 틀'을 지니게 될 뿐만 아니라 다채로운 생각과 시선으로 삶을 마주하리라 생각합니다.

이 책의

구성과 특징

❶ 낱말밭

주제 어휘로 구성된 낱말밭의 그림과 이야기를 살펴보며 낱말의 뜻을 추론해요.

❷ 긴 글 읽기

다양한 종류의 긴 글을 읽으며 어휘의 뜻을 추론해요.

❸ 낱말밭 사전

어휘의 정확한 뜻을 확인하고 익혀요.

❹ 낱말밭 일일 학습 (1단계 확인과 적용)

여러 가지 유형의 어휘 확인 및 적용 문제를 풀면서 어휘를 학습해요.

❺ 낱말밭 일일 학습 (2단계 활용)

앞에서 배운 어휘를 활용하여 문장을 직접 만들어 써 봐요.

❻ 낱말밭 주간 학습

다양한 유형의 문제를 풀면서 4일간 학습한 어휘를 반복 학습해요.

❼ 디지털 속 한 문장

실생활에서 자주 접하는 디지털 장면에서 어휘를 활용한 글쓰기를 해 봐요.

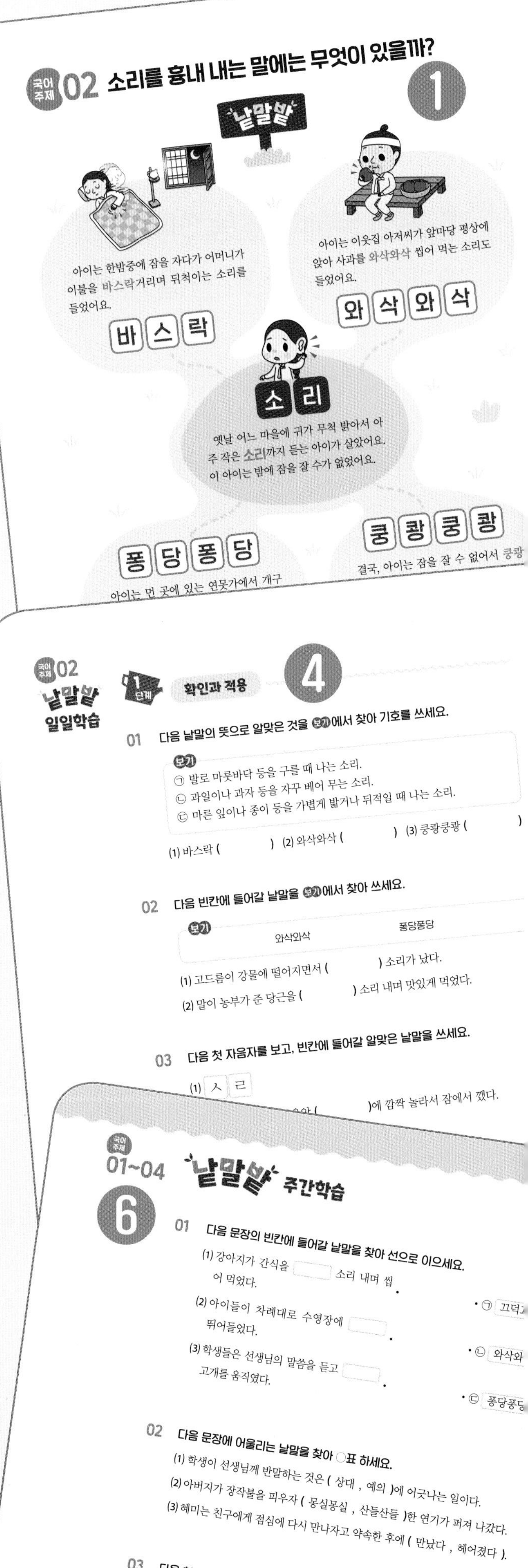

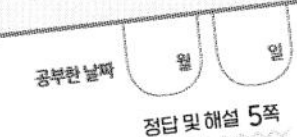

공부한 날짜 월 일

정답 및 해설 5쪽

다음 글을 읽으며, 빈칸에 들어갈 낱말을 따라 써 보세요.

2

귀는 우리 몸에서 가장 먼저 깨어나고 마지막에 잠드는 부분이에요. 그래서 아기가 태어나면 눈으로 보거나 코로 냄새를 맡는 것보다 주변에서 들리는 (1) 소리 를 가장 먼저 듣게 돼요. 이처럼 귀는 우리와 세상을 연결해 주는 중요한 역할을 해요.

여러분도 눈을 감고 귀를 기울여서 주변의 소리를 들어 보세요. 집 안에서는 가족들이 과자를 (2) 와삭와삭 씹어 먹는 소리, 동생이 (3) 쿵광쿵광 뛰어다니는 소리가 들릴 거예요. 집 밖에서는 사람들이 바닥에 떨어진 나뭇잎을 밟아 (4) 바스락거리는 소리, 아이들이 던진 돌멩이가 물속에 (5) 퐁당퐁당 빠지는 소리도 들을 수 있어요. 이렇게 우리의 귀는 여러 가지 소리를 들을 수 있지요.

3

확인

낱말밭 사전

* 소리 물체의 진동에 의해 생긴 떨림이 귓속에 있는 막을 울리어 귀에 들리는 것.

정답 및 해설 5쪽

05 다음 ㉠과 ㉡에 들어갈 알맞은 낱말을 보기에서 찾아 쓰세요.

보기
바스락 와삭와삭

늦은 밤, 승우는 가족들 몰래 냉장고에서 과자 봉지를 꺼냈어요. 조용한 집안에 봉지를 뜯는 ㉠ 소리가 울려 퍼졌지요. 승우가 ㉡ 과자를 베어 물자, 강아지가 달려와 기대에 찬 눈으로 승우를 바라보았어요. 결국 둘은 함께 과자를 나누어 먹었어요.

(1) ㉠: ( ) (2) ㉡: ( )

06 다음 빈칸에 들어갈 낱말로 알맞은 것을 찾아 ○표 하세요.

잭은 집에서 키우던 소를 마법의 콩알과 바꾸었어요. 이를 알게 된 어머니는 화가 나서 창밖으로 콩을 던져 버렸어요. 다음 날 잭은 하늘까지 자란 콩나무를 타고 거인의 성에서 황금알을 낳는 거위를 가져왔어요. 거인은 [ ] 발소리를 내며 쫓아왔지만, 잭은 콩나무를 잘라 버렸어요.

(쿵광쿵광 , 퐁당퐁당)

2단계 활용 5

07 다음 보기와 같이 주어진 낱말을 넣어 짧은 문장을 만들어 쓰세요.

보기
바스락
풀숲에서 바스락대는 소리가 나자 강아지가 귀를 쫑긋 세웠다.

7

디지털 속 한 문장

정답 및 해설 8쪽

다음을 보고, 인사라는 낱말을 넣어 친구에게 인사하는 글을 써 보세요.

#인사

나는 '세계 문화 축제'에 갔다. 그곳에서 나라별 ...
법을 배웠는데, 인도의 ...

부록

▸ 수학 필수 어휘

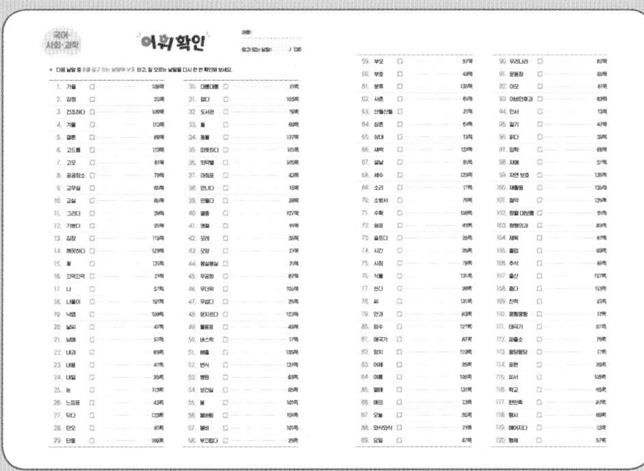

▸ 국어/사회/과학 어휘 확인

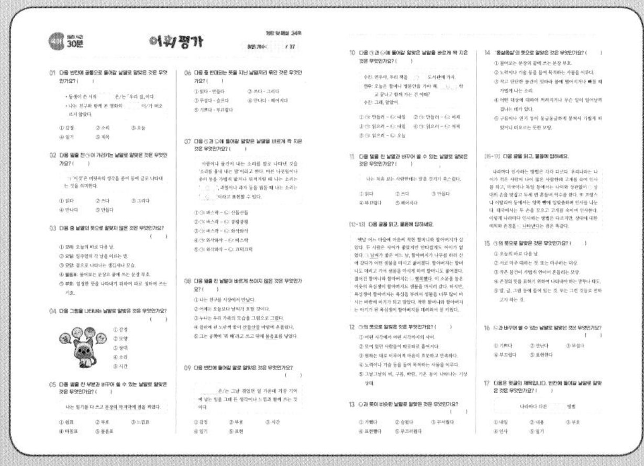

▸ 국어/사회/과학 어휘 평가

이 책의

차례

국어

국어
01~04

국어 01 02 03 04 주간학습 05 06 07 08 주간학습 사회 01 02 03 04 주간학습 05 06 07 08 주간학습 과학 01 02 03 04 주간학습 05 06 07 08 주간학습 수학

주제별로 묶어 어휘를 의미적으로 연결하여 학습해 봐!

국어 주제 01
인사는 누구에게, 언제 해야 할까?
- 인사, 만나다, 예의, 헤어지다, 상대
월 일

국어 주제 02
소리를 흉내 내는 말에는 무엇이 있을까?
- 소리, 바스락, 와삭와삭, 퐁당퐁당, 쿵쾅쿵쾅
월 일

국어 주제 03
모양을 흉내 내는 말에는 무엇이 있을까?
- 모양, 몽실몽실, 산들산들, 대롱대롱, 끄덕끄덕
월 일

국어 주제 04
감정을 나타내는 말에는 무엇이 있을까?
- 감정, 기쁘다, 슬프다, 무섭다, 부끄럽다
월 일

국어 주제 01~04
낱말밭 주간학습
월 일

국어 주제 01 인사는 누구에게, 언제 해야 할까?

준수가 손을 흔들며 인사하자, 반 친구들도 환하게 웃으며 "**만나서** 반가워."라고 말했어요.

첫 수업 시간에 선생님께서 인사하는 방법을 알려 주셨어요. 어른을 만나면 고개 숙여 인사하는 것이 **예의**지요.

예 의

인 사

오늘은 개학식 날이에요. 준수는 새로운 반 친구에게 반갑게 **인사**를 했어요.

수업이 끝난 후, 준수는 학교 앞에서 친구들과 "잘 가."라고 인사를 나누며 **헤어졌어요**.

준수는 거울을 보며 **상대**를 바라보고 인사하는 연습을 했어요. 내일 친구들에게 밝게 인사하기로 결심했어요.

다음 글을 읽으며, 빈칸에 들어갈 낱말을 따라 써 보세요.

사람들은 (1) 만날 때나 (2) 헤어질 때 여러 가지 인사말을 사용해서 (3) 인사를 주고받아요. 학교에서 선생님이나 친구들을 만나면, 우리는 밝은 목소리로 인사하며 활짝 웃는 표정으로 (4) 상대를 바라보지요. 어른을 만날 때는 두 손을 앞으로 모으고 허리를 굽혀 "안녕하세요?"라고 (5) 예의 바르게 말해요. 이는 어른에 대한 존경을 나타내는 방법이에요. 또한, 친구를 만나면 손을 흔들면서 "안녕?"이라고 말하지요.

사람들과 헤어질 때도 인사는 중요해요. 어른에게는 "안녕히 가세요."라고 인사드리고, 친구에게는 "잘 가." 또는 "또 만나."라고 인사할 수 있어요. 이처럼 사람들은 다양한 인사말로 상대방에게 예의를 나타내며 사이좋게 지내요.

낱말밭 사전

확인

* **인사** 마주 대하거나 헤어질 때 예를 나타내는 말이나 행동. ☐
* **만나다** 누군가 가거나 와서 둘이 서로 마주 보다. ☐
* **예의** 존경의 뜻을 표하기 위하여 나타내는 말투나 태도. ☐
* **헤어지다** 모여 있던 사람들이 따로따로 흩어지다. ☐
* **상대** 서로 마주 대함. 또는 마주하는 대상. ☐

확인과 적용

01 **다음 낱말의 뜻으로 알맞은 것을 찾아 선으로 이으세요.**

(1) 상대 •　　　　• ㉠ 서로 마주 대함. 또는 마주하는 대상.

(2) 만나다 •　　　　• ㉡ 누군가 가거나 와서 둘이 서로 마주 보다.

(3) 헤어지다 •　　　　• ㉢ 모여 있던 사람들이 따로따로 흩어지다.

02 **다음 빈칸에 들어갈 낱말을 보기에 있는 글자 카드로 만들어 쓰세요.**

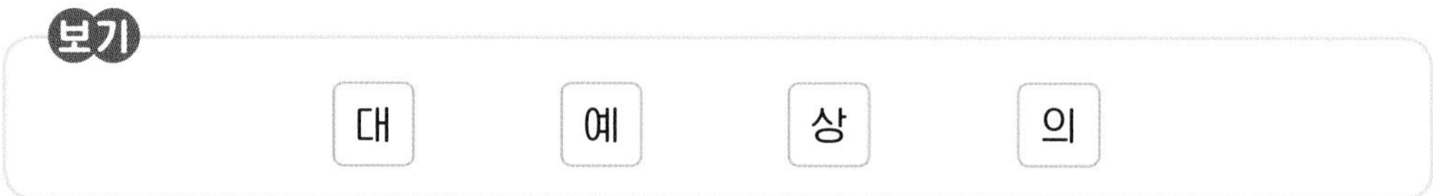

(1) 나는 이야기할 때 (　　　　　)와/과 눈을 마주치며 말한다.

(2) 우리는 가족과 말할 때도 서로 (　　　　　)을/를 지켜야 한다.

03 **다음 문장에 어울리는 낱말을 찾아 ○표 하세요.**

(1) 민호는 나에게 방긋 웃으며 (예의 , 인사)를 건넸다.

(2) 다른 사람과 말할 때는 (상대 , 예의)의 눈을 보아야 한다.

(3) 아이들은 놀이터에서 놀다가 집에 갈 시간이 되어 (만났다 , 헤어졌다).

04 **다음 중 밑줄 친 낱말을 바르게 사용하여 말한 친구의 이름을 쓰세요.**

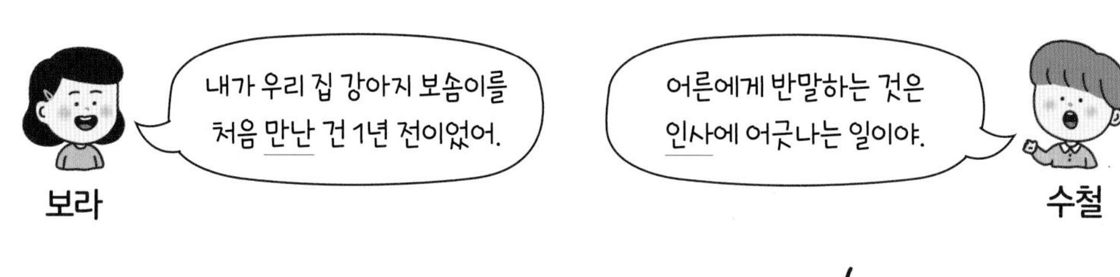

(　　　　　　　　)

05 다음 ㉠과 ㉡에 들어갈 알맞은 낱말을 보기에서 찾아 쓰세요.

보기
상대　　예의

사람들은 (㉠)에게 고마운 일이 생겼을 때 "고마워." 또는 "감사합니다."라고 말해요. 이때 (㉡)를 갖추고 구체적인 이유를 덧붙여서 진심을 담아 표현하면, 고마워하는 마음을 상대방이 더욱 깊이 느낄 수 있어요.

(1) ㉠: (　　　　) (2) ㉡: (　　　　)

06 다음 밑줄 친 낱말의 뜻으로 알맞은 것을 보기에서 찾아 기호를 쓰세요.

보기
㉠ 존경의 뜻을 표하기 위하여 나타내는 말투나 태도.
㉡ 마주 대하거나 헤어질 때 예를 나타내는 말이나 행동.

유림이는 이모와 함께 영화를 보러 갔어요. 영화관은 시끌벅적했지요. 그런데 유림이는 혼자 영화를 보러 온 다혜를 발견했어요. 유림이는 다혜를 만난 게 너무 반가워서 인사를 했어요. 결국 세 사람은 함께 영화를 봤어요.

(　　　　)

2단계 활용

07 다음 문장의 빈칸에 들어갈 낱말을 보기에서 찾아 쓰고, 완성한 문장을 그대로 따라 써 보세요.

보기
예의　　인사　　만났다　　헤어졌다

(1) 민주는 공원에서 친한 친구를 (　　　　).

(2) 나는 할머니께 (　　　　) 바르게 행동했다.

국어 주제 02 소리를 흉내 내는 말에는 무엇이 있을까?

아이는 한밤중에 잠을 자다가 어머니가 이불을 **바스락**거리며 뒤척이는 소리를 들었어요.

아이는 이웃집 아저씨가 앞마당 평상에 앉아 사과를 **와삭와삭** 씹어 먹는 소리도 들었어요.

와 삭 와 삭

소 리

옛날 어느 마을에 귀가 무척 밝아서 아주 작은 **소리**까지 듣는 아이가 살았어요. 이 아이는 밤에 잠을 잘 수가 없었어요.

퐁 당 퐁 당

아이는 먼 곳에 있는 연못가에서 개구리가 물속으로 **퐁당퐁당** 뛰어들어가는 소리도 들었어요.

쿵 쾅 쿵 쾅

결국, 아이는 잠을 잘 수 없어서 **쿵쾅쿵쾅** 울리는 자신의 발소리를 친구 삼아 마을을 돌아다니며 지켰어요.

정답 및 해설 5쪽

다음 글을 읽으며, 빈칸에 들어갈 낱말을 따라 써 보세요.

귀는 우리 몸에서 가장 먼저 깨어나고 마지막에 잠드는 부분이에요. 그래서 아기가 태어나면 눈으로 보거나 코로 냄새를 맡는 것보다 주변에서 들리는 (1) 소리 를 가장 먼저 듣게 돼요. 이처럼 귀는 우리와 세상을 연결해 주는 중요한 역할을 해요.

여러분도 눈을 감고 귀를 기울여서 주변의 소리를 들어 보세요. 집 안에서는 가족들이 과자를 (2) 와삭와삭 씹어 먹는 소리, 동생이 (3) 쿵쾅쿵쾅 뛰어다니는 소리가 들릴 거예요. 집 밖에서는 사람들이 바닥에 떨어진 나뭇잎을 밟아 (4) 바스락 거리는 소리, 아이들이 던진 돌멩이가 물속에 (5) 퐁당퐁당 빠지는 소리도 들을 수 있어요. 이렇게 우리의 귀는 여러 가지 소리를 들을 수 있지요.

낱말밭 사전

확인

* **소리** 물체의 진동에 의해 생긴 떨림이 귓속에 있는 막을 울리어 귀에 들리는 것. ☐
* **바스락** 마른 잎이나 종이 등을 가볍게 밟거나 뒤적일 때 나는 소리. ☐
* **와삭와삭** 과일이나 과자 등을 자꾸 베어 무는 소리. ☐
* **퐁당퐁당** 작고 단단한 물건이 잇따라 물에 떨어지거나 빠질 때 가볍게 나는 소리. ☐
* **쿵쾅쿵쾅** 발로 마룻바닥 등을 구를 때 나는 소리. ☐

확인과 적용

01 다음 낱말의 뜻으로 알맞은 것을 보기에서 찾아 기호를 쓰세요.

보기
㉠ 발로 마룻바닥 등을 구를 때 나는 소리.
㉡ 과일이나 과자 등을 자꾸 베어 무는 소리.
㉢ 마른 잎이나 종이 등을 가볍게 밟거나 뒤적일 때 나는 소리.

(1) 바스락 (　　　　) (2) 와삭와삭 (　　　　) (3) 쿵쾅쿵쾅 (　　　　)

02 다음 빈칸에 들어갈 낱말을 보기에서 찾아 쓰세요.

보기
와삭와삭　　　　풍당풍당

(1) 고드름이 강물에 떨어지면서 (　　　　) 소리가 났다.

(2) 말이 농부가 준 당근을 (　　　　) 소리 내며 맛있게 먹었다.

03 다음 첫 자음자를 보고, 빈칸에 들어갈 알맞은 낱말을 쓰세요.

(1) ㅅ ㄹ

나는 시끄러운 음악 (　　　　)에 깜짝 놀라서 잠에서 깼다.

(2) ㅋ ㅋ ㅋ ㅋ

체육관에서 학생들이 큰 소리로 떠들면서 (　　　　) 뛰어다녔다.

04 다음 중 밑줄 친 낱말을 바르게 사용하여 말한 친구의 이름을 쓰세요.

건우: 나무에 매달려 있던 열매가 물속에 빠지면서 <u>쿵쾅쿵쾅</u> 소리를 냈어.

지혜: 나는 고양이가 종이 상자 안에서 <u>바스락</u>거리며 노는 소리 때문에 잠을 잘 수 없었어.

(　　　　)

05 다음 ㉠과 ㉡에 들어갈 알맞은 낱말을 보기에서 찾아 쓰세요.

보기

바스락 와삭와삭

늦은 밤, 승우는 가족들 몰래 냉장고에서 과자 봉지를 꺼냈어요. 조용한 집안에 봉지를 뜯는 [㉠] 소리가 울려 퍼졌지요. 승우가 [㉡] 과자를 베어 물자, 강아지가 달려와 기대에 찬 눈으로 승우를 바라보았어요. 결국 둘은 함께 과자를 나누어 먹었어요.

(1) ㉠: ( ) (2) ㉡: ( )

06 다음 빈칸에 들어갈 낱말로 알맞은 것을 찾아 ○표 하세요.

잭은 집에서 키우던 소를 마법의 콩알과 바꾸었어요. 이를 알게 된 어머니는 화가 나서 창밖으로 콩을 던져 버렸어요. 다음 날 잭은 하늘까지 자란 콩나무를 타고 거인의 성에서 황금알을 낳는 거위를 가져왔어요. 거인은 [ ] 발소리를 내며 쫓아왔지만, 잭은 콩나무를 잘라 버렸어요.

(쿵쾅쿵쾅 , 퐁당퐁당)

활용

07 다음 보기와 같이 주어진 낱말을 넣어 짧은 문장을 만들어 쓰세요.

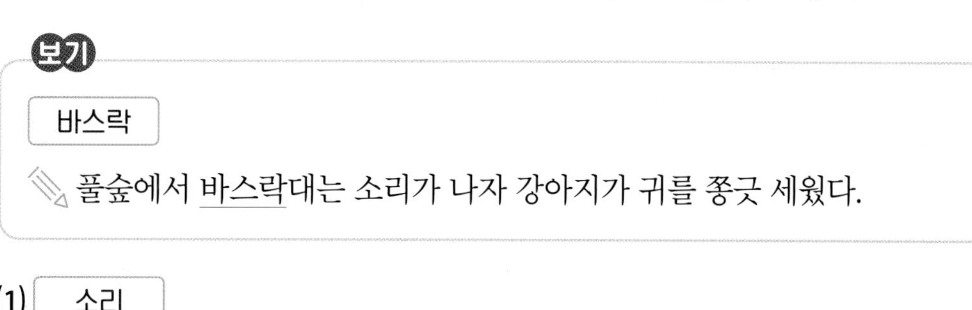

(1) 소리

(2) 퐁당퐁당

국어 주제 **03**

모양을 흉내 내는 말에는 무엇이 있을까?

낱말밭

지우는 차 안에서 창밖을 바라보았어요. 하늘에는 **몽실몽실**한 모양의 구름이 떠 있었어요.

산에 도착한 지우네 가족은 길을 따라 걸었어요. 나무 사이로 시원한 바람이 불자 나뭇가지가 **산들산들** 흔들렸어요.

산 들 산 들

모 양

지우네 가족은 아침 일찍 차를 타고 집을 나섰어요. 지우는 배가 고파서 동그란 **모양**의 도넛을 먹었어요.

대 롱 대 롱

산에는 소나무가 많았어요. 소나무에 달린 솔방울들이 **대롱대롱** 흔들리며 지우에게 인사를 했어요.

끄 덕 끄 덕

산꼭대기에 도착하자 아버지께서는 기분이 상쾌하다고 말씀하셨어요. 지우도 고개를 **끄덕끄덕**하며 대답했어요.

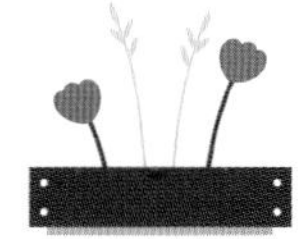

다음 글을 읽으며, 빈칸에 들어갈 낱말을 따라 써 보세요.

우리의 조상들은 날씨나 땅의 (1) 모양 에 맞추어, 주변에서 구할 수 있는 재료를 가지고 집을 지었어요. 예를 들어, 기와집은 지붕에 기와를 올린 집으로 양반들이 살았어요. 기와집의 처마에는 작은 종을 달기도 했는데, 바람에 종이 흔들리면 종소리가 울려 퍼졌지요. 소나무를 쪼개서 지붕을 만든 너와집도 있어요. 너와집에서 불을 피우면 굴뚝에서 연기가 (2) 몽실몽실 한 모양으로 피어올라요. 또, 지붕을 볏짚으로 덮은 초가집도 있지요. 볏짚은 논에서 바람에 (3) 산들산들 흔들리는 벼의 줄기예요. 지금도 시골에 가면 호박이 (4) 대롱대롱 매달린 초가집을 볼 수 있어요.

이러한 여러 가지 종류의 집들은 조상들이 자연에 맞춰서 지혜롭게 살아온 방식을 보여 줘요. 각각의 집들을 보면서 우리는 조상들의 지혜에 고개를 (5) 끄덕끄덕 하며 공감하게 되지요.

낱말밭 사전

확인

* **모양** 겉으로 나타나는 생김새나 모습. ☐
* **몽실몽실** 구름이나 연기 등이 동글동글하게 뭉쳐서 가볍게 떠 있거나 떠오르는 듯한 모양. ☐
* **산들산들** 바람에 물건이 가볍고 보드랍게 자꾸 흔들리는 모양. ☐
* **대롱대롱** 작은 물건이 매달려 가볍게 잇따라 흔들리는 모양. ☐
* **끄덕끄덕** 고개 등을 아래위로 가볍게 계속 움직이는 모양. ☐

확인과 적용

01 **다음 뜻을 가진 낱말을 보기에서 찾아 쓰세요.**

보기
모양 　 끄덕끄덕 　 산들산들

(1) 겉으로 나타나는 생김새나 모습. (　　　　)

(2) 고개 등을 아래위로 가볍게 계속 움직이는 모양. (　　　　)

(3) 바람에 물건이 가볍고 보드랍게 자꾸 흔들리는 모양. (　　　　)

02 **다음 문장의 빈칸에 들어갈 낱말을 찾아 선으로 이으세요.**

(1) 뭉게구름이 하늘 위에 [　　] 떠 있다. • 　 • ㉠ 대롱대롱

(2) 거미가 거미줄에 [　　] 매달려 있었다. • 　 • ㉡ 몽실몽실

(3) 미주가 창문을 열자 커튼이 [　　] 살랑거렸다. • 　 • ㉢ 산들산들

03 **다음 문장 중 밑줄 친 낱말을 바르게 사용하여 말한 친구의 이름을 쓰세요.**

민희: 몽실몽실한 모양의 구름이 강아지처럼 보였어.

호영: 길가에 핀 코스모스가 바람에 몽실몽실한 모양으로 흔들렸어.

(　　　　)

04 **다음 빈칸에 들어갈 낱말로 알맞은 것은 무엇인가요? (　　　　)**

윤아는 수업 시간에 고개를 [　　]하며 졸았다.

① 바스락 　 ② 끄덕끄덕 　 ③ 대롱대롱
④ 와삭와삭 　 ⑤ 쿵쾅쿵쾅

05 다음 밑줄 친 낱말과 같은 낱말이 들어갈 문장에 ○표 하세요.

원숭이가 나무에 대롱대롱 매달려 손을 흔들었다.

① 앵두가 나뭇가지마다 [ ] 달려 있다. ( )

② 숲속에 바람이 불어와 나뭇잎이 [ ] 움직였다. ( )

③ 밤하늘에 [ ] 올라오는 연기가 구름처럼 보였다. ( )

06 다음 빈칸에 공통으로 들어갈 알맞은 낱말을 보기에서 찾아 쓰세요.

보기

모양 소리

재민이는 열대어 수족관에 갔어요. 수족관에는 여러 가지 [ ]의 물고기들이 있었어요. 지느러미가 큰 물고기, 입이 뾰족한 물고기, 눈이 튀어나온 물고기, 몸이 세모난 물고기 등이 있었지요. 재민이는 몸이 세모난 [ ]의 물고기가 가장 기억에 남았어요.

( )

2단계 활용

07 다음 보기와 같이 주어진 낱말을 넣어 짧은 문장을 만들어 보세요.

보기

몽실몽실

캠핑장에서 모닥불 연기가 몽실몽실 피어올랐다.

(1) 모양

(2) 대롱대롱

정말 멋있어~!

국어 주제 04

감정을 나타내는 말에는 무엇이 있을까?

친구들과 숨바꼭질을 하다가 우연히 숲을 발견한 미미는 처음으로 새로운 곳을 탐험하게 되어 **기뻤어요**.

기 뻐 다

숲속을 걷다가 길을 잃은 미미는 친구들을 만날 수 없을 것 같아 **슬퍼졌어요**. 미미는 눈물이 흘렀어요.

슬 프 다

감 정

감정을 느끼지 못했던 고양이 미미가 친구들과 놀면서 여러 가지 감정을 느끼게 되었어요.

무 섭 다

갑자기 늑대가 나타나 미미는 **무서워서** 꼼짝도 할 수 없었어요. 다행히 착한 늑대는 미미를 집에 데려다주었어요.

부 끄 럽 다

미미는 **부끄러운** 듯이 “내가 너무 멀리 가 버렸어.”라고 말했어요. 친구들은 그런 미미를 따뜻하게 안아 주었어요.

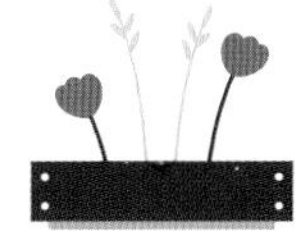

다음 글을 읽으며, 빈칸에 들어갈 낱말을 따라 써 보세요.

사람들은 (1) 감정 을 표현할 때 얼굴 표정과 몸짓을 통해 그 감정을 드러내요. (2) 기쁠 때는 눈이 반짝이고 입가에 미소가 번져요. 몸은 활기찬 동작을 보여 줘요. (3) 슬플 때는 눈에 눈물이 맺히고 어깨가 처지며 표정이 무거워져요. 화가 나면 얼굴이 붉어지고 이마에 주름이 생겨요. 몸이 긴장해서 상대방을 밀어내거나 맞서려는 자세를 취하기도 해요. (4) 부끄러울 때는 얼굴이 빨개지고 상대방과 눈을 잘 마주치지 않아요. (5) 무서울 때는 눈이 커지고 몸이 떨려요.

이처럼 사람들은 감정에 따라 표정이 달라지고 몸의 행동이 변화해요. 이러한 감정 표현을 통해 사람들은 상대방의 감정을 이해하고 공감할 수 있어요. 서로의 감정을 이해하는 것은 사람들이 함께 살아가는 데 매우 중요한 일이에요.

낱말밭 사전

확인

* **감정** 어떤 현상이나 일에 대하여 일어나는 마음이나 느끼는 기분. ☐
* **기쁘다** 원하는 대로 이루어져 마음이 흐뭇하고 만족하다. ☐
* **슬프다** 억울한 일을 겪거나 불쌍한 일을 보고 마음이 아프고 괴롭다. ☐
* **무섭다** 어떤 대상에 대하여 꺼려지거나 무슨 일이 일어날까 겁나는 데가 있다. ☐
* **부끄럽다** 조심스러움을 느끼어 매우 수줍다. ☐

확인과 적용

01 **다음 낱말의 뜻으로 알맞은 것을 찾아 선으로 이으세요.**

(1) 기쁘다 •   • ㉠ 조심스러움을 느끼어 매우 수줍다.

(2) 슬프다 •   • ㉡ 원하는 대로 이루어져 마음이 흐뭇하고 만족하다.

(3) 부끄럽다 •   • ㉢ 억울한 일을 겪거나 불쌍한 일을 보고 마음이 아프고 괴롭다.

02 **다음 빈칸에 들어갈 낱말을 보기에서 찾아 쓰세요.**

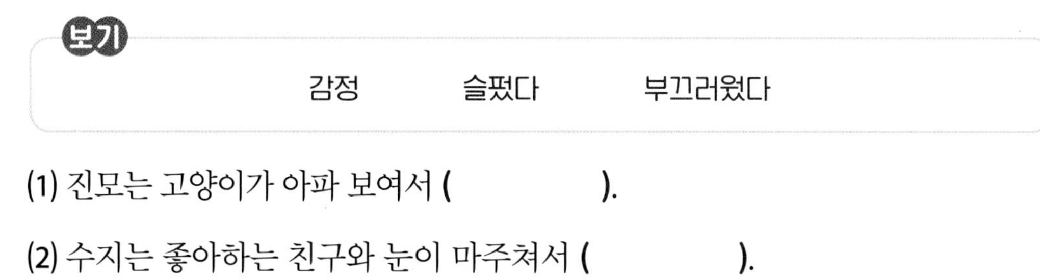

(1) 진모는 고양이가 아파 보여서 (   ).

(2) 수지는 좋아하는 친구와 눈이 마주쳐서 (   ).

(3) 나는 우리 반이 농구 대회에서 우승해 뿌듯한 (   )을/를 느꼈다.

03 **다음 문장 중 밑줄 친 낱말을 바르게 사용하며 말한 친구의 이름을 쓰세요.**

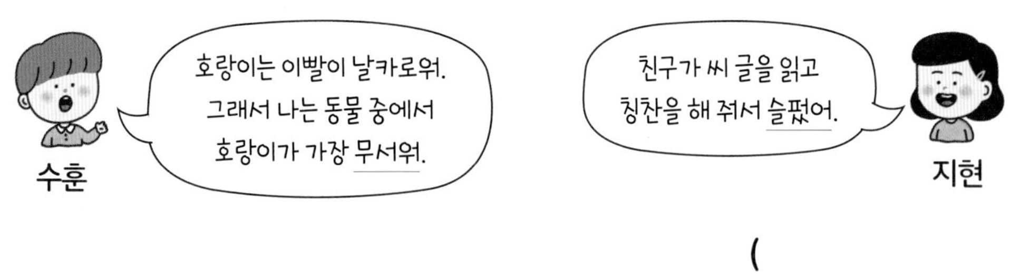

(   )

04 **다음 빈칸에 들어갈 낱말로 알맞은 것을 찾아 ○표 하세요.**

친구가 귀신 이야기를 해줘서 너무 [   ].

(무서웠다 , 부끄러웠다)

05 다음 밑줄 친 낱말과 같은 낱말이 들어갈 문장에 ○표 하세요.

나는 음악을 들으면 감정이 편안해진다.

① 내가 읽은 책의 주인공이 병에 걸려서 [ ]. ( )

② 아기는 [ ]을/를 잘 표현하지 못해서 자주 울었다. ( )

③ 지아는 갑자기 친구들 앞에서 노래를 부르게 되어서 [ ]. ( )

06 다음 밑줄 친 낱말의 뜻으로 알맞은 것을 보기에서 찾아 기호를 쓰세요.

보기

㉠ 조심스러움을 느끼어 매우 수줍다.
㉡ 원하는 대로 이루어져 마음이 흐뭇하고 만족하다.

어제 민우는 축구 경기 중에 실수로 주호의 발을 밟았어요. 민우는 주호에게 미안하다고 말했지만, 주호는 화가 나서 민우의 어깨를 밀치고 자리를 떠났어요. 그런데 오늘 주호가 민우를 찾아와서 어제 일에 대해 사과했어요. 그래서 민우는 기쁜 마음으로 주호와 화해했어요.

( )

2단계 활용

07 다음 보기와 같이 주어진 낱말을 넣어 짧은 문장을 만들어 쓰세요.

보기

슬프다

승준이는 새로 산 가방을 잃어버려서 슬프다.

(1) 무섭다

(2) 부끄럽다

정말 잘했어~!

국어 주제 01~04 낱말밭 주간학습

01 다음 문장의 빈칸에 들어갈 낱말을 찾아 선으로 이으세요.

(1) 강아지가 간식을 [　　　] 소리 내며 씹어 먹었다. • 　　　• ㉠ 끄덕끄덕

(2) 아이들이 차례대로 수영장에 [　　　] 뛰어들었다. • 　　　• ㉡ 와삭와삭

(3) 학생들은 선생님의 말씀을 듣고 [　　　] 고개를 움직였다. • 　　　• ㉢ 퐁당퐁당

02 다음 문장에 어울리는 낱말을 찾아 ○표 하세요.

(1) 학생이 선생님께 반말하는 것은 (상대 , 예의)에 어긋나는 일이다.

(2) 아버지가 장작불을 피우자 (몽실몽실 , 산들산들)한 연기가 퍼져 나갔다.

(3) 혜미는 친구에게 점심에 다시 만나자고 약속한 후에 (만났다 , 헤어졌다).

03 다음 첫 자음자를 보고, 빈칸에 들어갈 알맞은 낱말을 쓰세요.

(1) ㅅ ㄹ

여름밤에는 매미 우는 (　　　　　)을/를 들을 수 있다.

(2) ㅇ ㅅ

진주는 오랜만에 만난 친구에게 반갑게 (　　　　　)했다.

04 다음 중 '감정'을 바르게 사용한 문장을 찾아 ○표 하세요.

① 같은 음악을 들어도 사람마다 느끼는 감정이 다양하다. (　　　　　)

② 공공장소에서는 다른 사람들을 위해 감정을 지켜야 한다. (　　　　　)

정답 및 해설 8쪽

05 **다음 빈칸에 공통으로 들어갈 낱말로 알맞은 것은 무엇인가요? (   )**

아침 일찍 일어난 수빈이는 아버지와 함께 산책을 나갔어요. 공원을 걸을 때마다 낙엽이 [   ]거리며 밟히는 소리가 들렸어요. 아버지께서는 비닐봉지를 [   ] 열어 차가운 물통을 건네주셨어요. 수빈이는 찬물을 마시고 나니 상쾌한 기분이 들었어요.

① 바스락 ② 끄덕끄덕 ③ 몽실몽실 ④ 산들산들 ⑤ 퐁당퐁당

06 **다음 밑줄 친 낱말과 뜻이 비슷한 낱말로 알맞은 것은 무엇인가요?**
(   )

여러분은 동물원에서 판다를 본 적 있나요? 판다들의 <u>생김새</u>는 모두 똑같아 보일 수 있어요. 두 눈과 양쪽 귀, 등, 팔과 다리는 검은 털로 덮여 있고, 몸통과 얼굴은 흰 털로 덮여 있기 때문이에요. 하지만 판다의 얼굴 무늬는 사람의 지문처럼 각자 달라요. 눈 주위의 검은 털이 이루는 무늬 등을 통해 판다를 구분할 수 있어요.

① 모양 ② 상대 ③ 소리 ④ 예의 ⑤ 인사

07 **다음 빈칸에 들어갈 낱말로 알맞은 것을 찾아 ○표 하세요.**

미국 작가 오 헨리의 소설 「마지막 잎새」는 희망과 우정의 소중함을 알려 주는 작품이에요. 폐렴에 걸린 존시는 창밖의 담쟁이덩굴잎이 모두 떨어지면 자신도 죽는다고 생각하며 [   ]해요. 이웃 화가 베어먼은 그런 존시를 위해 담쟁이덩굴 잎사귀를 벽에 그려 넣었어요. 존시는 그 잎이 떨어지지 않는 것을 보고 희망을 되찾아 건강을 회복하지만, 베어먼은 비바람 속에서 그림을 그렸기 때문에 폐렴에 걸려 죽고 말아요.

(기뻐 , 슬퍼)

[08~10] 다음 글을 읽고, 물음에 답하세요.

방귀쟁이 며느리

옛날 어느 집에 조용한 며느리가 살았어요. 그런데 어느 날부터 며느리의 얼굴이 노랗게 변하고 표정도 나빠졌어요. 시아버지가 무슨 일이냐고 물어보자, 며느리는 방귀를 뀌지 못해서 그렇다고 말했어요. 그래서 시아버지는 마음껏 방귀를 뀌라고 했지요. 며느리는 가족들에게 집안 곳곳을 꽉 잡으라고 부탁한 후, [㉠] 표정으로 조심스럽게 방귀를 뀌기 시작했어요. 며느리의 방귀는 가족들이 이리저리 날아갈 정도로 강력했어요. 시아버지는 며느리의 큰 방귀 소리가 너무 무서워서 며느리에게 친정으로 떠나라고 했어요. 며느리는 친정으로 가던 중 놋그릇 장수와 비단 장수를 만났어요. 두 장수는 나무 끝에 ㉮대롱대롱 매달린 배를 따 주면 비단과 놋그릇을 모두 주겠다고 약속했어요. 며느리는 있는 힘껏 방귀를 뀌어 배를 따 주고, 비단과 놋그릇을 받아 시댁으로 돌아왔지요. 가족들은 며느리가 가져온 놋그릇과 비단을 팔아 부자가 되었어요. 그 후로 며느리는 마음껏 방귀를 뀌며 가족들과 행복하게 살았어요.

08 **㉠에 들어갈 낱말로 알맞은 것에 ○표 하세요.**

(슬픈 , 헤어진 , 부끄러운)

09 **㉮의 뜻으로 알맞은 것을 보기에서 찾아 기호를 쓰세요.**

보기
㉠ 발로 마룻바닥 등을 구를 때 나는 소리.
㉡ 작은 물건이 매달려 가볍게 잇따라 흔들리는 모양.

( )

10 **다음은 윗글의 중심 문장입니다. 빈칸에 들어갈 낱말로 알맞은 것은 무엇인가요? ( )**

시아버지가 며느리의 방귀 소리를 [ ]했지만, 가족들은 며느리의 방귀 소리로 인해 부자가 되어 행복하게 살았다.

① 기뻐 ② 슬퍼 ③ 무서워 ④ 헤어져 ⑤ 부끄러워

정답 및 해설 8쪽

디지털 속 한 문장

다음을 보고, 인사라는 낱말을 넣어 친구에게 인사하는 글을 써 보세요.

#인사

나는 '세계 문화 축제'에 갔다. 그곳에서 나라별 인사 방법을 배웠는데, 인도의 인사가 가장 기억에 남는다. 인도 사람들은 얼굴 아래에 두 손을 모으고 고개를 숙이면서 '나마스테'라고 말한다.

국어

05~08

주제별로 묶어 어휘를 의미적으로 연결하여 학습해 봐!

국어 주제 05	**시간을 나타내는 말에는 무엇이 있을까?** - 시간, 어제, 오늘, 내일, 모레	월	일
국어 주제 06	**생각이나 느낌을 어떻게 표현할까?** - 표현, 쓰다, 읽다, 만들다, 그리다	월	일
국어 주제 07	**문장 부호에는 무엇이 있을까?** - 부호, 마침표, 물음표, 느낌표, 쉼표	월	일
국어 주제 08	**일기에는 어떤 내용이 들어갈까?** - 일기, 요일, 날씨, 제목, 내용	월	일
국어 주제 05~08	**낱말밭** 주간학습	월	일

국어 주제 05

시간을 나타내는 말에는 무엇이 있을까?

낱말밭

월요일인 어제, 진희는 제주도에 도착해서 갈치 요리를 먹었어요. 생선구이를 좋아하는 진희는 아주 맛있게 먹었지요.

화요일인 오늘, 진희는 바닷가에서 물놀이를 했어요. 바닷물이 맑고 깨끗해서 물고기도 볼 수 있었어요.

오늘

시간

진희는 가족과 함께 제주도로 여행을 갔어요. 월요일부터 목요일까지의 시간을 재미있게 보내기로 했어요.

수요일인 내일, 진희는 가족과 함께 한라산에 올라가기로 했어요. 모두가 멋진 자연을 볼 수 있을 거라 기대하고 있어요.

목요일인 모레, 진희는 제주민속촌에 가기로 했어요. 그곳에서 진희는 제주도의 전통과 문화를 배울 거예요.

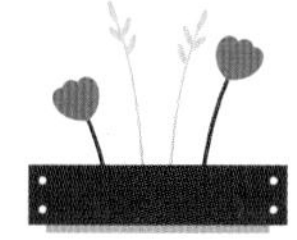

다음 글을 읽으며, 빈칸에 들어갈 낱말을 따라 써 보세요.

우리의 일상은 (1) 시간 과 함께 흘러가요. 시간의 흐름을 이해하면 하루하루를 더 의미 있게 보낼 수 있어요.

(2) 어제 는 오늘의 하루 전을 말해요. 예를 들어, (3) 오늘 이 화요일이라면 어제는 월요일이에요. 오늘은 지금 우리가 살고 있는 날이에요. 즉, 오늘은 우리가 당장 해야 할 일들을 하면서 시간을 보내는 날이지요. (4) 내일 은 앞으로 다가올 하루를 의미해요. 오늘이 화요일이라면 내일은 수요일이에요. (5) 모레 는 내일의 다음 날로, 오늘로부터 이틀 후의 날을 말해요. 오늘이 화요일이라면 모레는 목요일이에요. 모레는 아직 오지 않았지만, 우리가 꿈꾸고 계획할 수 있는 날이기도 해요. 이렇게 시간의 흐름을 이해하면 어제의 일을 떠오려 오늘, 내일, 모레를 잘 계획하고 활용하여 더 나은 삶을 살아갈 수 있어요.

낱말밭 사전

확인 ☑

* **시간** ① 어떤 시각에서 어떤 시각까지의 사이. ② 때의 흐름. ☐
* **어제** 오늘의 바로 하루 전날. ☐
* **오늘** 지금 지나가고 있는 이날. ☐
* **내일** 오늘의 바로 다음 날. ☐
* **모레** 내일의 다음 날. ☐

확인과 적용

01 다음 뜻을 가진 낱말을 보기에서 찾아 쓰세요.

보기

내일 모레 어제

(1) 내일의 다음 날. (　　　　)

(2) 오늘의 바로 다음 날. (　　　　)

(3) 오늘의 바로 하루 전날. (　　　　)

02 다음 문장의 빈칸에 들어갈 낱말을 찾아 선으로 이으세요.

(1) 오늘은 날씨가 [　　]보다 훨씬 추워진 것 같다. • 　　• ㉠ 시간

(2) 나는 지금까지 네 [　　] 동안 쉬지 않고 계속 말을 했다. • 　　• ㉡ 어제

(3) 선생님께서는 [　　] 할 일을 내일로 미루지 말라고 하셨다. • 　　• ㉢ 오늘

03 다음 문장에 어울리는 낱말을 찾아 ○표 하세요.

(1) 내일은 수요일이니까 (모레 , 오늘)은/는 목요일이다.

(2) 아버지께서는 오늘의 다음 날인 (내일 , 모레) 동물원에 가자고 하셨다.

04 다음 빈칸에 들어갈 낱말로 알맞은 것을 찾아 ○표 하세요.

새미는 내일이 아니면 늦어도 [　　]까지 여행 준비를 끝내야 한다.

(어제 , 모레)

05 다음 밑줄 친 낱말과 같은 낱말이 들어갈 문장에 ○표 하세요.

나는 2시간 동안 집중해서 책을 읽었다.

① 나는 친구들과 함께 놀이터에서 즐거운 [ ]을 보냈다. ( )

② 오늘 도서관에서 빌린 책은 이틀 후인 [ ]까지 반납해야 한다.

( )

06 다음 ㉠과 ㉡에 들어갈 알맞은 낱말을 바르게 짝 지은 것은 무엇인가요?

( )

진오는 [㉠] 있었던 일을 떠올렸어요. [㉠]은/는 아침에 늦게 일어나 학교에 지각했어요. 밤사이에 눈이 많이 내려서 길이 막혔거든요. 하지만 [㉡]은/는 다를 거라고 생각했어요. [㉡]은/는 일찍 일어나 창밖의 햇살을 보며 하루를 기분 좋게 시작했기 때문이에요.

① ㉠: 내일 – ㉡: 어제 ② ㉠: 내일 – ㉡: 모레 ③ ㉠: 어제 – ㉡: 내일
④ ㉠: 어제 – ㉡: 오늘 ⑤ ㉠: 오늘 – ㉡: 어제

2단계 활용

07 다음 문장의 빈칸에 들어갈 낱말을 보기에서 찾아 쓰고, 완성된 문장을 그대로 따라 써 보세요.

보기

내일 모레 시간 어제

(1) 미술관 운영 ( )은/는 오전 9시부터 오후 6시까지이다.

(2) ( )은/는 소풍을 가는 날이라서 오늘 일찍 자기로 했다.

국어 주제 06

생각이나 느낌을 어떻게 표현할까?

낱말밭

어느 날, 물빛 마을에서 '글쓰기 행사'가 열렸어요. 로미는 노래가 아닌 글을 **써서** 자신의 이야기를 보여 주기로 했어요.

로미는 매일 책을 **읽으면서** 여러 가지 생각을 떠올렸어요. 그리고 그 생각들을 글로 잘 다듬었어요.

읽 다

표 현

물빛 마을에는 꼬마 요정 로미가 살고 있었어요. 로미는 노래로 자신의 생각이나 느낌을 **표현**했어요.

글쓰기 행사 날, 로미는 자신이 **만든** 책을 마을 사람들에게 읽어 주었어요. 사람들은 로미의 글을 좋아했어요.

그 후로 로미는 이야기를 글로 쓰고, 그 글에 어울리는 그림을 **그리며** 오래오래 행복하게 살았어요.

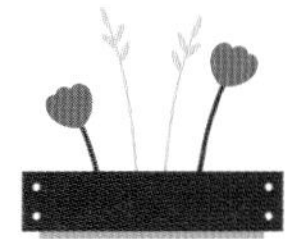

다음 글을 읽으며, 빈칸에 들어갈 낱말을 따라 써 보세요.

나의 생각과 느낌을 다른 사람에게 (1) 표현 하는 것은 아주 중요해요. 왜냐하면 내가 어떤 생각을 하고 어떤 기분을 느끼고 있는지 정확하게 알려 줘야 다른 사람들이 나의 생각과 감정을 알 수 있기 때문이에요.

나의 생각과 느낌을 전달하는 방법은 여러 가지가 있어요. 예를 들어, 어버이날에 부모님께 사랑을 표현할 때는 말로 전할 수도 있고, 카네이션과 같은 선물을 직접 (2) 만들어서 전달할 수도 있어요. 또한, 그림을 (3) 그리거나 편지를 (4) 써서 마음을 표현할 수도 있지요. 부모님이 편지를 (5) 읽으면 나의 마음을 더 잘 이해할 수 있을 거예요. 이처럼 다양한 방법으로 생각과 느낌을 표현하면, 다른 사람들과 쉽게 이야기할 수 있고 더 나아가 서로의 사이를 좋게 만들 수도 있어요.

낱말밭 사전

확인 ☑

* **표현** 생각이나 느낌 등을 언어나 몸짓으로 드러내어 나타내는 것. ☐
* **쓰다** 머릿속의 생각을 종이 등에 글로 나타내다. ☐
* **읽다** 글이나 글자를 보고 거기에 담긴 뜻을 헤아려 알다. ☐
* **만들다** 노력이나 기술 등을 들여 목적하는 사물을 이루다. ☐
* **그리다** 연필, 붓 등으로 어떤 사물의 모양을 그와 닮게 선이나 색으로 나타내다. ☐

확인과 적용

01 **다음 낱말의 뜻으로 알맞은 것을 찾아 선으로 이으세요.**

(1) 쓰다 •　　• ㉠ 머릿속의 생각을 종이 등에 글로 나타내다.

(2) 읽다 •　　• ㉡ 노력이나 기술 등을 들여 목적하는 사물을 이루다.

(3) 만들다 •　　• ㉢ 글이나 글자를 보고 거기에 담긴 뜻을 헤아려 알다.

02 **다음 밑줄 친 낱말의 뜻으로 알맞은 것을 찾아 ○표 하세요.**

> 어머니께서는 사랑하는 마음을 안아 주는 행동으로 표현하셨다.

① 어떤 현상이나 일에 대하여 일어나는 마음이나 느끼는 기분. (　　　　)

② 생각이나 느낌 등을 언어나 몸짓으로 드러내어 나타내는 것. (　　　　)

03 **다음 빈칸에 들어갈 낱말을 보기에서 찾아 쓰세요.**

> 보기
> 썼다　　그렸다　　읽었다

(1) 나는 어렸을 때 읽었던 동화책을 다시 (　　　　).

(2) 준우는 친구가 준 편지를 읽고 나서 답장을 (　　　　).

(3) 새봄이는 하얀 도화지에 파란색 색연필로 물고기를 (　　　　).

04 **다음 중 밑줄 친 낱말을 바르게 사용하여 말한 친구의 이름을 쓰세요.**

재희: 요리사가 신선한 재료로 음식을 만들었어.

승주: 할아버지께서는 매일 아침 신문을 그리셨어.

(　　　　　　)

05 다음 빈칸에 들어갈 낱말로 알맞은 것을 찾아 ○표 하세요.

고흐는 네덜란드에서 태어난 화가로, 27살부터 그림을 [ ] 시작했어요. 그의 유명한 그림으로는 「별이 빛나는 밤」, 「해바라기」 등이 있어요. 고흐는 살아 있을 때 많이 알려지지 않았지만, 그의 독특한 그림 표현 덕분에 지금은 전 세계적으로 인정받는 화가가 되었어요.

(쓰기 , 그리기)

06 다음 빈칸에 들어갈 낱말로 알맞은 것은 무엇인가요? (   )

수진이는 친구들을 집으로 초대했어요. 친구들과 어떤 놀이를 할지 고민하다가, 주사위를 던져 나온 숫자만큼 말을 움직여서 먼저 목적지에 도착하는 사람이 이기는 놀이를 떠올렸어요. 그래서 수진이는 재미있는 벌칙과 여러 가지 장애물을 넣어 직접 놀이판을 [ ]로 했어요.

① 쓰기　② 읽기　③ 그리기　④ 만들기　⑤ 표현하기

활용

07 다음 보기와 같이 주어진 낱말을 넣어 짧은 문장을 만들어 쓰세요.

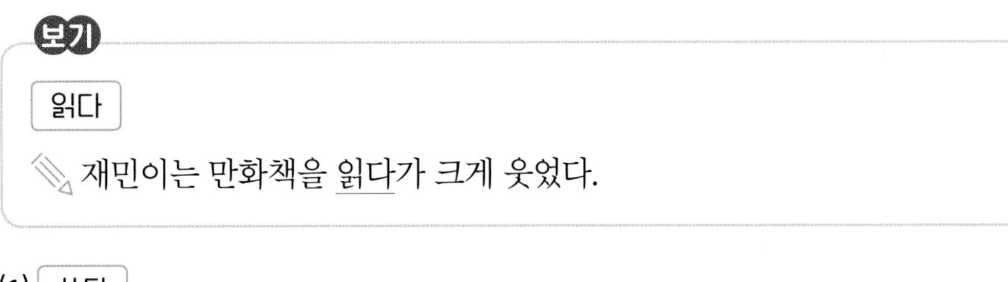

보기

읽다

재민이는 만화책을 읽다가 크게 웃었다.

(1) 쓰다

(2) 표현

국어 주제 07 문장 부호에는 무엇이 있을까?

마침표가 가장 먼저 큰 소리로 말했어요. “나는 문장의 끝을 알려 주니까 가장 중요해!”라고 했어요.

물음표는 “내가 없으면, 이 문장이 물어보는 문장인지 알 수 없어!”라고 말했어요.

물 음 표

부 호

달빛이 비추는 어느 날 밤, 동화책에서 튀어나온 문장 **부호**들이 하나둘 모여 서로 말하기 시작했어요.

느낌표는 “나는 감탄과 감정을 표현하거나 중요한 걸 강조할 때 쓰며, 사람을 부를 때도 써!”라고 외쳤어요.

쉼표는 “난 여러 가지를 하나씩 쓸 때, 문장을 연결할 때, 문장을 읽다가 쉬어야 할 때 사용해!”라고 말했지요.

정답 및 해설 11쪽

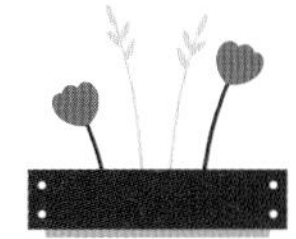

다음 글을 읽으며, 빈칸에 들어갈 낱말을 따라 써 보세요.

문장 (1) 부호 는 글을 쓸 때 중요한 역할을 해요. 여러 가지 부호를 사용하면 문장을 쉽게 이해하고, 문장의 의미를 확실하게 나타낼 수 있어요.

예를 들어, '안녕'이라는 말 뒤에 문장 부호가 없으면, 이 말이 정확히 어떤 의미로 사용되었는지 알기 어려워요. 하지만 '안녕!'이라고 (2) 느낌표 를 붙이면, 강한 감정을 담았다는 것을 알 수 있어요. '안녕?'이라고 (3) 물음표 를 붙이면, 상대방이 잘 지내는지 물어보는 의미가 돼요. '안녕.'이라고 (4) 마침표 를 붙이면 평범하게 인사하는 말로 문장을 마무리할 수 있어요. '안녕,'이라고 (5) 쉼표 를 붙이면 뒤에 다른 말을 덧붙일 것이라는 것을 알 수 있어요. 이처럼 문장 부호는 글의 뜻을 더 명확하게 나타내고, 문장에서 다양한 감정을 표현하는 데 도움을 줘요.

낱말밭 사전

	확인
* **부호** 일정한 뜻을 나타내기 위하여 따로 정하여 쓰는 기호.	☐
* **마침표** 설명, 명령하거나 권하는 문장의 끝에 쓰는 문장 부호로, '.'의 이름.	☐
* **물음표** 물어보는 문장의 끝에 쓰는 문장 부호로, '?'의 이름.	☐
* **느낌표** 감탄을 나타내는 문장의 끝이나 강한 느낌을 나타낼 때 쓰는 문장 부호로, '!'의 이름.	☐
* **쉼표** 두 문장을 연결할 때나 여러 가지를 늘어놓을 때, 문장에서 짧게 쉬는 부분을 나타낼 때 쓰는 문장 부호로, ','의 이름.	☐

확인과 적용

01 다음 낱말의 뜻으로 알맞은 것을 보기에서 찾아 기호를 쓰세요.

보기
㉠ 물어보는 문장의 끝에 쓰는 문장 부호로, '?'의 이름.
㉡ 일정한 뜻을 나타내기 위하여 따로 정하여 쓰는 기호.
㉢ 설명, 명령하거나 권하는 문장의 끝에 쓰는 문장 부호로, '.'의 이름.

(1) 부호 (　　　)　　(2) 마침표 (　　　)　　(3) 물음표 (　　　)

02 다음 첫 자음자를 보고, 빈칸에 들어갈 알맞은 낱말을 쓰세요.

(1) ㅁ ㅇ ㅍ

찬우는 문제의 정답을 묻는 문장에 (　　　　)을/를 붙였다.

(2) ㅁ ㅊ ㅍ

나는 편지를 끝내는 마지막 문장에 (　　　　)을/를 찍었다.

(3) ㄴ ㄲ ㅍ

민지는 기쁜 소식을 전하면서 문장 끝에 (　　　　)을/를 썼다.

03 다음 중 '쉼표'를 바르게 사용한 문장을 찾아 ○표 하세요.

① 나는 쉼표를 사용하여 문장을 읽기 쉽게 나누었다. (　　　)

② 윤후는 깜짝 놀란 것을 표현하는 문장에 쉼표를 썼다. (　　　)

04 다음 밑줄 친 낱말과 바꾸어 쓸 수 있는 낱말로 알맞은 것은 무엇인가요?

(　　　)

음악 악보에는 각 음의 높이를 나타내는 기호가 있다.

① 부호　② 쉼표　③ 느낌표　④ 마침표　⑤ 물음표

05 다음 밑줄 친 낱말과 같은 낱말이 들어갈 문장에 ○표 하세요.

나는 문장에 물음표가 없어서 질문을 하고 있는지 몰랐다.

① 나는 문장 끝에 [　　] 을/를 넣어서 강한 감정을 표현했다. (　　　　)

② 현아는 '내일 뭐 해'라는 문장에 [　　] 을/를 써서 민서에게 물어봤다.

(　　　　)

06 다음 빈칸에 공통으로 들어갈 낱말로 알맞은 것은 무엇인가요? (　　　　)

[　　] 의 쓰임은 다양해요. 비슷한 내용을 이어서 쓸 때 사용하고, 누군가를 부르거나 대답하는 말 뒤에도 써요. 한 문장에서 같은 말이 반복될 때도 사용하지요. 또, 긴 문장을 짧게 끊어 읽거나, 글에서 말을 더듬는 것을 표현할 때도 사용해요. 이처럼 [　　] 은/는 여러 가지 상황에서 사용되며, 글을 읽는 사람이 문장의 의미를 정확하게 이해할 수 있도록 도와주는 역할을 해요.

① 모양　　② 소리　　③ 쉼표　　④ 느낌표　　⑤ 마침표

2단계 활용

07 다음 보기와 같이 주어진 낱말을 넣어 짧은 문장을 만들어 쓰세요.

보기

마침표

설명하는 문장 끝에는 마침표를 써야 한다.

(1) 부호

(2) 느낌표

정말 잘했어!

국어 주제 08 일기에는 어떤 내용이 들어갈까?

소민이는 일기를 쓰기 전에 달력을 보고 오늘이 무슨 **요일**인지 확인했어요. 오늘은 수요일이었어요.

소민이는 오늘의 **날씨**를 떠올렸어요. 창밖에 바람이 세게 불고 있었던 장면이 생각났어요.

날 씨

일 기

소민이는 오늘 학교에서 있었던 여러 가지 일을 떠올렸어요. 그중에서 가장 기억에 남는 일로 **일기**를 쓰기로 했어요.

제 목

소민이는 오늘 점심시간에 운동장에서 바람개비를 돌리며 놀았어요. 그래서 일기의 **제목**을 '빙글빙글 바람개비'라고 정했어요.

일기에는 '오늘은 바람이 부는 수요일, 학교 운동장에서 바람개비를 돌리며 뛰어 놀았다.'라는 **내용**을 적었어요.

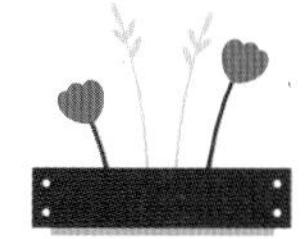

다음 글을 읽으며, 빈칸에 들어갈 낱말을 따라 써 보세요.

(1) 일기 는 하루 동안 있었던 일이나 느낀 점을 기록하는 글이에요. 일기를 쓸 때는 먼저 오늘의 정확한 날짜와 (2) 요일 을 적어야 해요. 몇 년, 몇 월, 며칠인지와 무슨 요일인지도 써야 하지요. 그리고 그날의 (3) 날씨 도 함께 적어요. 날씨가 맑았는지, 흐렸는지, 비나 눈이 내렸는지, 바람이 많이 불었는지 등을 써요.

그다음에는 그날 있었던 일을 잘 나타낼 수 있는 (4) 제목 을 정해요. 마지막으로 하루 동안 있었던 일들을 정리해서 써요. 이때 어떤 일이 있었는지, 그 일을 통해 무엇을 느꼈는지를 생각해 보면서 (5) 내용 을 채워 나가요.

일기를 쓰는 것은 하루 동안 일어난 일들의 의미를 되새기고 자신의 감정을 정리하는 좋은 방법이에요. 또, 내가 겪었던 일을 나중에 다시 기억할 수 있는 소중한 자료가 되기도 해요.

낱말밭 사전

확인 ☑

* **일기** 날마다 그날그날 겪은 일이나 생각, 느낌 등을 적는 개인의 기록. ☐
* **요일** 일주일의 각 날을 이르는 말. ☐
* **날씨** 그날그날의 비, 구름, 바람, 기온 등이 나타나는 기상 상태. ☐
* **제목** 작품이나 글 등에서 그것을 대표하거나 내용을 알리기 위하여 붙이는 이름. ☐
* **내용** 말, 글, 그림 등의 모든 매체 속에 들어 있는 것. 또는 그런 것들로 전하고자 하는 것. ☐

확인과 적용

01 다음 낱말의 뜻으로 알맞은 것을 찾아 선으로 이으세요.

(1) 날씨 •　　　　• ㉠ 일주일의 각 날을 이르는 말.

(2) 요일 •　　　　• ㉡ 그날그날의 비, 구름, 바람, 기온 등이 나타나는 기상 상태.

(3) 일기 •　　　　• ㉢ 날마다 그날그날 겪은 일이나 생각, 느낌 등을 적는 개인의 기록.

02 다음 빈칸에 들어갈 낱말을 보기에 있는 글자 카드로 만들어 쓰세요.

(1) 준호는 학교 시간표가 (　　　　　)마다 달라서 헷갈렸다.

(2) 영지가 본 영화는 우주에서 외계인을 만나는 (　　　　　)이었다.

(3) 나는 노래 가사를 듣자마자 노래의 (　　　　　)을/를 기억해 냈다.

03 다음 문장에 어울리는 낱말을 찾아 ○표 하세요.

(1) 나는 요즘 특별한 날에만 공책에 (일기 , 제목)을/를 쓴다.

(2) 오늘은 시원한 바람이 불어서 운동하기 좋은 (날씨 , 요일)이다.

04 다음 빈칸에 들어갈 낱말로 알맞은 것은 무엇인가요? (　　　　　)

나는 이 글의 [　　　　]을/를 정확히 이해하지 못했다.

① 날씨　　② 내용　　③ 부호　　④ 요일　　⑤ 일기

05 다음 빈칸에 들어갈 낱말로 알맞은 것을 찾아 ○표 하세요.

서윤이는 학교에서 그림 전시회를 한다는 소식을 들었어요. 서윤이는 가족과 나들이하러 갔던 기억을 떠올리며 그날의 풍경을 그리기로 했어요. 그림에는 따뜻한 햇살 아래에서 가족과 함께 도시락을 먹는 장면이 담겨 있어요. 서윤이의 그림은 '행복한 오후'라는 [   ]으로 전시되었어요.

(내용 , 제목)

06 다음 ㉠과 ㉡에 들어갈 알맞은 낱말을 보기에서 찾아 쓰세요.

보기

날씨　　요일　　일기

오늘 아침부터 바람이 강하게 불고 비가 많이 내렸어요. 정우는 걱정이 되어 어머니와 함께 뉴스를 보았어요. 뉴스에서는 태풍이 오고 있어서 내일까지 [㉠]이/가 나쁠 거라고 했어요. 비바람은 저녁이 되어도 그치지 않았어요. 잠들기 전에 정우는 태풍이 빨리 지나가기를 바라는 마음을 담아 공책에 [㉡]을/를 썼어요.

(1) ㉠: (　　　　　)　(2) ㉡: (　　　　　)

활용

07 다음 문장의 빈칸에 들어갈 낱말을 보기에서 찾아 쓰고, 완성된 문장을 그대로 따라 써 보세요.

보기

내용　　요일　　일기　　제목

(1) 관객들은 연극을 보면서 (　　　　)이/가 재미있어서 크게 웃었다.

(2) 간호사는 환자에게 일주일 중 어느 (　　　　)에 진료를 받겠냐고 물었다.

국어 주제
05~08 낱말밭 주간학습

01 다음 빈칸에 들어갈 낱말을 보기에서 찾아 쓰세요.

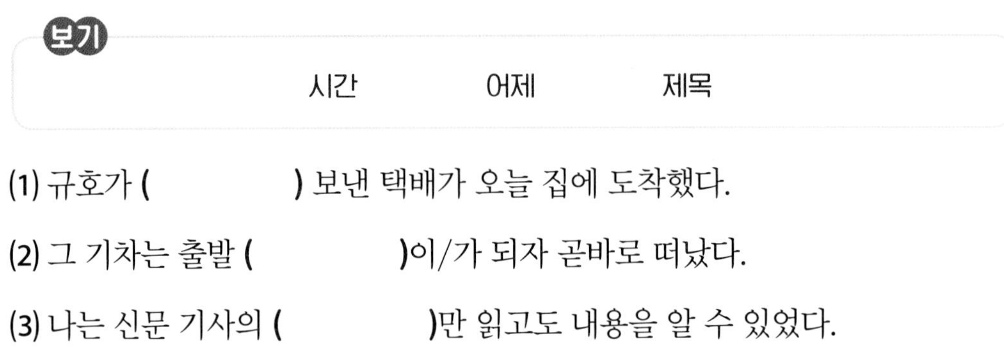

보기

시간　　어제　　제목

(1) 규호가 (　　　　) 보낸 택배가 오늘 집에 도착했다.

(2) 그 기차는 출발 (　　　　)이/가 되자 곧바로 떠났다.

(3) 나는 신문 기사의 (　　　　)만 읽고도 내용을 알 수 있었다.

02 다음 첫 자음자를 보고, 빈칸에 들어갈 알맞은 낱말을 쓰세요.

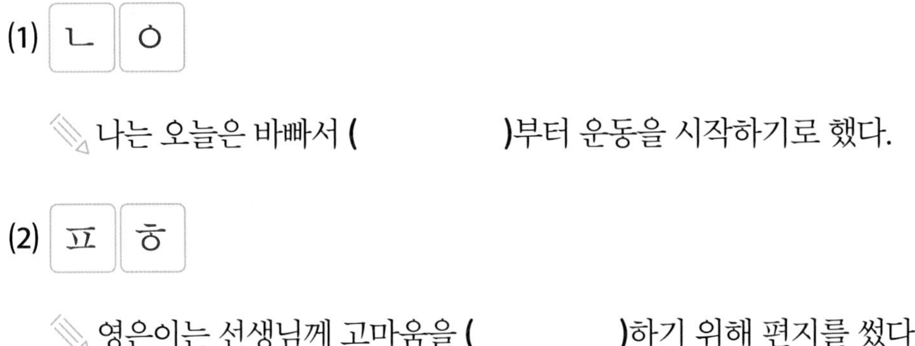

(1) ㄴ ㅇ

나는 오늘은 바빠서 (　　　　)부터 운동을 시작하기로 했다.

(2) ㅍ ㅎ

영은이는 선생님께 고마움을 (　　　　)하기 위해 편지를 썼다.

03 다음 밑줄 친 낱말을 바르게 사용하여 말한 친구의 이름을 쓰세요.

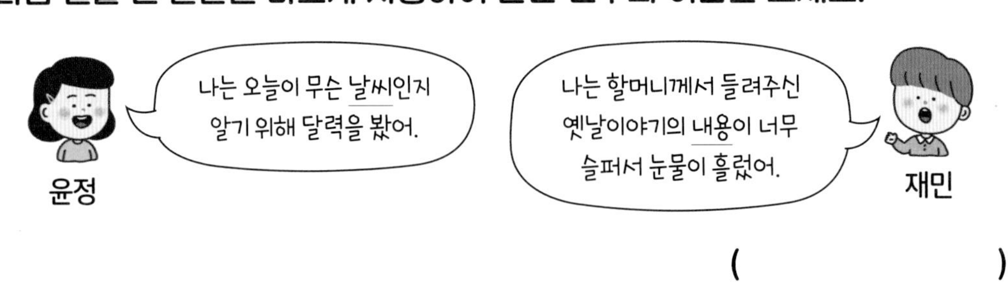

(　　　　　　)

04 다음 문장에 어울리는 낱말을 찾아 ○표 하세요.

(1) 나는 일기를 (쓰다 , 읽다)가 손목이 아파서 잠시 멈췄다.

(2) 선재는 문장에 (쉼표 , 물음표)를 사용하여 과일의 이름을 차례대로 적었다.

정답 및 해설 13쪽

05 다음 ㉠~㉢ 중에서 뜻이 알맞게 쓰인 낱말을 찾아 기호를 쓰세요.

학교 게시판은 학생과 선생님이 알아야 할 일들을 담은 안내문을 ㉠만들어 붙여 놓는 곳이에요. 안내문에는 체육 대회 등의 학교 행사, 중요한 소식 등 학교와 관련된 ㉡날씨가 적혀 있어요. 그래서 학생들과 선생님들은 이 글을 ㉢쓰고 학교에서 일어나는 일을 쉽게 알 수 있지요. 예를 들어, 게시판에서 체육 대회 날짜를 확인할 수 있어요.

(　　　　　　)

06 다음 빈칸에 들어갈 알맞은 낱말을 보기에서 찾아 쓰세요.

보기

내용　　　부호　　　제목

큰따옴표(“ ”)는 다른 사람이 한 말을 적을 때 사용하는 문장 [　　　]예요. 예를 들어 “오늘은 날씨가 좋네요.”처럼 누군가가 한 말을 직접 옮겨 적는 문장에 쓰여요. 이처럼 큰따옴표를 사용하면 누가, 무엇을 말했는지 쉽게 알 수 있어요.

(　　　　　　)

07 다음 빈칸에 공통으로 들어갈 낱말로 알맞은 것은 무엇인가요? (　　　　)

[　　　] 밤에 지후는 이를 닦다가 앞니가 흔들리는 것을 발견했어요. 새 이가 나려는 것 같았지만, 치과에 가는 것이 너무 무서웠어요. 다음 날 아침, 지후는 가족들과 밥을 먹는데, 앞니가 계속 흔들려서 음식을 잘 씹지 못했어요. 그 모습을 본 어머니께서 지후에게 이가 아프냐고 물어보셨어요. 그래서 지후는 [　　　]부터 이가 흔들린다고 대답했고, 결국 치과에 가기로 했어요.

① 내일　　② 모레　　③ 시간　　④ 어제　　⑤ 오늘

[08~10] 다음 글을 읽고, 물음에 답하세요.

제2차 세계 대전 때, 네덜란드의 암스테르담에 안네 프랑크라는 유대인 소녀가 살았어요. 안네는 13살 생일 선물로 일기장을 받았어요. 그녀는 일기장에 '키티'라는 이름을 붙여 주고, 2년이 넘는 시간 동안 자신에게 일어난 일을 썼어요. 일기장에는 전쟁 중에 가족과 함께 숨어 지내며 겪는 어려움과 여러 가지 일에 대한 내용을 적었지요.

안네의 일기를 (㉠), 전쟁이라는 무서운 상황 속에서도 그녀의 밝은 성격과 강한 마음을 느낄 수 있어요. 안네는 작은 일에도 기뻐했고, 친구들과의 추억을 소중히 생각했어요. 그리고 매일 희망을 잃지 않으려 했지요. 하지만 1944년, 안네와 가족이 숨어 지내던 곳을 나치에게 들켜, 결국 그들은 잡혀갔어요. 그 후 안네는 병에 걸려 사망했고, 안네의 아버지는 딸의 일기를 책으로 만들어 세상에 알렸어요.

08 다음 뜻을 가진 낱말을 윗글에서 찾아 두 글자로 쓰세요.

말, 글, 그림 등의 모든 매체 속에 들어 있는 것. 또는 그런 것들로 전하고자 하는 것.

( )

09 ㉠에 들어갈 낱말로 알맞은 것은 무엇인가요? ( )

① 쓰면 ② 그리면 ③ 만들면 ④ 읽으면 ⑤ 표현하면

10 다음은 윗글의 제목입니다. 빈칸에 들어갈 낱말로 알맞은 것은 무엇인가요? ( )

안네의 ( )

① 감정 ② 모양 ③ 시간 ④ 오늘 ⑤ 일기

디지털 속 한 문장

정답 및 해설 13쪽

다음을 보고, 날씨라는 낱말을 넣어 ㉠에 들어갈 대화 글을 써 보세요.

사회

01~04

주제별로 묶어 어휘를 의미적으로 연결하여 학습해 봐!

사회 주제 01	**나의 가족을 어떤 말로 부를까?** – 나, 자매, 남매, 부모, 형제	월	일
사회 주제 02	**나의 친척을 어떤 말로 부를까?** – 친척, 이모, 고모, 삼촌, 사촌	월	일
사회 주제 03	**우리 학교에는 어떤 곳이 있을까?** – 학교, 운동장, 교실, 보건실, 교무실	월	일
사회 주제 04	**행사에는 무엇이 있을까?** – 행사, 결혼, 돌, 입학, 졸업	월	일
사회 주제 01~04	낱말밭 주간학습	월	일

사회 주제 **01**

나의 가족을 어떤 말로 부를까?

영지와 영지의 여동생은 사이가 좋은 **자매**예요. 나도 언니나 여동생이 있으면 좋겠다고 생각했어요.

나는 **남매**였어도 좋았을 것 같아요. 오빠가 있으면 든든할 것 같고, 남동생은 귀여울 것 같아요.

남 매

나

나는 놀이터에서 친구 영지를 만났어요. 영지와 영지의 동생이 사이좋게 그네를 타고 있는 모습이 부러웠어요.

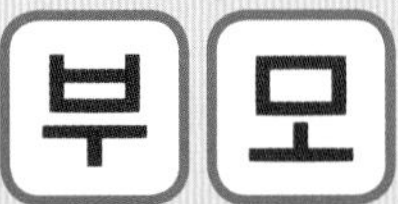

나는 아버지와 어머니께 오빠나 언니, 동생을 갖고 싶다고 말했어요. **부모**님께서는 내 말을 듣고 고민하셨지요.

어느 날, 부모님께서 강아지 두 마리를 데려오셨어요. 나는 강아지 **형제**를 동생처럼 생각하며 지내기로 했어요.

다음 글을 읽으며, 빈칸에 들어갈 낱말을 따라 써 보세요.

가족을 부르는 말에는 여러 가지가 있는데, 이 말들은 (1) 나 를 중심으로 만들어져요. 나의 (2) 부모 는 나의 '아버지'와 '어머니'에요. '아빠'와 '엄마'라고 부르기도 해요. 나의 (3) 형제 가 나와 같은 성별일 경우 여자들끼리는 (4) 자매 라고 하며 나이가 많은 사람을 '언니', 나이가 적은 사람을 '여동생'이라고 불러요. 그리고 남자들끼리는 형제라고 하며 나이가 많은 사람을 '형', 나이가 적은 사람을 '남동생'이라고 해요.

형제자매가 나와 다른 성별일 경우에는 (5) 남매 라고 불러요. 내가 여자일 때 나보다 나이가 많은 남자 형제를 '오빠'라고 부르고, 내가 남자일 때 나보다 나이가 많은 여자 형제를 '누나'라고 해요. 나보다 나이가 적은 여자 형제는 '여동생', 남자 형제는 '남동생'이고, 둘을 함께 '동생'이라고 부를 수 있어요. 우리는 이러한 말을 통해 가족의 관계를 쉽게 알 수 있어요.

낱말밭 사전

확인

* **나** 남이 아닌 자기 자신. ☐
* **자매** 언니와 여동생을 함께 이르는 말. ☐
* **남매** 오빠와 누이 또는 누나와 남동생을 함께 이르는 말. ☐
* **부모** 아버지와 어머니를 함께 이르는 말. ☐
* **형제** ① 형과 아우를 함께 이르는 말. ② 형제와 자매, 남매를 통틀어 이르는 말. ☐

확인과 적용

01 **다음 뜻을 가진 낱말을 보기에서 찾아 쓰세요.**

보기

나 부모 형제

(1) 남이 아닌 자기 자신. (   )

(2) 형과 아우를 함께 이르는 말. (   )

(3) 아버지와 어머니를 함께 이르는 말. (   )

02 **다음 문장의 빈칸에 들어갈 낱말을 찾아 선으로 이으세요.**

(1) 정훈이와 그의 누나는 [   ]지만 성격이 다르다. • • ㉠ 남매

(2) 사람들은 언니와 나를 친구 같은 [   ]라고 부른다. • • ㉡ 자매

(3) 형과 나는 힘들 때 서로의 힘이 되어 주는 [   ]이다. • • ㉢ 형제

03 **다음 중 밑줄 친 낱말이 바르게 사용된 것을 찾아 ○표 하세요.**

① 어버이날에는 형제에게 감사의 인사를 한다. (   )

② 나와 오빠는 가끔 싸우지만 사이좋은 남매이다. (   )

04 **다음 빈칸에 들어갈 낱말로 알맞은 것은 무엇인가요? (   )**

나의 누나는 [   ]보다 일곱 살이나 많다.

① 나 ② 남매 ③ 부모 ④ 자매 ⑤ 형제

05 다음 ㉠과 ㉡에 들어갈 알맞은 낱말을 보기에서 찾아 쓰세요.

보기

남매　　　　자매

쌍둥이는 한 어머니에게서 한꺼번에 태어난 두 아이를 말해요. 쌍둥이는 둘 다 남자여서 형제가 되거나, 둘 다 여자여서 [㉠]가 될 수 있어요. 또, 한 명은 남자, 한 명은 여자여서 [㉡]가 될 수도 있지요.

(1) ㉠: (　　　　　)　(2) ㉡: (　　　　　)

06 다음 빈칸에 공통으로 들어갈 낱말로 알맞은 것을 찾아 ○표 하세요.

[　　]의 행동은 자식에게 큰 영향을 줘요. [　　]가 좋은 모습을 보여 주면 아이는 기쁜 감정을 느껴서 좋은 행동을 하지만, 나쁜 모습을 보여 주면 아이는 무섭거나 불안한 감정을 느껴서 나쁜 행동을 할 수 있어요. 그러므로 [　　]는 자신의 행동이 자식에게 어떤 영향을 주는지 생각하고 행동해야 해요.

(부모 , 형제)

2단계 활용

07 다음 보기와 같이 주어진 낱말을 넣어 짧은 문장을 만들어 쓰세요.

보기

자매

선생님은 두 여학생이 매일 붙어 다녀서 두 사람이 자매인 줄 알았다.

(1) 나

(2) 형제

참 잘 했어요~!

사회 주제 02 나의 친척을 어떤 말로 부를까?

비아의 어머니에게는 여동생이 있어요. 매일 아침, **이모**는 비아를 데리고 신선한 풀을 먹으러 물가에 가요.

비아의 아버지에게는 누나가 있어요. 비아는 친구를 만나기 전에 **고모**와 함께 꽃으로 털을 장식해요.

고 모

친 척

얼룩말 비아는 **친척**과 함께 살아요. 그녀는 가족이 많아서 매일이 즐거워요.

삼 촌

비아의 아버지에게는 두 명의 남동생이 있어요. 비아는 매일 저녁 **삼촌**들과 함께 뒷발차기 운동을 해요.

사 촌

비아는 주말에 삼촌들의 아들과 딸인 **사촌**들과 함께 초원에서 달리기 시합을 해요. 비아는 친척이 있어 행복해요.

다음 글을 읽으며, 빈칸에 들어갈 낱말을 따라 써 보세요.

(1) 친척 을 부르는 말에는 여러 가지가 있어요. 이 말들은 서로의 관계를 나타내요. 어머니의 자매는 (2) 이모 , 아버지의 누나나 여동생은 (3) 고모 라고 불러요. 그리고 아버지의 남자 형제는 (4) 삼촌 이라고 하고, 어머니의 오빠나 남동생은 외삼촌이라고 해요. 부모님의 형제나 자매의 자녀는 (5) 사촌 이라고 불러요. 이때, 이모의 자녀는 이종사촌, 고모의 자녀는 고종사촌이라고 해요.

이처럼 친척을 부를 때 사용하는 말들을 통해 우리는 서로의 관계를 쉽게 알 수 있어요. 이러한 말들은 가족 안에서 각자의 위치와 역할을 알게 해 주며, 서로를 더 잘 이해할 수 있도록 도와줘요. 그러므로 우리는 친척과 만나 서로를 부를 때, 말에 담긴 의미를 생각하고 그에 맞게 행동해야 해요.

낱말밭 사전

확인

* **친척** 어머니와 아버지의 가족을 모두 이르는 말. ☐
* **이모** 어머니의 여자 형제를 이르거나 부르는 말. ☐
* **고모** 아버지의 누나나 여동생을 이르거나 부르는 말. ☐
* **삼촌** 아버지의 남자 형제를 이르거나 부르는 말. ☐
* **사촌** 부모의 형제자매의 자녀를 이르는 말. ☐

확인과 적용

01 **다음 낱말의 뜻으로 알맞은 것을 보기에서 찾아 기호를 쓰세요.**

보기

㉠ 부모의 형제자매의 자녀를 이르는 말.
㉡ 아버지의 남자 형제를 이르거나 부르는 말.
㉢ 아버지의 누나나 여동생을 이르거나 부르는 말.

(1) 고모 (　　　　) (2) 사촌 (　　　　) (3) 삼촌 (　　　　)

02 **다음 밑줄 친 낱말의 뜻으로 알맞은 것을 찾아 ○표 하세요.**

어머니의 고향인 부산에 가면 친척을 많이 만날 수 있다.

① 어머니와 아버지의 가족을 모두 이르는 말. (　　　　)

② 어머니의 여자 형제를 이르거나 부르는 말. (　　　　)

03 **다음 첫 자음자를 보고, 빈칸에 들어갈 알맞은 낱말을 쓰세요.**

(1) ㄱ ㅁ

아버지는 여자 형제가 없어서 나는 (　　　　)이/가 없다.

(2) ㅇ ㅁ

(　　　　)은/는 어머니보다 열 살이 많은, 어머니의 언니이다.

04 **다음 빈칸에 들어갈 낱말로 알맞은 것은 무엇인가요? (　　　　)**

아버지의 남자 형제인 [　　] 은/는 외국에 살고 있다.

① 고모 ② 남매 ③ 삼촌 ④ 이모 ⑤ 자매

05 **다음 밑줄 친 낱말과 같은 낱말이 들어갈 문장에 ○표 하세요.**

> 우리 가족은 새해가 되면 친척 어른을 만나 새해 인사를 한다.

① 아버지의 누나인 [　　] 은/는 키가 컸다. (　　　　)

② 진주는 삼촌의 딸인 [　　] 와/과 자매처럼 지낸다. (　　　　)

③ 할아버지 생신을 축하하기 위해 [　　] 이/가 모두 모였다. (　　　　)

06 **다음 빈칸에 공통으로 들어갈 낱말로 알맞은 것은 무엇인가요?** (　　　　)

> 수업 시간에 세아는 가족 소개 카드를 만들었어요. 세아는 엄마의 여동생인 [　　] 을/를 소개하기로 했어요. 세아의 [　　] 은/는 태권도 선수로, 올림픽에서 금메달을 딴 자랑스러운 분이에요. 세아는 [　　] 이/가 태권도 경기를 하는 모습을 그림으로 그리고, 카드로 예쁘게 꾸몄어요.

① 고모　② 부모　③ 사촌　④ 이모　⑤ 자매

2단계 활용

07 **다음 문장의 빈칸에 들어갈 낱말을 보기에서 찾아 쓰고, 완성된 문장을 그대로 따라 써 보세요.**

> **보기**
> 고모　사촌　삼촌　친척

(1) 나는 이모의 아들인 (　　　　)와/과 같은 학교에 다닌다.

(2) 나는 아버지의 남동생인 (　　　　)의 결혼식에서 노래를 불렀다.

정말 잘했어~!

사회 주제 03 우리 학교에는 어떤 곳이 있을까?

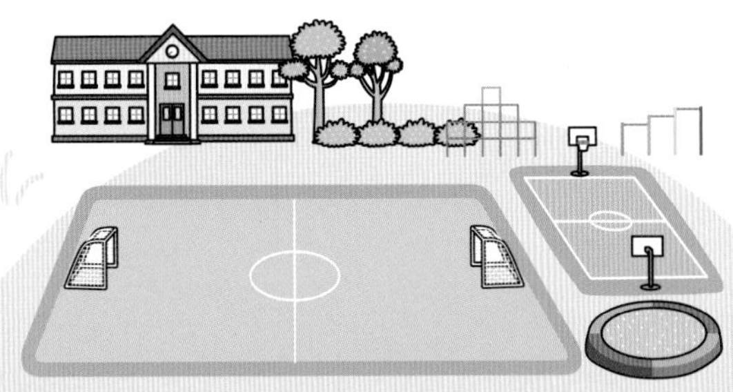

학생들이 운동하는 **운동장**도 달라졌어요. 축구장엔 잔디가 깔렸고 농구장과 여러 운동 기구가 새로 생겼어요.

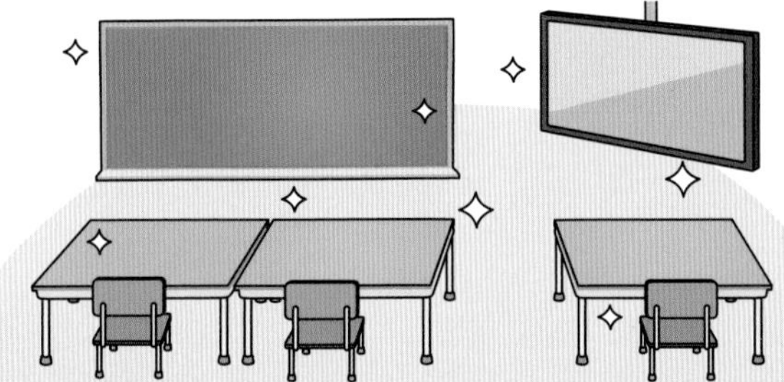

선생님과 학생들이 수업하는 **교실**도 새롭게 바뀌었어요. 큰 텔레비전이 설치되었어요.

교 실

학 교

승우가 다니는 **학교**는 이번 여름방학 동안 공사를 했어요. 그래서 학교가 예전과 많이 달라졌지요.

보 건 실

보건실에는 커다란 진열장이 놓여 약이 정리되어 있었고, 침대를 가려 주는 커튼이 새로 달렸어요.

교 무 실

선생님들이 일하는 **교무실**도 더 넓어졌어요. 승우는 새로워진 학교가 정말 마음에 들었어요.

다음 글을 읽으며, 빈칸에 들어갈 낱말을 따라 써 보세요.

(1) 학교 는 학생들이 하루의 많은 시간을 보내는 장소예요. 학교에는 학생들의 학교생활을 더욱 즐겁고 의미 있게 만들어 주는 여러 공간들이 있어요.

먼저, 선생님과 학생들은 (2) 교실 에서 함께 수업을 해요. 선생님께서는 국어, 수학, 사회 등 여러 과목을 가르치시고, 학생들은 그 과목들을 배우며 익혀요. (3) 운동장 은 몸을 움직이며 활동할 수 있는 공간이에요. 학생들은 체육 시간이나 쉬는 시간, 점심시간에 운동장에서 친구들과 함께 뛰어놀아요. (4) 보건실 은 아픈 학생들이 휴식을 취하거나 간단한 치료를 받을 수 있는 곳이에요. 몸이 아프면 선생님이나 학생들은 보건실에 가서 도움을 받을 수 있어요. 선생님들은 (5) 교무실 에서 다양한 업무를 처리해요. 이 외에도 학교에는 학생들이 책을 읽을 수 있는 도서실, 점심을 먹는 급식실, 고민을 나눌 수 있는 상담실 등이 있어요.

낱말밭 사전

확인☑

* **학교** 선생님이 교과 과정 등을 통해 학생들을 가르치는 교육 기관. ☐
* **운동장** 운동이나 놀이 등을 할 수 있도록 여러 가지 기구를 갖춘 넓은 마당. ☐
* **교실** 유치원, 초등학교, 중학교, 고등학교에서 학습 활동이 이루어지는 방. ☐
* **보건실** 학교에서 학생이나 선생님의 건강과 위생에 관한 일을 담당하는 곳. ☐
* **교무실** 선생님이 수업을 준비하거나 여러 가지 학교 일을 맡아보는 곳. ☐

확인과 적용

01 다음 낱말의 뜻으로 알맞은 것을 찾아 선으로 이으세요.

(1) 교실 •　　　　• ㉠ 선생님이 교과 과정 등을 통해 학생들을 가르치는 교육 기관.

(2) 학교 •　　　　• ㉡ 선생님이 수업을 준비하거나 여러 가지 학교 일을 맡아보는 곳.

(3) 교무실 •　　　　• ㉢ 유치원, 초등학교, 중학교, 고등학교에서 학습 활동이 이루어지는 방.

02 다음 빈칸에 들어갈 낱말을 보기에서 찾아 쓰세요.

보기

교무실　　보건실　　운동장

(1) 선생님은 (　　　　)에서 만들기 수업을 준비했다.

(2) 우리 반과 옆 반은 야구 시합을 하기 위해 (　　　　)에 모였다.

(3) (　　　　)에는 학생들이 아플 때 필요한 약과 치료 도구가 준비되어 있다.

03 다음 밑줄 친 낱말이 바르게 사용된 것을 찾아 ○표 하세요.

① 선생님이 보건실에서 학생들에게 수학을 가르쳤다. (　　　　)

② 나는 학교에서 학생들을 가르치는 선생님이 되고 싶다. (　　　　)

04 다음 중 밑줄 친 낱말을 바르게 사용하여 말한 친구의 이름을 쓰세요.

민아

민호는 미술 수업 시간에 색종이를 자르다가 손을 다쳐서 교무실에 갔어.

하준

(　　　　　　)

05 다음 빈칸에 들어갈 낱말로 알맞은 것은 무엇인가요? (　　　　　)

> [　　　]은/는 선생님들이 여러 가지 일을 하는 곳이에요. 여기에서 선생님들은 수업을 준비하거나 서로의 일을 도와요. 또, 학생들의 생활을 더 좋게 만들기 위해 이야기를 나눠요.

① 교실　　② 학교　　③ 교무실　　④ 보건실　　⑤ 운동장

06 다음 밑줄 친 낱말의 뜻으로 알맞은 것을 보기에서 찾아 기호를 쓰세요.

보기

㉠ 선생님이 교과 과정 등을 통해 학생들을 가르치는 교육 기관.
㉡ 유치원, 초등학교, 중학교, 고등학교에서 학습 활동이 이루어지는 방.

> 2학년이 된 수현이는 새로운 반을 찾아갔어요. <u>교실</u>에 들어서자, 1학년 때 같은 반이었던 한나를 발견했어요. 수현이는 한나에게 반갑게 인사했고, 한나는 수줍게 미소를 지었어요. 한나는 수줍음이 많지만, 친구들의 이야기를 잘 들어 주는 친구예요. 수현이는 한나와 같은 반이 되어 기뻤어요.

(　　　　　)

활용

07 다음 보기와 같이 주어진 낱말을 넣어 짧은 문장을 만들어 쓰세요.

보기

[학교]

지효는 <u>학교</u>에서 음악 수업 시간에 피아노를 배웠다.

(1) [교실]

(2) [보건실]

사회 주제 04

행사에는 무엇이 있을까?

첫 장에는 부모님이 결혼하는 모습이 담긴 사진이 있었어요. 현지는 부모님이 젊었을 때의 모습이 새로웠어요.

앨범에는 현지의 첫 생일인 돌 때의 사진이 있었어요. 자신의 아기 때 모습이 신기했어요.

돌

행 사

현지는 서랍에서 앨범을 발견했어요. 앨범 안에는 가족 **행사** 때 찍은 사진이 가득했어요.

현지가 초등학교에 입학하던 날 찍은 사진도 있었어요. 그날 현지는 초등학교 1학년이 되었어요.

마지막 장에는 오빠가 대학교를 졸업할 때 찍은 사진도 있었어요. 그때 현지는 오빠 옆에서 꽃다발을 들고 있었어요.

다음 글을 읽으며, 빈칸에 들어갈 낱말을 따라 써 보세요.

사람들은 특별한 날에 그에 맞는 (1) 행사 를 열어요. 이러한 행사는 삶의 중요한 순간들을 기념하는 역할을 해요. 예를 들어, 아기가 태어나서 처음 맞이하는 생일인 '(2) 돌'에는 가족과 친척들이 모여 큰 잔치를 벌여요. 또한, 나이가 들어 61세가 되면 '환갑', 70세가 되면 '칠순', 80세가 되면 '팔순'이라는 잔치를 열어 오래 산 것을 축하해요. 두 남녀가 (3) 결혼 을 통해 부부가 되는 것을 알리는 결혼식도 중요한 행사 중 하나예요.

학교에서도 중요한 날이 있어요. 초등학교, 중학교, 고등학교 등에 (4) 입학 하거나 (5) 졸업 할 때, 이를 기념하는 행사를 열어요. 입학식은 학생들의 새로운 시작을 알리는 날이고, 졸업식은 학생들이 열심히 공부한 결과를 축하받는 날이에요.

이처럼 사람들은 행사를 통해 가족과 친구, 그리고 주변 사람들과 함께 좋은 소식을 나누고 축하해요.

낱말밭 사전

확인

* **행사** 어떤 일을 실제로 함. 또는 그 일. ☐
* **결혼** 남녀가 정식으로 남편과 아내라는 부부 사이가 됨. ☐
* **돌** 어린아이가 태어난 날로부터 한 해가 되는 날. ☐
* **입학** 학생이 되어 공부하기 위해 학교에 들어감. ☐
* **졸업** 학생이 학교에서 정해진 교육 과정을 마침. ☐

확인과 적용

01 다음 낱말의 뜻으로 알맞은 것을 보기에서 찾아 기호를 쓰세요.

보기
㉠ 어떤 일을 실제로 함. 또는 그 일.
㉡ 학생이 되어 공부하기 위해 학교에 들어감.
㉢ 남녀가 정식으로 남편과 아내라는 부부 사이가 됨.

(1) 결혼 (　　　　) (2) 입학 (　　　　) (3) 행사 (　　　　)

02 다음 문장의 빈칸에 들어갈 낱말을 찾아 선으로 이으세요.

(1) 내일은 동생이 태어난 지 일 년이 되는 [　　]이다. • • ㉠ 돌

(2) 누나는 초등학교를 [　　]하고 중학교에 들어갔다. • • ㉡ 졸업

(3) 학교에서 10월 9일 한글날을 기념하는 [　　]이/가 열렸다. • • ㉢ 행사

03 다음 첫 자음자를 보고, 빈칸에 들어갈 알맞은 낱말을 쓰세요.

(1) ㅇ ㅎ

유리는 초등학교에 (　　　　)해서 1학년이 되었다.

(2) ㄱ ㅎ

부모님은 (　　　　)해서 부부가 된 지 10년이 되었다.

04 다음 빈칸에 들어갈 낱말로 알맞은 것은 무엇인가요? (　　　　)

이모는 대학교를 [　　]하자마자 회사에 취직했다.

① 교실 ② 결혼 ③ 졸업 ④ 학교 ⑤ 행사

05 다음 빈칸에 들어갈 낱말로 알맞은 것을 찾아 ○표 하세요.

명수는 전교생이 10명인 학교에 다녀요. 올해 1학년으로 [   ]한 학생은 명수와 한별이 둘뿐이었어요. 그래서 명수는 한별이와 서로 의지하며 학교생활을 하고 있어요. 선생님께서도 두 학생에게 많은 관심과 사랑을 쏟아 주시고 있지요.

(입학 , 졸업)

06 다음 ㉠과 ㉡에 들어갈 알맞은 낱말을 바르게 짝 지은 것은 무엇인가요? (   )

옛날에는 아기가 태어나서 첫 번째 생일을 맞이하기 전에 죽는 일이 많았어요. 그래서 아기가 태어나 처음 맞는 생일인 [㉠]이/가 오면, 가족과 친척이 모두 모여 아기의 생일을 축하했어요. 지금도 이러한 전통을 이어받아 아기가 앞으로도 건강하게 자라기를 바라며 특별한 [㉡]을/를 열어요.

① ㉠: 돌 – ㉡: 결혼 ② ㉠: 돌 – ㉡: 행사 ③ ㉠: 결혼 – ㉡: 돌
④ ㉠: 결혼 – ㉡: 행사 ⑤ ㉠: 행사 – ㉡: 졸업

활용

07 다음 보기와 같이 주어진 낱말을 넣어 짧은 문장을 만들어 쓰세요.

보기

졸업

 아버지는 졸업 앨범을 보면서 어렸을 때의 학교생활을 떠올렸다.

(1) 결혼

....

(2) 행사

....

사회 주제 01~04

낱말밭 주간학습

01 **다음 빈칸에 들어갈 낱말을 보기에 있는 글자 카드로 만들어 쓰세요.**

보기

형 동 운 장 제

(1) 나와 형은 매우 닮아서 모두가 (   )인 줄을 안다.

(2) 운동회 날에는 학교 (   )이/가 사람들로 가득 찬다.

02 **다음 문장의 빈칸에 들어갈 낱말을 찾아 선으로 이으세요.**

(1) 옛날 사람들은 10대에 [   ]해 부부가 되기도 했다. •

(2) 나는 다친 친구를 [   ]에 데려다주고 교실로 돌왔다. •

(3) 펭귄은 [   ]이/가 번갈아 가며 새끼를 위해 먹이를 구해 온다. •

• ㉠ 결혼

• ㉡ 부모

• ㉢ 보건실

03 **다음 중 밑줄 친 낱말을 바르게 사용하여 말한 친구의 이름을 쓰세요.**

성우: 고모의 아들인 사촌 형은 대학교 1학년이야.

다빈: 나는 대학생인 언니와 10살 차이가 나는 남매야.

(   )

04 **다음 밑줄 친 낱말과 바꾸어 쓸 수 있는 낱말로 알맞은 것은 무엇인가요?** (   )

우리는 다른 사람과 이야기할 때, 자신의 의견을 명확하게 말해야 해요. 그래야 서로의 생각을 제대로 이해하고 오해를 줄일 수 있어요.

① 나 ② 부모 ③ 삼촌 ④ 이모 ⑤ 친척

정답 및 해설 18쪽

05 다음 빈칸에 들어갈 낱말로 알맞은 것을 찾아 ○표 하세요.

'라 토마티나' 축제는 스페인의 부뇰이라는 지역에서 매년 8월 마지막 수요일에 열리는 토마토 던지기 [ ]예요. 이 축제는 1945년에 한 젊은이가 지역 축제에서 장난삼아 토마토를 던진 일에서 시작되었어요. 지금은 전 세계에서 많은 사람들이 찾아오는 유명한 축제이지요.

(졸업 , 행사)

06 다음 밑줄 친 낱말과 뜻이 반대되는 낱말을 이 글에서 찾아 두 글자로 쓰세요.

○○○씨는 초등학교를 4년 만에 졸업하고, 중학교와 고등학교를 모두 3년 만에 마쳤어요. 그리고 15살에 의과 대학에 입학했어요. 그는 열심히 공부하여 22살이 되던 해에 의사가 되었어요. 그는 병원에서 3년 동안 환자를 치료한 후, 아프리카로 봉사 활동을 떠나 아픈 아이들을 돌보고 있어요.

( )

07 다음 ㉠과 ㉡에 들어갈 알맞은 낱말을 바르게 짝 지은 것은 무엇인가요?

( )

'촌수'는 가족이나 [㉠] 사이의 거리를 나타내는 숫자예요. 나와 부모는 1촌이고, 나와 형제는 2촌이에요. 부모의 형제와 나는 3촌이고, 삼촌, 이모, 고모의 자녀와 나는 4촌이에요. 그래서 고모의 딸을 '[㉡]'(이)라고 불러요. 촌수를 알면 가족의 관계를 더 쉽게 이해할 수 있어요.

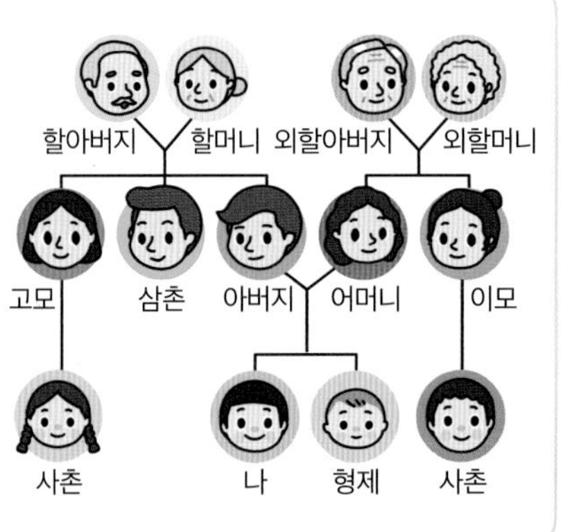

① ㉠: 부모 – ㉡: 사촌 ② ㉠: 부모 – ㉡: 자매 ③ ㉠: 사촌 – ㉡: 남매
④ ㉠: 친척 – ㉡: 형제 ⑤ ㉠: 친척 – ㉡: 사촌

[08~10] 다음 글을 읽고, 물음에 답하세요.

홍서는 ㉠교무실 앞에 서 있었어요. 점심시간에 "엄마도 없는 아이"라고 한 민규의 말에 화가 나서 민규를 밀었고, 팔꿈치가 까진 민규는 마구 울었어요. 그래서 선생님은 홍서의 삼촌을 부르셨고, 지금 삼촌과 이야기 중이었어요. 홍서는 ㉡첫 생일이 막 지났을 때부터 삼촌과 살았어요. 홍서가 태어난 지 얼마 지나지 않아 어머니가 병으로 세상을 떠났고, 아버지는 외국으로 일하러 가야 했기 때문이에요.

"홍서야!"

교무실에서 나온 삼촌이 홍서를 불렀어요. 삼촌에게 미안했던 홍서는 고개를 푹 숙였어요. 삼촌은 홍서와 함께 학교를 나서면서 홍서에게 말했어요.

"괜찮아, 친구하고 싸울 수도 있지. 친구도 많이 다치지는 않았다니까 너무 걱정하지 말고. 윤홍서, 어깨 펴고 당당하게!"

홍서는 눈물이 날 것 같았지만, 얼른 눈을 비비고 삼촌을 보았어요. 씩 웃는 삼촌을 보니 홍서도 힘이 나는 것 같았어요.

08 **㉠의 뜻으로 알맞은 것을 보기에서 찾아 기호를 쓰세요.**

보기

㉮ 선생님이 수업을 준비하거나 여러 가지 학교 일을 맡아보는 곳.

㉯ 학교에서 학생이나 선생님의 건강이나 위생에 관한 일을 담당하는 곳.

(　　　　　　)

09 **㉡과 바꾸어 쓸 수 있는 낱말로 알맞은 것에 ○표 하세요.**

돌　　　입학　　　학교　　　행사

10 **다음은 윗글의 제목입니다. 빈칸에 들어갈 낱말로 알맞은 것은 무엇인가요?** (　　　)

홍서에게 부모님 같은 [　　　]

① 고모　　② 남매　　③ 삼촌　　④ 이모　　⑤ 형제

정답 및 해설 18쪽

디지털 속 한 문장

다음 신문 기사를 읽고, 친척이라는 낱말을 넣어 ㉠에 들어갈 답글을 써 보세요.

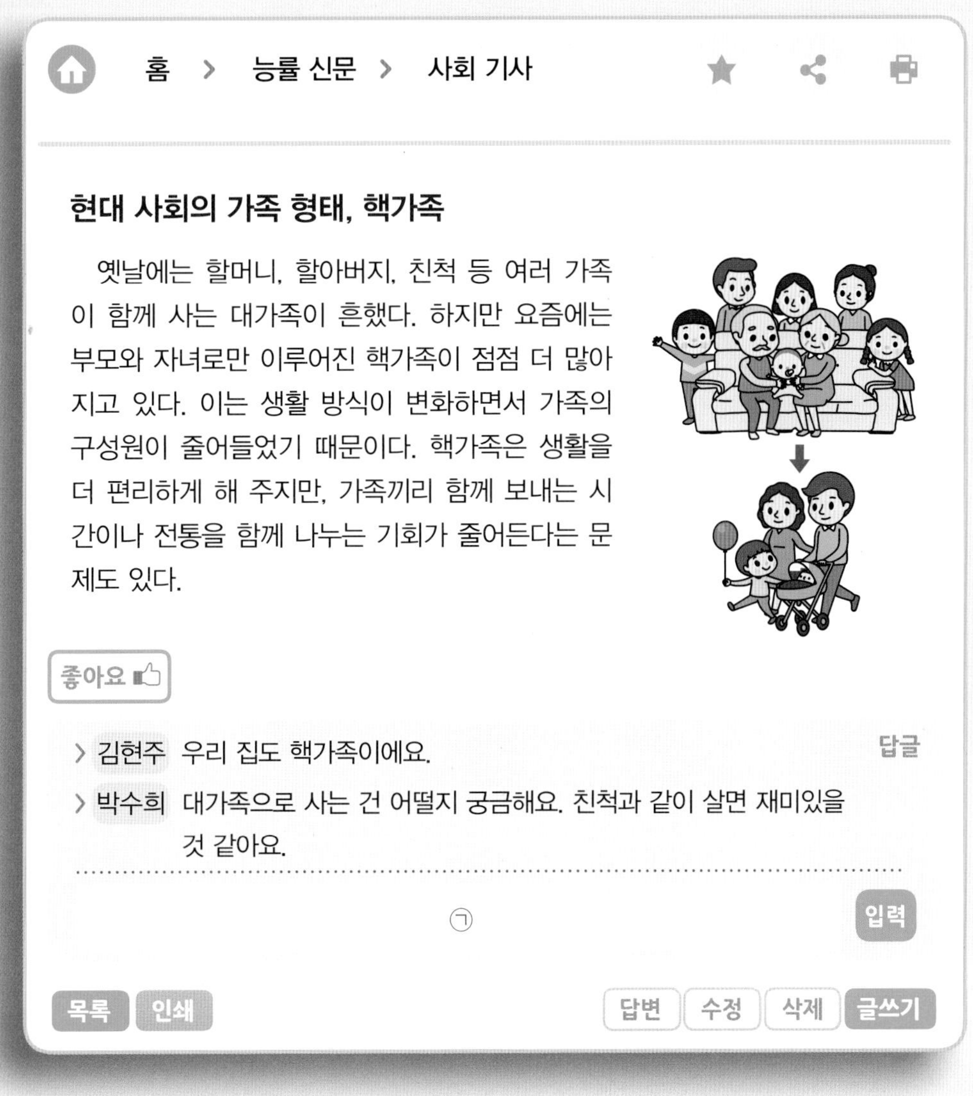

홈 > 능률 신문 > 사회 기사

현대 사회의 가족 형태, 핵가족

옛날에는 할머니, 할아버지, 친척 등 여러 가족이 함께 사는 대가족이 흔했다. 하지만 요즘에는 부모와 자녀로만 이루어진 핵가족이 점점 더 많아지고 있다. 이는 생활 방식이 변화하면서 가족의 구성원이 줄어들었기 때문이다. 핵가족은 생활을 더 편리하게 해 주지만, 가족끼리 함께 보내는 시간이나 전통을 함께 나누는 기회가 줄어든다는 문제도 있다.

좋아요

> 김현주 우리 집도 핵가족이에요. 답글

> 박수희 대가족으로 사는 건 어떨지 궁금해요. 친척과 같이 살면 재미있을 것 같아요.

㉠ 입력

목록 인쇄 답변 수정 삭제 글쓰기

사회
05~08

주제별로 묶어 어휘를 의미적으로 연결하여 학습해 봐!

사회 주제 05 우리 주변에 어떤 공공장소가 있을까?

낱말밭

영주는 **파출소**에 가서 도움을 요청했어요. 경찰은 영주가 잃어버린 지갑을 찾아보겠다고 말했어요.

영주는 책을 읽으러 갔던 **도서관**에 다시 가서 책상 위를 살펴보았지만, 지갑은 없었어요.

파 출 소

도 서 관

공 공 장 소

영주는 하루 종일 여러 **공공장소**를 다녔어요. 그래서 지갑을 잃어버린 것도 몰랐어요.

소 방 서

시 장

영주는 **소방서**에서 소방차가 출동하는 모습을 봤던 기억이 떠올랐어요. 그래서 소방서 근처 길가를 살펴봤어요.

결국 영주는 지갑을 찾았어요. 영주는 기쁜 마음으로 **시장**에 들러 떡볶이를 사 먹고, 집에 돌아갔어요.

다음 글을 읽으며, 빈칸에 들어갈 낱말을 따라 써 보세요.

우리 주변에는 여러 종류의 (1) 공공장소 가 있어요. 공공장소는 많은 사람이 함께 사용하는 곳을 말해요. 공공장소에는 사람들의 안전을 지키는 (2) 파출소 와 불이 나면 출동해 불을 끄고 불이 나지 않도록 예방하는 (3) 소방서 가 있어요. 아픈 사람을 치료해 주는 병원과 돈을 맡기거나 찾을 수 있는 은행도 있지요. 물건을 사고파는 (4) 시장 , 산책이나 운동을 할 수 있는 공원, 그리고 책을 읽거나 빌릴 수 있는 (5) 도서관 도 있어요. 그 외에도 박물관, 미술관 등이 있어요.

이런 공공장소에서는 각 장소의 규칙을 지키고, 다른 사람을 배려하는 행동을 해야 해요. 또한, 쓰레기를 버리지 않고, 시끄러운 소리를 줄이며, 사용한 자리를 깨끗하게 정리하는 것이 중요해요. 다른 사람들의 공간도 존중하여 행동해야 하지요.

낱말밭 사전

확인 ☑

* **공공장소** 여러 사람이나 단체가 함께 이용하는 곳. ☐
* **파출소** 동네마다 경찰관이 국민의 안전을 지키는 등의 일을 하도록 만든 곳. ☐
* **도서관** 여러 종류의 책, 자료 등을 모아 두고 사람들이 볼 수 있도록 한 곳. ☐
* **소방서** 불을 끄거나 불이 나지 않게 예방하는 업무를 맡아보는 기관. ☐
* **시장** 여러 가지 물건을 사고팔게 정해진 곳. ☐

확인과 적용

01 **다음 낱말의 뜻으로 알맞은 것을 찾아 선으로 이으세요.**

(1) 시장 •　　　　• ㉠ 여러 가지 물건을 사고팔게 정해진 곳.

(2) 소방서 •　　　　• ㉡ 불을 끄거나 불이 나지 않게 예방하는 업무를 맡아보는 기관.

(3) 파출소 •　　　　• ㉢ 동네마다 경찰관이 국민의 안전을 지키는 등의 일을 하도록 만든 곳.

02 **다음 문장에 어울리는 낱말을 찾아 ○표 하세요.**

(1) 유리는 (도서관 , 소방서)에서 책을 빌렸다.

(2) 병원은 많은 사람이 이용하는 (시장 , 공공장소)이다.

(3) 성진이는 길에 떨어진 돈을 주워서 (소방서 , 파출소)에 가져다줬다.

03 **다음 중 밑줄 친 낱말을 바르게 사용하여 말한 친구의 이름을 쓰세요.**

사람들은 도서관에서 맛있는 음식과 여러 가지 물건들을 살 수 있어.

소방서에서는 불이 나지 않게 조심해야 할 것들을 사람들에게 알려줘.

(　　　　　　)

04 **다음 빈칸에 들어갈 낱말로 알맞은 것은 무엇인가요? (　　　　)**

[　　　]은/는 여러 사람이 함께 사용하는 곳이기 때문에 쓰레기를 아무 곳에나 버리면 안 된다.

① 행사　　② 친척　　③ 부호　　④ 표현　　⑤ 공공장소

05 **다음 빈칸에 공통으로 들어갈 낱말로 알맞은 것은 무엇인가요? (　　　　)**

국내 여행객들 사이에서 지역 특산물을 파는 전통 [　　　]이/가 인기를 얻고 있어요. 이 [　　　]에서는 제주도의 귤, 부산의 어묵, 강원도의 감자 등 지역마다 유명한 먹거리를 직접 사고 맛볼 수 있어요.

① 학교　② 시장　③ 도서관　④ 소방서　⑤ 파출소

06 **다음 밑줄 친 낱말의 뜻으로 알맞은 것을 보기에서 찾아 기호를 쓰세요.**

보기

㉠ 여러 종류의 책, 자료 등을 모아 두고 사람들이 볼 수 있도록 한 곳.

㉡ 동네마다 경찰관이 국민의 안전을 지키는 등의 일을 하도록 만든 곳.

어느 추운 겨울날, 누군가 파출소 앞에 상자를 놓고 갔어요. 상자 안에는 털장갑, 목도리, 양말 등과 함께 어려운 이웃을 돕고 싶다는 내용의 쪽지가 들어 있었어요. 경찰은 그 물건들을 힘들게 겨울을 날 이웃들에게 나누어 주었어요.

(　　　　　　)

2단계 활용

07 **다음 보기와 같이 주어진 낱말을 넣어 짧은 문장을 만들어 쓰세요.**

보기

소방서

지호는 불이 난 것을 보고 소방서에 전화를 걸었다.

(1) 도서관

(2) 공공장소

정말 잘했어!

사회 주제 06 우리 동네에는 어떤 병원이 있을까?

준우는 감기를 치료해 주는 **내과** 의사를 떠올렸어요. 수술을 하지 않고 약으로 병을 치료하는 일이 멋있어 보였어요.

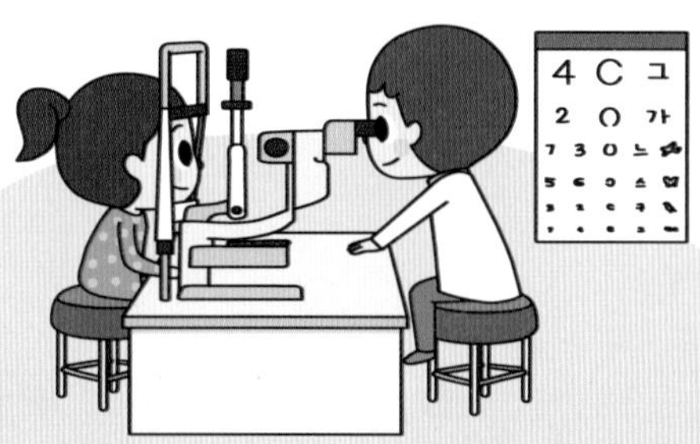

준우는 눈에 생긴 병을 치료하는 **안과** 의사도 꿈꾸었어요. 눈병에 자주 걸리는 동생을 치료해 주고 싶었기 때문이에요.

안 과

병 원

준우는 커서 **병원**에서 일하는 의사가 되고 싶었어요. 그래서 어떤 의사가 되고 싶은지 생각해 보았어요.

정 형 외 과

준우는 뼈와 관절을 치료하는 **정형외과** 의사가 되고 싶기도 했어요. 할머니의 아픈 다리를 고쳐 드리고 싶었거든요.

이 비 인 후 과

준우는 귀, 코, 목을 치료하는 **이비인후과** 의사도 생각했어요. 준우는 커서 어떤 의사가 될지 계속 고민했지요.

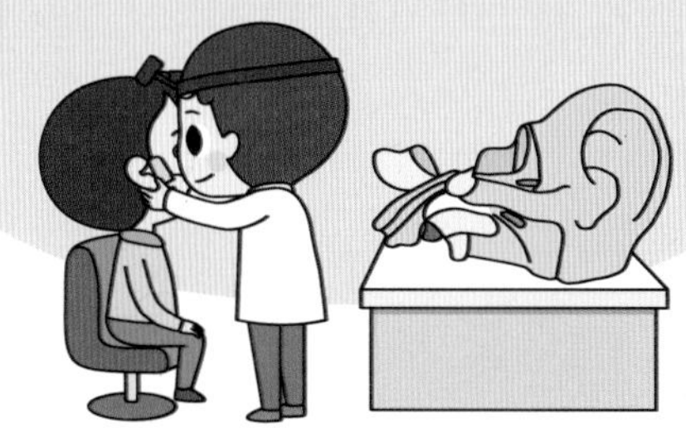

다음 글을 읽으며, 빈칸에 들어갈 낱말을 따라 써 보세요.

사람들은 몸이 아플 때 (1) 병원 에 가서 의사에게 치료를 받아요. 그런데 아픈 부위에 따라 가야 할 병원이 달라져요. 귀가 아프거나 콧물이 나고 목이 아프면 (2) 이비인후과 에 가요. 이곳에서는 귀, 코, 목에 관련된 병을 치료해요. 또, 뼈가 부러지거나 허리와 무릎이 아플 때는 (3) 정형외과 에서 치료를 받아야 해요. 이가 썩거나 잇몸이 아플 때는 치과, 눈이 잘 안 보이거나 눈에 통증이 있을 때는 (4) 안과 를 찾아가야 해요. 음식을 소화시키는 위와 같은 몸속 기관이 아프면 (5) 내과 에 가고, 몸의 겉 부분을 다쳤거나 수술이 필요하면 외과에서 치료를 받아야 해요. 이 외에도 여러 종류의 병원이 있어요.

우리가 병원의 종류와 역할을 정확히 알고 있어야, 아플 때 필요한 병원을 쉽게 찾아갈 수 있어요. 그래서 각각의 병원이 어떤 병을 치료하는지 미리 알아 두면 좋아요.

낱말밭 사전

확인

* **병원** 아픈 사람을 진찰하고 치료하는 데 필요한 것을 갖추어 놓은 곳. ☐
* **내과** 몸속 내장에 생긴 병을 수술이 아닌 약으로 치료하는 곳. ☐
* **안과** 눈에 생긴 병을 치료하는 곳. ☐
* **정형외과** 근육이나 뼈에 생긴 병을 치료하는 곳. ☐
* **이비인후과** 귀, 코, 목구멍 등에 생긴 병을 치료하는 곳. ☐

확인과 적용

01 다음 낱말의 뜻으로 알맞은 것을 보기에서 찾아 기호를 쓰세요.

보기
㉠ 근육이나 뼈에 생긴 병을 치료하는 곳.
㉡ 귀, 코, 목구멍 등에 생긴 병을 치료하는 곳.
㉢ 몸속 내장에 생긴 병을 수술이 아닌 약으로 치료하는 곳.

(1) 내과 (   ) (2) 정형외과 (   ) (3) 이비인후과 (   )

02 다음 첫 자음자를 보고, 빈칸에 들어갈 알맞은 낱말을 쓰세요.

(1) ㄴ ㄱ

언니는 몸속에 병이 생겨서 (   )에서 검사를 받았다.

(2) ㅇ ㄱ

할머니께서는 눈이 잘 보이지 않아서 (   )에 다녀오셨다.

03 다음 중 밑줄 친 낱말을 바르게 사용한 것을 찾아 ○표 하세요.

① 아버지께서는 손목이 아파서 <u>내과</u>에 갔다. (   )

② 나는 목 안이 따끔거려서 <u>이비인후과</u>에서 치료를 받았다. (   )

04 다음 빈칸에 들어갈 낱말로 알맞은 것을 찾아 ○표 하세요.

서준: 어제 바닷가에서 놀다가 눈에 모래가 들어갔어. 나는 어떤 병원에 가야 할까?
은채: 너는 눈에 관한 치료를 전문적으로 하는 [   ]에 가야 해.
서준: 고마워. 빨리 내 눈이 나았으면 좋겠어.

(안과 , 정형외과)

05 다음 밑줄 친 낱말과 같은 낱말이 들어갈 문장에 ○표 하세요.

형은 계단을 올라가다가 발목을 삐끗해서 정형외과에 갔다.

① 할아버지는 코가 막히고 콧물이 나서 [　　　]에 갔다. (　　　　)

② 나는 눈이 빨개지고 가려워서 [　　　]을/를 찾아갔다. (　　　　)

③ 축구 선수가 경기 중에 다리 근육을 다쳐서 [　　　]에 갔다. (　　　　)

06 다음 빈칸에 공통으로 들어갈 알맞은 낱말을 보기에서 찾아 쓰세요.

보기

내과　　안과　　이비인후과

정희는 배가 아파서 병원에 갔어요. 간호사 선생님은 정희를 [　　　]로 안내해 주셨어요. [　　　]에서는 주로 배 속, 위, 장과 같은 몸속 아픈 곳을 치료해요. 정희는 의사 선생님에게 진찰을 받고, 배를 편안하게 해 주는 약을 처방받았어요.

(　　　　　　)

2단계 활용

07 다음 보기와 같이 주어진 낱말을 넣어 짧은 문장을 만들어 쓰세요.

보기

정형외과

팔이 부러진 수찬이는 정형외과에서 치료를 받았다.

(1) 병원

(2) 이비인후과

정말 대단해!

사회 주제 07 우리나라를 나타내는 말에는 무엇이 있을까?

개천절에는 다양한 행사가 열려요. 사람들은 거리와 집에 우리나라의 국기인 **태극기**를 달아 기념해요.

태 극 기

개천절 행사에서는 **애국가**를 불러요. 이 노래는 나라를 사랑하는 마음을 담고 있어요.

애 국 가

우 리 나 라

10월 3일 개천절은 단군이 고조선을 세운 날을 기념하고, **우리나라**의 뿌리를 기억하는 날이에요.

무 궁 화

개천절 기념행사에서는 **무궁화**를 많이 볼 수 있어요. 무궁화는 우리나라를 대표하는 꽃이에요.

한 민 족

개천절은 우리나라에서 옛날부터 함께 살아온 **한민족**의 뿌리를 다시 생각해 볼 수 있는 날이에요.

정답 및 해설 21쪽

다음 글을 읽으며, 빈칸에 들어갈 낱말을 따라 써 보세요.

(1) 우리나라는 대한민국이에요. 대한민국은 아시아의 동쪽에 있는 나라로, 한반도라는 땅에 있어요.

우리나라를 나타내는 것들은 다양해요. 먼저 (2) 태극기는 우리나라의 국기예요. 흰 바탕의 가운데에 빨간색과 파란색의 태극 무늬가 그려져 있고, 바깥쪽에는 검은색 막대기 모양의 '괘'가 있어요. 또, (3) 애국가는 우리나라를 대표하는 노래로, 국민들 사이에서 불리던 노랫말에 작곡가 안익태가 곡을 붙여 만들었어요. 이 노래는 나라에 대한 사랑을 담고 있어서 국가의 특별한 행사나 기념일에 자주 불려요. (4) 무궁화는 우리나라를 대표하는 꽃이에요. 보통 7월부터 9월까지 피어요. 이 꽃은 (5) 한민족의 오랜 역사와 함께해 왔기 때문에 더욱 소중히 여겨야 해요. 이처럼 태극기, 애국가, 무궁화는 대한민국을 대표하는 중요한 상징들이에요.

낱말밭 사전

확인☑

* **우리나라** 우리 민족이 세운 나라를 이르는 말. ☐
* **태극기** 대한민국을 상징하는 국기. ☐
* **애국가** 대한민국을 대표하며 상징하는 노래. ☐
* **무궁화** 대한민국을 나타내는 대표적인 꽃. ☐
* **한민족** 한반도와 그에 딸린 섬에서 옛날부터 살아온, 우리나라의 중심이 되는 민족. ☐

확인과 적용

01 다음 뜻을 가진 낱말을 보기에서 찾아 쓰세요.

보기

무궁화 애국가 태극기

(1) 대한민국을 상징하는 국기. (   )

(2) 대한민국을 나타내는 대표적인 꽃. (   )

(3) 대한민국을 대표하며 상징하는 노래. (   )

02 다음 빈칸에 들어갈 낱말을 보기에서 찾아 쓰세요.

보기

애국가 태극기 한민족

(1) 태권도 국가대표 선수의 옷에는 (   )이/가 달려 있다.

(2) 대한민국 선수들이 금메달을 따자 (   )이/가 울려 퍼졌다.

(3) 우리나라의 전통 노래인 판소리에는 (   )의 감정이 담겨 있다.

03 다음 문장에 어울리는 낱말을 찾아 ○표 하세요.

(1) 8월 15일 광복절에는 많은 사람들이 (애국가 , 태극기)를 건다.

(2) (무궁화 , 한민족)은/는 한국의 역사와 문화를 나타내는 꽃이다.

04 다음 빈칸에 들어갈 낱말로 알맞은 것은 무엇인가요? (   )

한국 사람들은 [   ]을/를 '대한민국'이라고 부른다.

① 애국가 ② 태극기 ③ 무궁화 ④ 공공장소 ⑤ 우리나라

05 다음 밑줄 친 낱말과 같은 낱말이 들어갈 문장에 ○표 하세요.

국가의 중요한 행사에서는 애국가를 부른다.

① 독도는 [ ] 의 동쪽에 있는 섬이다. ( )

② [ ] 가사는 나라를 사랑하는 내용으로 이루어져 있다. ( )

③ 올림픽 행사장에서 우리나라 국기인 [ ] 이/가 휘날렸다. ( )

06 다음 빈칸에 공통으로 들어갈 낱말로 알맞은 것을 찾아 ○표 하세요.

우리나라 사람들은 지역에 따라 서로 다른 문화적 배경을 가지고 있기도 하지만, [ ] 으로서 공통된 정신을 지니고 있어요. 예를 들어, 우리는 부모님과 어른을 존경하고 잘 모시는 조상들의 가르침을 이어가고 있어요. 이는 우리가 [ ] 으로서 하나의 공동체로 살아가고 있다는 것을 보여 줘요.

(태극기 , 한민족)

2단계 활용

07 다음 보기와 같이 주어진 낱말을 활용하여 짧은 문장을 만들어 쓰세요.

보기

한민족

우리 옷인 한복에서는 한민족의 아름다움을 느낄 수 있다.

(1) 무궁화

(2) 우리나라

정말 멋있어~!

사회 주제 08

우리나라의 대표적인 명절은 무엇일까?

설날에는 가족들과 함께 떡국을 먹었어요. 윤지의 남동생은 떡국을 먹으며 새해 인사도 했지요.

윤지의 남동생은 **정월 대보름**의 전날에 쥐불놀이를 했어요. 그리고 윤지는 정월 대보름에 오곡밥과 부럼을 먹었어요.

정월대보름

명절

윤지는 우리나라 **명절**을 외국인 친구에게 소개하기로 했어요. 그래서 명절에 했었던 일들을 떠올렸어요.

단오

윤지는 **단오**에 창포물로 머리를 감았어요. 그리고 예쁜 모양의 단오떡도 만들어 먹었어요.

추석

추석에는 가족들이 모두 모여 송편을 만들었어요. 윤지는 가족들과 함께 시간을 보내서 즐거웠어요.

다음 글을 읽으며, 빈칸에 들어갈 낱말을 따라 써 보세요.

우리나라에는 여러 (1) 명절이 있어요. 예전에는 명절이 되면 가족과 친척이 모여서 함께 시간을 보냈어요. 요즘은 가족마다 다르게 보내기도 하지요.

한 해가 시작되고 나서 가장 먼저 맞이하는 명절은 음력 1월 1일 (2) 설날이에요. 이날에는 나이를 한 살 더 먹는다는 의미로 떡국을 먹어요. 또한, 어른께 세배를 하거나 함께 모여 윷놀이를 하기도 해요. 그 다음에 돌아오는 명절은 (3) 정월 대보름이에요. 이날에는 오곡밥이나 견과류를 먹으며 건강을 빌어요. 음력 5월 5일은 (4) 단오예요. 이날 여자들은 창포물로 머리를 감거나 그네를 타고, 남자들은 씨름을 해요. 음력 8월 15일인 (5) 추석에는 풍성한 농작물 수확에 감사하며 조상들께 차례를 지내요. 가족과 함께 송편을 만들고, 둥근 달을 보며 소원을 빌기도 해요. 이렇게 각각의 명절마다 먹는 음식과 하는 일이 다양해요.

낱말밭 사전

확인☑

* **명절** 해마다 일정하게 지키어 즐기거나 기념하는 때. ☐
* **설날** 새해를 맞이하는 첫날을 기념하는 명절로, 음력 1월 1일임. ☐
* **정월 대보름** 새해에 처음 맞는 보름날로, 음력 1월 15일임. 부럼을 깨물며 약밥, 오곡밥 등을 먹음. ☐
* **단오** 모내기를 끝내고 농사가 잘되기를 비는 명절로, 음력 5월 5일임. 단오떡을 해 먹고 여자는 창포물에 머리를 감고 그네를 뛰며 남자는 씨름을 함. ☐
* **추석** 한 해 농사를 끝내고 수확을 감사하며 차례를 지내는 명절로, 음력 8월 15일임. 햅쌀로 송편을 만들고 햇과일 등의 음식을 준비해서 차례를 지냄. ☐

확인과 적용

01 다음 낱말의 뜻으로 알맞은 것을 보기에서 찾아 기호를 쓰세요.

보기
㉠ 새해에 처음 맞는 보름날로, 음력 1월 15일임.
㉡ 새해를 맞이하는 첫날을 기념하는 명절로, 음력 1월 1일임.
㉢ 한 해 농사를 끝내고 수확을 감사하며 차례를 지내는 명절로, 음력 8월 15일임.

(1) 설날 (　　　)　　(2) 추석 (　　　)　　(3) 정월 대보름 (　　　)

02 다음 빈칸에 들어갈 낱말을 보기에 있는 글자 카드로 만들어 쓰세요.

보기
절　설　날　명

(1) 나는 음력 1월 1일 (　　　) 아침에 부모님께 세배를 했다.

(2) 우리나라에는 사람들이 모여 함께 즐기고 기념하는 (　　　)이/가 많다.

03 다음 중 밑줄 친 낱말이 바르게 사용된 것을 찾아 ○표 하세요.

① 나는 음력 1월 15일인 <u>정월 대보름</u>에 오곡밥을 먹었다. (　　　)

② 옛날 사람들은 <u>단오</u>에 수확한 곡식과 과일을 나누며 감사의 마음을 전했다. (　　　)

04 다음 중 밑줄 친 낱말을 바르게 사용하여 말한 친구의 이름을 쓰세요.

(　　　)

05 **다음 빈칸에 들어갈 낱말로 알맞은 것을 찾아 ○표 하세요.**

음력 5월 5일 [ ] 은/는 '수릿날'이라고도 부르는 명절이에요. 사람들은 나쁜 기운과 초여름 벌레를 쫓고 싶은 마음을 담아 쑥으로 만든 떡을 먹었어요. 또, 머리카락이 윤기가 나고 잘 빠지지 않도록 창포의 잎과 뿌리로 우려낸 물로 머리를 감았어요. 여름을 시원하게 보내자고 서로 부채를 선물하기도 했어요.

(단오 , 추석)

06 **다음 빈칸에 들어갈 낱말로 알맞은 것은 무엇인가요? (　　　　)**

[ ]에 부럼을 먹는 것은 우리 고유의 풍습이에요. 부럼은 호두, 잣, 밤, 땅콩 등 여러 종류의 견과류를 말해요. 이 풍습은 한 해의 건강과 행운을 기원하는 의미가 있어요. 부럼을 깨물어 악귀를 쫓고 이를 튼튼하게 한다는 것이에요. 특히, 부럼을 먹으면 피부에 가려움을 일으키는 '부스럼'이 생기지 않는다고 전해져요.

① 돌　② 단오　③ 설날　④ 추석　⑤ 정월 대보름

활용

07 **다음 문장의 빈칸에 들어갈 낱말을 보기에서 찾아 쓰고, 완성된 문장을 그대로 따라 써 보세요.**

보기

명절　단오　설날　추석

(1) (　　　　　)에는 떡국을 먹어야만 한 살을 더 먹는다고 한다.

(2) 우리나라의 (　　　　　) 중 하나인 단오에는 쑥떡을 만들어 먹는다.

사회 주제 05~08 **낱말밭** 주간학습

01 다음 문장의 빈칸에 들어갈 낱말을 찾아 선으로 이으세요.

(1) 수의사는 아픈 동물을 치료하는 [ ] 에서 일한다. •　　• ㉠ 단오

(2) 삼촌은 음력 5월 5일인 [ ] 에 씨름 대회에 나갔다. •　　• ㉡ 병원

(3) 나는 길을 잃고 울고 있는 아이를 [ ] 에 데려다줬다. •　　• ㉢ 파출소

02 다음 문장에 어울리는 낱말을 찾아 ○표 하세요.

(1) (정형외과 , 이비인후과)에서는 귀의 건강 상태를 확인할 수 있다.

(2) 도서관은 사람들이 이용하는 (행사 , 공공장소)이므로 조용히 해야 한다.

(3) (무궁화 , 애국가)는 우리나라를 대표하는 노래라서 가사를 바꾸기 어렵다.

03 다음 밑줄 친 낱말을 바르게 사용하여 말한 친구의 이름을 쓰세요.

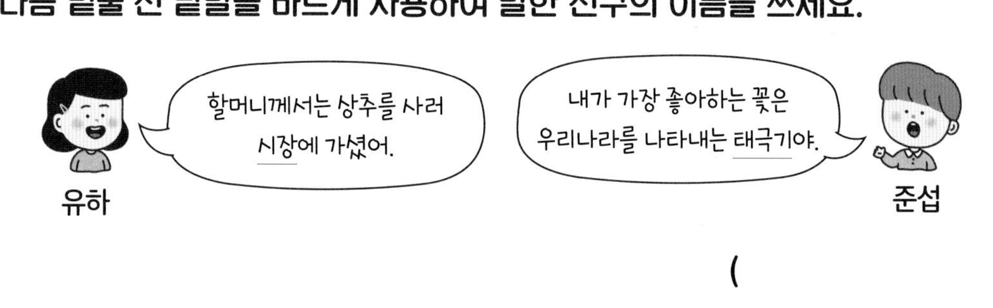

(　　　　　　)

04 다음 빈칸에 들어갈 낱말로 알맞은 것은 무엇인가요? (　　　　)

나는 눈이 나빠져서 [ ] 에 가서 검사를 받았다.

① 내과　② 안과　③ 시장　④ 학교　⑤ 이비인후과

정답 및 해설 23쪽

05 다음 ㉠~㉢ 중에서 뜻이 알맞게 쓰인 낱말을 찾아 기호를 쓰세요.

민재는 ㉠단오 때 송편을 너무 많이 먹어서 배탈이 났어요. 그래서 어머니와 함께 ㉡내과에 갔어요. 의사 선생님께서는 배탈이 낫기 전까지 약을 먹으라고 하셨어요. 집으로 돌아오는 길에 ㉢소방서에서 파는 맛있는 떡볶이를 보았지만, 민재는 침을 삼켜야만 했어요.

( )

06 다음 ㉠과 ㉡에 들어갈 알맞은 낱말을 보기에서 찾아 쓰세요.

보기

설날 정월 대보름

새해가 되자마자 맞이하는 두 개의 명절이 있어요. 먼저 음력 1월 1일인 [㉠]에는 "새해 복 많이 받으세요."라는 말로 인사를 나누며, 새해의 시작을 축하해요. 그로부터 14일 후인 [㉡]에는 밤에 보름달을 바라보며, 건강과 풍년을 기원하고 소원을 빌어요.

(1) ㉠: ( ) (2) ㉡: ( )

07 다음 밑줄 친 부분과 바꾸어 쓸 수 있는 낱말로 알맞은 것은 무엇인가요?

( )

한복은 우리 조상들이 입었던 전통적인 옷이에요. 남자는 허리까지 오는 저고리와 통이 넓은 바지를 입고, 발목에 끈을 묶었어요. 여자는 짧은 저고리와 풍성한 모양의 치마를 입었어요. 요즘에는 한복에 다양한 색이 사용되지만, 옛날에는 주로 한복을 흰색으로 만들었어요. 흰색은 우리 민족의 순수함을 나타내요.

① 부모 ② 친척 ③ 무궁화 ④ 태극기 ⑤ 한민족

[08~10] 다음 글을 읽고, 물음에 답하세요.

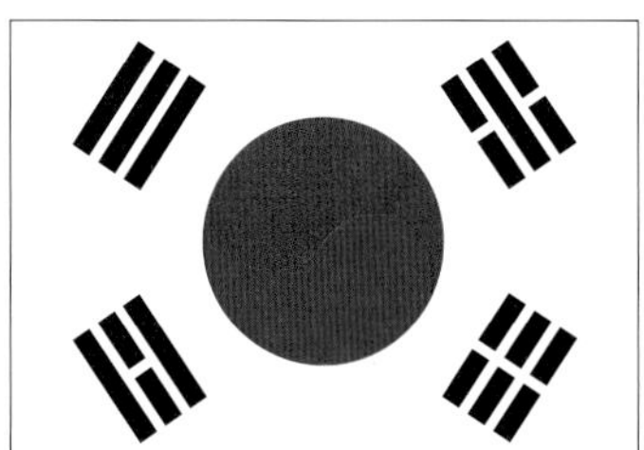

동네 주민을 돕는 파출소, 불을 끄고 응급 상황에 대처하는 [㉠], 학생들을 가르치는 학교 등에 가면 태극기를 쉽게 볼 수 있어요.

태극기는 우리나라를 나타내는 국기로, 1882년에 고종이 박영효라는 사람에게 만들게 했어요. 태극기는 흰색 바탕의 가운데에 빨간색과 파란색의 태극무늬가 들어 있고, 네 개의 모서리에는 검은색 선들이 있어요. 이 선은 '괘'라고 부르며, 각각 하늘, 땅, 물, 불을 상징해요. 이 상징들은 자연과 함께 살아가고 싶어 했던 우리 민족의 소망을 나타내요. 또한, 태극기에는 서로 다른 것들이 조화를 이루며 어우러진다는 의미도 담겨 있어요. 그래서 태극무늬를 중심으로 만들어진 태극기는 한민족이 새롭고 좋은 것을 만들어 내고 싶어 한다는 뜻을 나타내지요. 이는 우리 조상들이 항상 미래를 생각하고, 더 나은 세상을 만들고자 노력했다는 것을 보여 줘요.

08 **㉠에 들어갈 낱말로 알맞은 것에 ○표 하세요.**

(도서관 , 소방서)

09 **다음 뜻을 가진 낱말을 윗글에서 찾아 네 글자로 쓰세요.**

우리 민족이 세운 나라를 이르는 말.

(　　　　　)

10 **다음은 윗글의 제목입니다. 빈칸에 들어갈 낱말로 알맞은 것은 무엇인가요?** (　　　)

[　　　]에 담겨 있는 의미

① 모양　② 무궁화　③ 애국가　④ 태극기　⑤ 공공장소

정답 및 해설 23쪽

디지털 속 한 문장

다음을 보고, 명절이라는 낱말을 넣어 내가 가장 좋아하는 명절과 그 이유를 써 보세요.

과학
01~04

주제별로 묶어 어휘를 의미적으로 연결하여 학습해 봐!

과학 주제 01

봄에 대해 알아볼까?

오랜만에 내리는 **봄비**가 새싹의 잠을 완전히 깨웠어요. 새싹은 처음 보는 세상이 신기했어요.

새싹은 비가 그친 뒤 불어오는 **봄바람**에 기분이 좋아졌어요. 쌀쌀한 겨울바람과 달리 봄바람은 따스했거든요.

봄이 오자 나뭇가지에 새싹이 얼굴을 내밀었어요. 새싹은 아직도 잠이 덜 깬 듯 어리둥절했어요.

나 들 이

어미 닭이 병아리들을 데리고 **나들이**를 가고 있었어요. 새싹은 손을 흔들며 인사했어요.

따 뜻 하 다

따뜻한 햇살이 새싹을 비춰 주었어요. 새싹은 햇살을 받으며 다시 낮잠에 빠져들었어요.

다음 글을 읽으며, 빈칸에 들어갈 낱말을 따라 써 보세요.

(1) 봄 은 보통 3월부터 5월까지의 기간을 말해요. 봄이 되면 날씨가 (2) 따뜻해지고, 식물들이 쑥쑥 자라기 시작해요. 그리고 (3) 봄비 가 내리면 겨울 동안 얼었던 땅이 녹고, 나무에는 새로운 잎과 가지가 나요. 이를 통해 우리는 봄의 시작을 알 수 있어요.

봄에는 개나리, 진달래 등 여러 가지 꽃이 피어나요. 겨울 동안 보이지 않았던 벌과 나비 같은 곤충들은 꿀을 찾으러 바쁘게 움직여요. 사람들도 들판과 산으로 (4) 나들이 를 떠나고, 소풍을 가거나 자전거를 타는 등 다양한 바깥 활동을 해요.

우리 몸은 겨울 동안 부족했던 햇빛을 많이 받아서 힘이 나요. 또한, 차가운 겨울바람과 다르게 따스한 (5) 봄바람 이 사람들의 기분을 좋게 만들어 줘요. 이처럼 봄은 새로운 시작을 알리는 계절이에요.

낱말밭 사전

확인

* **봄** 한 해의 네 계절 가운데 첫째 계절. 겨울과 여름 사이이며, 3~5월을 이름.
* **봄비** 봄철에 오는 비. 특히 조용히 가늘게 오는 비를 이름.
* **봄바람** 봄철에 불어오는 바람.
* **나들이** 집을 떠나 가까운 곳에 잠시 다녀오는 일.
* **따뜻하다** 덥지 않을 정도로 온도가 알맞게 높다.

확인과 적용

01 다음 뜻을 가진 낱말을 보기에서 찾아 쓰세요.

보기

나들이 봄바람 따뜻하다

(1) 봄철에 불어오는 바람. (   )

(2) 덥지 않을 정도로 온도가 알맞게 높다. (   )

(3) 집을 떠나 가까운 곳에 잠시 다녀오는 일. (   )

02 다음 밑줄 친 낱말의 뜻으로 알맞은 것을 찾아 ○표 하세요.

나는 봄을 맞이하여 겨울에 입었던 두꺼운 옷들을 정리했다.

① 봄철에 오는 비. (   )

② 한 해의 네 계절 가운데 첫째 계절. (   )

03 다음 중 밑줄 친 낱말이 바르게 사용된 문장을 찾아 ○표 하세요.

① 나는 장갑을 껴서 손이 따뜻해졌다. (   )

② 놀이공원에 봄바람을 나온 가족들이 많았다. (   )

04 다음 빈칸에 들어갈 낱말로 알맞은 것은 무엇인가요? (   )

3월이 되자마자 일주일 동안 [   ]가 내렸다.

① 봄 ② 단오 ③ 명절 ④ 봄비 ⑤ 추석

05 다음 빈칸에 들어갈 낱말로 알맞은 것을 찾아 ○표 하세요.

봄이 되어 날씨가 따뜻해지자, 주말에 [ ]을/를 떠나는 사람들이 많아졌어요. 가족이나 친구와 함께 봄꽃을 보러 가거나 공원에서 가벼운 운동을 하기도 해요.

(나들이 , 봄바람)

06 다음 ㉠과 ㉡에 들어갈 알맞은 낱말을 보기에서 찾아 쓰세요.

보기

봄　　　　봄비

한별이는 [㉠]이/가 내린다고 좋아하시는 어머니를 보고 고개를 갸우뚱했어요. 비가 오면 밖에 나가서 놀기 힘든데 말이에요. 어머니께서는 겨울이 지나고 [㉡]이/가 되면 기온이 올라가는데, 이때 비가 내리지 않으면 땅이 건조해져서 식물들이 자라기 힘들다고 말씀해 주셨어요.

(1) ㉠: ( ) (2) ㉡: ( )

2단계 활용

07 다음 보기와 같이 주어진 낱말을 넣어 짧은 문장을 만들어 쓰세요.

보기

나들이

우리 가족은 공원으로 나들이를 가기로 했다.

(1) 봄비

(2) 따뜻하다

정말 대단해!

과학 주제 02

여름에 대해 알아볼까?

은율이는 **무더위**를 피하기 위해 집에서 시원한 선풍기 바람을 쐬며 아이스크림을 먹었어요.

은율이는 가족과 함께 바닷가로 **피서**를 갔어요. 바다에서 신나게 물놀이를 하며 즐거운 시간을 보냈어요.

피 서

은율이가 가장 좋아하는 계절은 **여름**이에요. 여름에는 재미있는 활동을 많이 할 수 있어요.

뙤 약 볕

은율이는 시골 할머니 댁에도 갔어요. **뙤약볕**을 피해 원두막에서 수박을 맛있게 먹었어요.

여름은 날씨가 **더워서** 밖에서 놀면 얼굴에 땀이 흘러요. 그래도 은율이는 여름을 가장 좋아해요.

다음 글을 읽으며, 빈칸에 들어갈 낱말을 따라 써 보세요.

(1) 여름에는 날씨가 매우 (2) 덥고 습해요. 그래서 사람들은 쉽게 지치고 더위를 느껴요. 여름에는 물을 자주 마시고 신선한 과일을 많이 먹는 게 좋아요. 특히 오후 12시부터 4시까지는 태양이 가장 강하게 비추기 때문에 (3) 뙤약볕을 피해 바깥 활동을 줄이는 것이 바람직해요.

여름철 (4) 무더위를 이겨 내는 방법은 여러 가지가 있어요. 선풍기나 에어컨을 사용해 시원하게 지내거나, 계곡이나 바다에서 물놀이를 하면서 (5) 피서를 즐길 수 있어요. 또, 삼계탕 같은 뜨거운 음식을 먹고 땀을 흘려서 몸의 체온을 조절할 수도 있어요. 팥빙수 같은 차가운 간식을 먹으면서 더위를 잊고 시원한 기분을 느낄 수도 있지요. 우리는 이러한 방법들로 여름의 더운 날씨를 이겨 낼 수 있어요.

낱말밭 사전

확인

* **여름** 한 해의 네 계절 가운데 두 번째 계절. 봄과 가을 사이이며, 6~8월을 이름. ☐
* **무더위** 습도와 온도가 매우 높아 찌는 듯 견디기 어려운 더위. ☐
* **피서** 더위를 피하여 시원한 곳으로 옮김. ☐
* **뙤약볕** 여름날에 강하게 내리쬐는 몹시 뜨거운 볕. ☐
* **덥다** 공기의 온도가 높다. ☐

확인과 적용

01 다음 뜻을 가진 낱말을 보기에서 찾아 쓰세요.

보기

피서　　　뙤약볕　　　무더위

(1) 더위를 피하여 시원한 곳으로 옮김. (　　　　)

(2) 여름날에 강하게 내리쬐는 몹시 뜨거운 볕. (　　　　)

(3) 습도와 온도가 매우 높아 찌는 듯 견디기 어려운 더위. (　　　　)

02 다음 문장의 빈칸에 들어갈 낱말을 찾아 선으로 이으세요.

(1) 오늘은 그늘 아래에 있어도 날씨가 [　　]. •　　　　• ㉠ 덥다

(2) 봄이 지나 [　　]이/가 되면서 기온이 높아졌다. •　　　　• ㉡ 여름

(3) 은상이네 가족들은 계곡으로 [　　]을/를 가기로 했다. •　　　　• ㉢ 피서

03 다음 문장에 어울리는 낱말을 찾아 ○표 하세요.

(1) 나는 나무 아래에서 (여름 , 뙤약볕)을 피했다.

(2) (피서 , 무더위)에는 과일과 채소가 빨리 상할 수 있다.

(3) 더운 (봄 , 여름)이 지나고 가을이 오면 날씨가 시원해진다.

04 다음 빈칸에 들어갈 낱말로 알맞은 것은 무엇인가요? (　　　　)

[　　] 아래에서 고추를 땄더니 얼굴이 새까맣게 탔다.

① 봄비　　② 피서　　③ 봄바람　　④ 뙤약볕　　⑤ 운동장

05 다음 빈칸에 공통으로 들어갈 낱말로 알맞은 것은 무엇인가요? (　　　　)

> [　　　]은/는 날씨가 덥지만 비가 자주 오는 계절이에요. [　　　] 중간에 '장마'라는 시기에는 며칠 동안 비가 계속 내려요. 또, 갑자기 많은 양의 비가 오는 '집중 호우'도 있어요. 가끔은 '소나기'처럼 잠깐 내렸다가 금방 그치는 비도 내려요.

① 봄　　② 여름　　③ 무더위　　④ 봄바람　　⑤ 뙤약볕

06 다음 밑줄 친 부분과 바꾸어 쓸 수 있는 낱말로 알맞은 것을 찾아 ○표 하세요.

> 승환이는 낮잠을 자다가 너무 더워서 잠에서 깼어요. 선풍기를 켜고 다시 누웠더니 시원한 바람에 다시 잠들 것 같았어요. 그런데 그때 어머니께서 더위를 피해서 시원한 곳에 가는 게 좋겠다고 하셨어요. 승환이는 눈을 번쩍 뜨고 일어났어요. 그런데 그 곳은 차가운 물이 가득한 욕조였어요.

(피서 , 뙤약볕)

2단계 활용

07 다음 문장의 빈칸에 들어갈 낱말을 보기에서 찾아 쓰고, 완성된 문장을 그대로 따라 써 보세요.

보기

여름　　피서　　더워서　　무더위

(1) 농부는 (　　　　) 속에서 땀을 흘리며 일을 했다.

____

(2) 나는 날씨가 너무 (　　　　) 시원한 수박이 생각났다.

____

과학주제 03 가을에 대해 알아볼까?

아들은 아침 일찍부터 밭에 나가 고추를 땄어요. 부지런히 일한 덕분에 잘 익은 고추를 많이 수확할 수 있었어요.

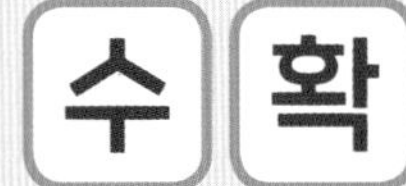

수확

점심에는 어머니와 함께 산으로 나들이를 갔어요. 산에는 알록달록한 단풍이 들어서 정말 아름다웠어요.

단풍

가을

어느 마을에 어머니와 단둘이 사는 착한 아들이 있었어요. 여름이 지나고 가을이 오자 아들은 할 일이 많아졌어요.

낙엽

저녁이 되어 집에 돌아오니 마당에 나뭇잎이 떨어져 있었어요. 아들은 어머니께서 편하게 다니시도록 낙엽을 치웠어요.

건조하다

밤이 되자 건조한 공기 때문에 어머니께서 기침을 하셨어요. 아들은 방에 젖은 수건을 걸어 두었지요.

다음 글을 읽으며, 빈칸에 들어갈 낱말을 따라 써 보세요.

(1) 가을 은 자연의 아름다움과 풍요로움을 느낄 수 있는 계절이에요. 가을이 오면 낮과 밤의 기온 차이가 커지고, 공기는 점점 (2) 건조 해져요. 이러한 날씨 변화는 나뭇잎의 색깔이 변하는 데 큰 영향을 줘요. 여름 내내 푸르렀던 나뭇잎들이 붉은색이나 누런색으로 물들기 시작해요. (3) 단풍 은 10월부터 11월까지 가장 아름답고, 그 이후에는 말라서 (4) 낙엽 이 돼요. 바람에 떨어진 낙엽은 땅에 쌓여, 다음 해에 새로운 식물이 잘 자랄 수 있도록 도와줘요.

또한, 가을이 되면 농부들은 한 해 동안 열심히 기른 곡식과 과일을 (5) 수확 해요. 이때 수확하는 과일로는 사과, 배, 포도 등이 있어요. 이렇게 가을은 자연의 변화와 풍성한 수확으로 우리에게 기쁨을 주는 계절이지요.

낱말밭 사전

확인 ☑

* **가을** 한 해의 네 계절 가운데 세 번째 계절. 여름과 겨울의 사이이며, 9~11월을 이름. ☐
* **수확** 익거나 다 자란 곡식이나 채소를 거두어들임. ☐
* **단풍** 날씨의 변화로 식물의 잎이 붉은색이나 누런색으로 변하는 현상. 또는 그렇게 변한 잎. ☐
* **낙엽** 말라서 떨어진 나뭇잎. ☐
* **건조하다** 말라서 물기가 없다. ☐

확인과 적용

01 **다음 낱말의 뜻으로 알맞은 것을 보기에서 찾아 기호를 쓰세요.**

보기
㉠ 말라서 물기가 없다.
㉡ 말라서 떨어진 나뭇잎.
㉢ 익거나 다 자란 곡식이나 채소를 거두어들임.

(1) 낙엽 (　　　　　)　(2) 수확 (　　　　　)　(2) 건조하다 (　　　　　)

02 **다음 밑줄 친 낱말의 뜻으로 알맞은 것을 찾아 ○표 하세요.**

가을이 되자, 푸르렀던 나뭇잎이 붉은 단풍으로 변했다.

① 한 해의 네 계절 가운데 세 번째 계절. (　　　　　)

② 날씨의 변화로 식물의 잎이 붉은색이나 누런색으로 변하는 현상.
(　　　　　)

03 **다음 문장에 어울리는 낱말을 찾아 ○표 하세요.**

(1) 날씨가 (건조해서 , 따뜻해서) 입술이 자주 텄다.

(2) 농부가 과수원에서 잘 익은 감을 (수확 , 피서)했다.

(3) 여름이 지나고 (봄 , 가을)이 오면 시원한 바람이 분다.

04 **다음 밑줄 친 부분과 바꾸어 쓸 수 있는 낱말로 알맞은 것은 무엇인가요?**
(　　　　　)

가을이 되면 공원에 나무에서 떨어진 마른 나뭇잎이 쌓인다.

① 낙엽　② 단풍　③ 무궁화　④ 무더위　⑤ 봄바람

05 다음 ㉠과 ㉡에 들어갈 알맞은 낱말을 보기에서 찾아 쓰세요.

보기

가을　　　　건조

인호는 [㉠]이/가 되자 피부가 가렵고 거칠어졌어요. 아버지께 여쭤보니, 여름에 비해 공기가 [㉡]해져서 피부가 간지러울 수 있다고 하셨어요. 물을 많이 마시고 몸에 로션을 바르는 것이 좋다고 말씀하셨어요.

(1) ㉠: (　　　　　　　　)　(2) ㉡: (　　　　　　　　)

06 다음 빈칸에 들어갈 낱말로 알맞은 것을 찾아 ○표 하세요.

나무는 여름에 햇빛을 받아 잎에서 에너지를 만들고 그 덕분에 건강하게 자랄 수 있어요. 하지만 가을이 되면 기온이 낮아져서 잎에서 에너지를 만들기가 점점 어려워지고, 나무는 겨울이 오기 전에 잎을 떨어트리게 돼요. 이때 나뭇잎은 [　　　]이/가 되어 땅에 떨어지고, 나무는 겨울을 준비하게 되지요.

(단풍 , 낙엽)

2단계 활용

07 다음 보기와 같이 주어진 낱말을 넣어 짧은 문장을 만들어 쓰세요.

보기

[가을]

✎ 여름이 지나고 가을이 오면 자연은 새로운 색깔로 물든다.

(1) [단풍]

✎ ....

(2) [건조하다]

✎ ....

과학 주제 04

겨울에 대해 알아볼까?

혜나는 어머니를 도와 배추로 **김장**을 했어요. 가족들과 함께 겨울 내내 먹을 수 있도록 김치를 많이 담갔어요.

혜나는 창문 밖을 바라보았어요. 하늘에서 하얀 **눈**이 펑펑 내리고 있었어요. 온 세상이 새하얗게 변했어요.

눈

겨 울

가을이 지나고 **겨울**이 찾아왔어요. 혜나네 가족은 겨울을 준비하기로 했어요.

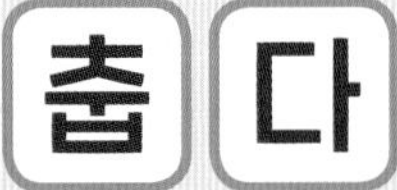

혜나는 밖에 나가서 부모님과 함께 눈사람을 만들었어요. 옷을 따뜻하게 입어서 하나도 안 **추웠어요**.

다음 날 아침, 혜나네 집 지붕에는 **고드름**이 매달려 있었어요. 밤새 눈이 녹았다가 얼어붙은 모습이 신기했어요.

다음 글을 읽으며, 빈칸에 들어갈 낱말을 따라 써 보세요.

(1) 겨울은 한 해의 마지막 계절이에요. 가을이 지나 겨울이 오면 날씨가 (2) 추워지고, 차가운 바람이 불기 시작해요. 때로는 하얀 (3) 눈도 내리지요. 눈이 내린 다음 날에는 지붕이나 창가에 (4) 고드름이 맺히기도 해요.

사람들은 추운 날씨에 대비하기 위해 두꺼운 옷을 입고, 집 안에서는 보일러를 켜서 따뜻한 온도를 유지해요. 또, 겨울 내내 먹을 반찬으로 (5) 김장을 담그기도 해요. 동물들도 겨울을 나기 위한 준비를 해요. 곰은 동굴 속에서 겨울잠을 자고, 다람쥐는 나무 구멍 속에서 겨울을 보내요. 토끼는 따뜻한 털로 몸을 감싸고, 새들은 따뜻한 나라나 지역으로 이동해요. 겨울철에 먹이를 찾기 어려운 동물들은 미리 음식을 숨겨 두기도 해요. 이처럼 겨울의 추위를 견디면서 사람과 동물은 각자의 방식으로 겨울을 보내요.

낱말밭 사전

확인

- **겨울** 한 해의 네 계절 가운데 네 번째 계절. 가을과 봄 사이이며, 12~2월을 이름.
- **김장** 겨울 동안 먹기 위해 김치를 한꺼번에 많이 담그는 일. 또는 그렇게 담근 김치.
- **눈** 공기 중의 물방울이 찬 기운을 만나 얼어서 땅 위로 떨어지는 얼음 조각.
- **춥다** 공기의 온도가 낮다.
- **고드름** 지붕 끝에서 떨어지는 물 등이 밑으로 흐르다가 길게 얼어붙은 얼음.

확인과 적용

01 다음 낱말의 뜻으로 알맞은 것을 보기에서 찾아 기호를 쓰세요.

보기
㉠ 공기의 온도가 낮다.
㉡ 한 해의 네 계절 가운데 네 번째 계절.
㉢ 지붕 끝에서 떨어지는 물 등이 밑으로 흐르다가 길게 얼어붙은 얼음.

(1) 겨울 ( ) (2) 춥다 ( ) (3) 고드름 ( )

02 다음 첫 자음자를 보고, 빈칸에 들어갈 알맞은 낱말을 쓰세요.

(1) ㄱ ㅈ

온 가족이 모여 올겨울에 먹을 ( )을/를 담갔다.

(2) ㄱ ㅇ

( )이/가 가고 봄이 오면 나무들이 새싹을 틔운다.

03 다음 문장의 빈칸에 들어갈 낱말을 찾아 선으로 이으세요.

(1) 이번 [ ]은 강물이 얼 정도로 춥다. • • ㉠ 눈

(2) 현수와 친구들은 [ ](으)로 눈사람을 만들었다. • • ㉡ 겨울

(3) 날씨가 따뜻해지자 창문에 매달린 [ ]이 녹기 시작했다. • • ㉢ 고드름

04 다음 밑줄 친 낱말과 뜻이 반대되는 낱말로 알맞은 것을 찾아 ○표 하세요.

아프리카는 일 년 내내 매우 덥다.

(춥다 , 따뜻하다)

05 다음 빈칸에 공통으로 들어갈 낱말로 알맞은 것은 무엇인가요? (   )

겨울에 지붕에서 흘러내린 물이 차가운 공기와 만나면 얼어붙기 시작해요. 처음에는 작은 얼음 조각이지만, 흘러내리는 물이 계속 얼어붙기 시작하면서 길이가 긴 [   ]이 만들어져요. 그래서 겨울에는 여러 가지 모양의 [   ]을 볼 수 있어요.

① 눈 ② 낙엽 ③ 단풍 ④ 고드름 ⑤ 봄바람

06 다음 빈칸에 공통으로 들어갈 알맞은 낱말을 보기에서 찾아 쓰세요.

보기

눈 김장 고드름

[   ]은 겨울을 나기 위해 많은 양의 김치를 담그는 우리나라의 전통 문화예요. 배추와 무, 양념을 사용해서 김치를 만들어요. [   ]에는 가족과 이웃이 함께 모여 정을 나누며 겨울철 먹거리를 준비하던 문화적 의미가 담겨 있어요.

(   )

2단계 활용

07 다음 문장의 빈칸에 들어갈 낱말을 보기에서 찾아 쓰고, 완성된 문장을 그대로 따라 써 보세요.

보기

눈 겨울 김장 고드름

(1) 우리나라는 12월에 (   )이 자주 내린다.

(2) 많은 집들이 겨울을 준비하며 (   )을 한다.

과학 주제 01~04 낱말밭 주간학습

01 다음 빈칸에 들어갈 낱말을 보기에 있는 글자 카드로 만들어 쓰세요.

보기

겨	눈	울

(1) 날씨가 추워서 (　　　　　　)이/가 녹지 않고 계속 쌓였다.

(2) 차가운 바람이 불던 (　　　　　　)이/가 지나고 봄이 왔다.

02 다음 문장의 빈칸에 들어갈 낱말을 찾아 선으로 이으세요.

(1) 친구가 노랗게 물든 [　　　]을 나에게 줬다. •　　　　• ㉠ 김장

(2) 지붕에 매달린 [　　　]이 녹아서 아래로 떨어졌다. •　　　　• ㉡ 단풍

(3) 겨울에 먹으려고 담근 [　　　]이 맛있게 익어서 나는 밥을 많이 먹었다. •　　　　• ㉢ 고드름

03 다음 중 밑줄 친 낱말을 바르게 사용하여 말한 친구의 이름을 쓰세요.

하준: 여름에는 햇살이 강해서 밖에 오래 있으면 추워.

주아: 나는 오늘 뙤약볕이 너무 뜨거워서 큰 모자를 썼어.

(　　　　　　　　　　)

04 다음 밑줄 친 부분과 뜻이 비슷한 낱말로 알맞은 것은 무엇인가요? (　　　　)

희진이는 동생에게 가까운 곳에 잠시 나갔다 오자고 했어요. 그 사이에 가족들은 동생의 생일 파티를 준비했어요. 희진이와 동생이 집에 돌아오자, 가족들은 "생일 축하해!"를 외쳤어요. 동생은 깜짝 놀라며 기뻐했어요.

① 교무실　② 나들이　③ 무더위　④ 봄바람　⑤ 공공장소

정답 및 해설 28쪽

05 **다음 빈칸에 공통으로 들어갈 낱말로 알맞은 것은 무엇인가요? (　　　　　)**

- 가을에는 [　　　]한 바람이 분다.
- 나는 방이 [　　　]해서 가습기를 켰다.
- 오징어를 햇볕에 [　　　]하면 오래 보관할 수 있다.

① 건조　② 김장　③ 따뜻　④ 수확　⑤ 피서

06 **다음 빈칸에 들어갈 낱말로 알맞은 것을 찾아 ○표 하세요.**

가을이 되면 산과 거리에 있는 나무에 울긋불긋한 [　　　]이 들어요. 이는 나무가 겨울을 준비하는 과정 중의 하나에요. 봄과 여름 동안 나뭇잎에서 영양분을 만드는 엽록소라는 초록색 색소가 가을이 되면 물과 햇빛이 부족해져서 점점 사라져요. 그래서 나뭇잎에 들어 있는 다른 색소들이 보이게 되고, 나뭇잎이 노란색이나 붉은색으로 바뀌어요.

(낙엽 , 단풍)

07 **다음 ㉠과 ㉡에 들어갈 알맞은 낱말을 보기에서 찾아 쓰세요.**

보기

여름　　무더위

[㉠]은/는 날씨가 덥고 습해서 몸이 뜨거워지기 쉬워요. 이럴 때는 열사병, 탈수증, 햇볕 화상 같은 병이 생길 수 있어요. 열사병은 몸이 너무 뜨거워져서 생기는 병이고, 탈수증은 몸에 물이 부족해져서 생기는 증상을 말해요. 햇볕 화상은 햇볕을 많이 쬐어 피부가 빨개지거나 아픈 것이에요. 그러므로 [㉡]이/가 심할 때는 충분히 물을 마시고, 자외선 차단제를 바르며, 시원한 곳에서 지내는 것이 중요해요.

(1) ㉠: (　　　　　)　(2) ㉡: (　　　　　)

[08~10] 다음 글을 읽고, 물음에 답하세요.

제철 음식이 무엇인지 알고 있나요? '제철'은 '알맞은 시절'이라는 뜻으로, 제철 음식은 바로 그 계절에 수확하여 먹는 음식을 말해요. ㉠따뜻한 봄에는 쑥과 매실, ㉡더운 여름에는 수박과 참외, 단풍이 드는 가을에는 사과와 감, ㉢추운 겨울에는 귤 등이 대표적인 제철 음식이에요. 이처럼 자연의 변화에 따라 제철 음식의 종류가 다양해요.

옛날에는 기술이 발달하지 않아서 그 계절이 되어야만 계절에 맞는 음식을 먹을 수 있었어요. 하지만 요즘은 비닐하우스 같은 기술 덕분에 계절에 상관없이 다양한 음식을 즐길 수 있게 되었어요. 그래도 각각의 계절마다 나오는 제철 음식이 가장 신선하고 영양분도 많기 때문에 제철에 나는 음식을 먹는 것이 좋아요. 계절마다 새로운 맛을 느끼고, 건강도 챙길 수 있으니까요.

08 다음 빈칸에 공통으로 들어갈 낱말을 ㉠~㉢ 중에서 찾아 기호를 쓰세요.

- 겨울인데도 봄처럼 [　　] 날씨이다.
- 햇빛이 잘 들어와서 항상 [　　] 내 방.

(　　　　　)

09 다음 뜻을 가진 낱말을 윗글에서 찾아 한 글자로 쓰세요.

한 해의 네 계절 가운데 첫째 계절.

(　　　　　)

10 다음은 윗글의 제목입니다. 빈칸에 들어갈 낱말로 알맞은 것은 무엇인가요? (　　　)

그 계절에 [　　]한 제철 음식을 먹어야 하는 이유

① 김장　② 건조　③ 수확　④ 표현　⑤ 피서

정답 및 해설 28쪽

디지털 속 한 문장

다음을 보고, 단풍이라는 낱말 넣어 ㉠에 들어갈 대화 글을 써 보세요.

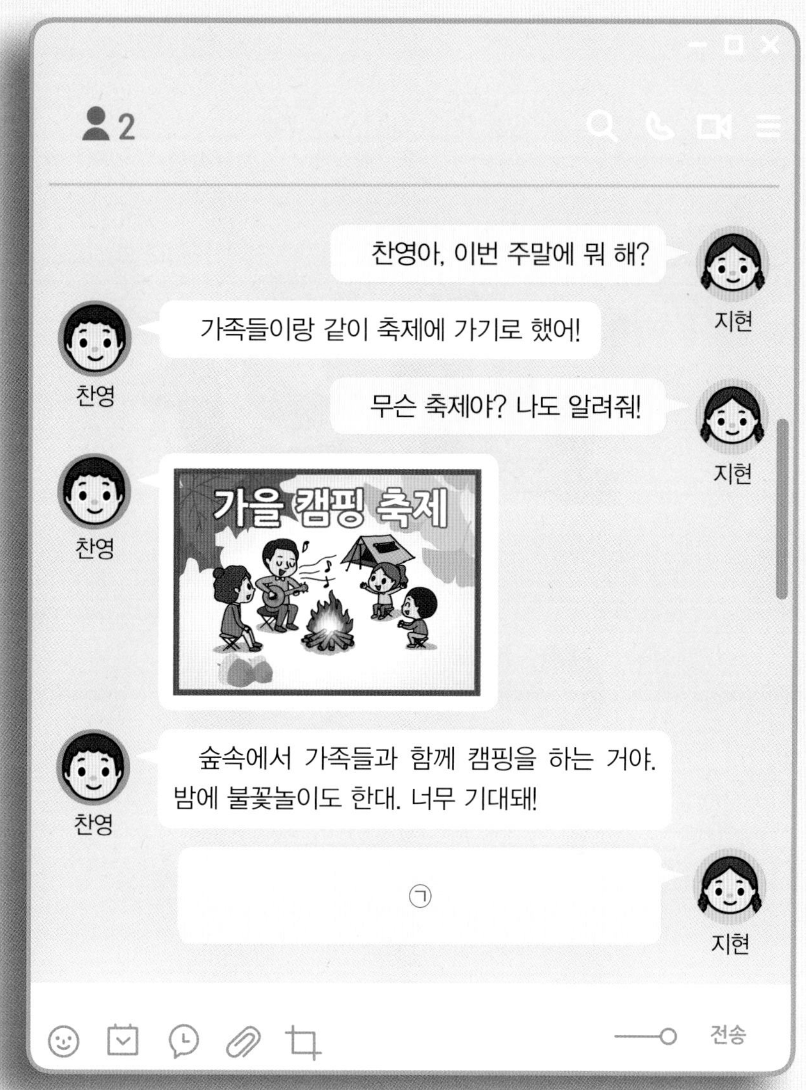

과학
05~08

주제별로 묶어 어휘를 의미적으로 연결하여 학습해 봐!

과학 주제 05	**몸을 깨끗하게 하는 방법은 무엇일까?** – 깨끗하다, 세수, 양치, 닦다, 문지르다	월	일
과학 주제 06	**동물의 생애는 어떻게 흘러갈까?** – 동물, 암수, 번식, 출산, 멸종	월	일
과학 주제 07	**식물이 자라는 과정은 어떠할까?** – 식물, 새싹, 꽃, 열매, 씨	월	일
과학 주제 08	**자연 보호를 하는 방법은 무엇일까?** – 자연 보호, 재활용, 분류, 배출, 절약	월	일
과학 주제 05~08	**낱말밭 주간학습**	월	일

과학 주제 05 몸을 깨끗하게 하는 방법은 무엇일까?

수호는 화장실에서 **세수**를 했어요. 수호는 물을 얼굴에 뿌리고 비누를 손에 덜어 얼굴을 꼼꼼하게 씻었어요.

수호는 **양치**도 했어요. 수호는 칫솔에 치약을 묻히고 이를 하나하나 열심히 씻었어요.

양 치

깨 끗 하 다

수호는 학교에서 갯벌 체험을 다녀왔어요. 얼굴과 옷에 진흙이 묻어서 **깨끗하게** 씻기로 했어요.

닦 다

수호는 걸레에 물을 적셔서 바닥에 묻은 발자국을 **닦았어요**. 바닥이 다시 반질반질해졌어요.

문 지 르 다

수호는 비누로 옷에 묻은 진흙을 **문질러** 옷을 깨끗하게 빨았어요. 그래서 수호의 옷이 아주 깨끗해졌어요.

다음 글을 읽으며, 빈칸에 들어갈 낱말을 따라 써 보세요.

밖에 나갔다가 집에 돌아오면 몸을 (1) 깨끗하게 씻어야 해요. 우리 몸에는 밖에 있었던 미세 먼지와 나쁜 세균들이 묻어 있기 때문이에요.

먼저 우리는 (2) 세수를 해야 해요. 얼굴에 물을 묻힌 뒤, 비누를 (3) 문질러서 거품을 내고, 얼굴과 손, 발 등을 씻어요. 물로 거품을 헹궈 내는 것도 잊지 말아야 해요. 손가락과 발가락 사이, 손톱과 발톱 아래까지 꼼꼼하게 씻으면 더욱 좋아요. 또, 입안의 세균을 없애기 위해 (4) 양치도 해요. 칫솔에 적당량의 치약을 짠 다음, 아랫니는 아래에서 위로, 윗니는 위에서 아래로 칫솔질을 하며 이를 (5) 닦아요. 그리고 물로 여러 번 입안을 헹구는 것도 중요해요. 이렇게 하면 몸에 묻은 대부분의 세균을 없앨 수 있어요.

낱말밭 사전

확인

* **깨끗하다** 더러운 때나 남은 찌꺼기가 없다. ☐
* **세수** 손이나 얼굴을 씻음. ☐
* **양치** 이를 닦고 물로 입안을 깨끗이 씻음. ☐
* **닦다** 때나 먼지 등의 더러운 것을 없애거나 매끄럽게 만들려고 겉을 비비다. ☐
* **문지르다** 무엇을 서로 눌러 대고 이리저리 밀거나 비비다. ☐

확인과 적용

01 다음 뜻을 가진 낱말을 보기에서 찾아 쓰세요.

보기

닦다　　세수　　양치

(1) 손이나 얼굴을 씻음. (　　　　)

(2) 이를 닦고 물로 입안을 깨끗이 씻음. (　　　　)

(3) 때나 먼지 등의 더러운 것을 없애거나 매끄럽게 만들려고 겉을 비비다.

(　　　　)

02 다음 밑줄 친 낱말이 바르게 사용된 것을 찾아 ○표 하세요.

① 혜수는 과자를 먹고 나서 칫솔로 세수를 했다. (　　　　)

② 누나가 책상에 묻은 물감을 휴지로 문질러 없앴다. (　　　　)

03 다음 문장에 어울리는 낱말을 찾아 ○표 하세요.

(1) 영후는 얼굴에 음식이 묻어서 (세수 , 양치)를 했다.

(2) 옷장에서 방금 꺼내 신어서 양말이 (깨끗하다 , 문지르다).

(3) 나는 컵에 남아 있던 얼룩을 수건으로 (닦았다 , 건조했다).

04 다음 빈칸에 들어갈 낱말로 알맞은 것은 무엇인가요? (　　　　)

민주는 장난감에 묻은 먼지를 [　　　].

① 그렸다　② 닦았다　③ 더웠다　④ 건조했다　⑤ 만들었다

05 다음 빈칸에 들어갈 낱말로 알맞은 것은 무엇인가요? (　　　　)

소금은 세균을 줄이고 입안의 붓기를 가라앉혀 줘요. 그래서 치약이 없던 옛날에는 소금을 사용해서 [　　　]을/를 하기도 했어요. 우리도 옛날 사람들처럼 물 한 컵에 소금을 섞어서 소금물로 입을 헹구어 이를 닦을 수 있어요. 단, 소금을 너무 자주 사용하면 이가 상할 수 있으니 조심해야 해요.

① 세수　② 소리　③ 수확　④ 양치　⑤ 예의

06 다음 밑줄 친 낱말의 뜻으로 알맞은 것을 보기에서 찾아 기호를 쓰세요.

보기

㉠ 더러운 때나 남은 찌꺼기가 없다.

㉡ 무엇을 서로 눌러 대고 이리저리 밀거나 비비다.

머릿니는 머리카락에 사는 작은 벌레예요. 머리카락이 더럽거나 여러 사람과 물건을 함께 사용할 때 생길 수 있어요. 머릿니가 있으면 머리가 가려지는데, 이를 치료하려면 머리카락을 자주 빗어주고 머리를 깨끗하게 감아야 해요.

(　　　　　)

2단계 활용

07 다음 보기와 같이 주어진 낱말을 넣어 짧은 문장을 만들어 쓰세요.

보기

닦다

아버지께서는 자동차 유리창을 깨끗이 닦다가 잠시 쉬셨어요.

(1) 세수

(2) 문지르다

과학 주제 06

동물의 생애는 어떻게 흘러갈까?

검은코뿔소는 암수에 따라 뿔의 모양이 달라요. 암컷은 뿔이 길고 얇으며, 수컷은 뿔이 두꺼워요.

검은코뿔소는 짝짓기를 통해 번식을 해요. 암컷과 수컷은 건강한 새끼를 낳기 위해 준비를 해요.

번 식

동 물

검은코뿔소는 아프리카에 사는 동물이에요. 초원에서 풀과 나뭇잎을 먹고 살아요.

암컷 검은코뿔소는 2년에서 3년마다 한 마리의 새끼를 출산해요. 새끼는 어미의 보호를 받으면서 자라요.

멸 종

검은코뿔소는 지구에서 사라져 가는 멸종 위기 동물이에요. 이를 보호하기 위해 우리 모두의 관심이 필요해요.

다음 글을 읽으며, 빈칸에 들어갈 낱말을 따라 써 보세요.

(1) 동물 은 어떻게 살아갈까요? 동물이 세상에 태어나서 죽을 때까지의 과정을 동물의 한살이, 또는 동물의 생애 주기라고 해요. 모든 동물은 각자의 방법으로 태어나고 자라며 (2) 번식 을 해요.

대부분의 동물들은 어른이 되면 암컷과 수컷이 만나서 짝짓기를 해요. 포유류인 개, 사슴, 사자, 고래 등의 동물들은 새끼를 (3) 출산 해요. 반면에 물고기, 곤충, 새와 같은 동물들은 보통 알을 낳아요. 부모들은 자신의 새끼를 돌보며 필요한 것을 가르쳐요. 새끼들은 어미의 젖을 먹거나 먹이를 먹으면서 자라요. 다 자란 후에는 (4) 암수 가 짝을 찾아 다시 번식을 해요.

이처럼 동물들은 각각의 생애 주기를 가지고 있으며, 이를 통해 자신의 생명을 이어 가고 (5) 멸종 하지 않도록 노력해요.

낱말밭 사전

확인

* **동물** 사람을 제외하고 걷거나 기거나 날거나 물에 사는 모든 짐승을 통틀어 이르는 말. ☐
* **암수** 암컷과 수컷을 함께 이르는 말. ☐
* **번식** 동물이나 식물의 수가 늘어서 많이 퍼짐. ☐
* **출산** 아이를 낳음. ☐
* **멸종** 생물의 한 종류가 아주 없어짐. ☐

확인과 적용

01 다음 낱말의 뜻으로 알맞은 것을 보기에서 찾아 기호를 쓰세요.

보기
㉠ 아이를 낳음.
㉡ 암컷과 수컷을 함께 이르는 말.
㉢ 생물의 한 종류가 아주 없어짐.

(1) 멸종 (　　　　)　(2) 암수 (　　　　)　(3) 출산 (　　　　)

02 다음 첫 자음자를 보고, 빈칸에 들어갈 알맞은 낱말을 쓰세요.

(1) ㅂ ㅅ

개구리는 보통 물속에서 알을 낳아 (　　　　)한다.

(2) ㄷ ㅁ

기린과 코끼리는 주로 아프리카 대륙에서 사는 (　　　　)이다.

03 다음 문장에 어울리는 낱말을 찾아 ○표 하세요.

(1) 이모는 병원에서 아기를 (번식 , 출산)했다.
(2) 매머드는 약 4,000년 전에 (멸종 , 출산)되었다.
(3) 동물원에서는 여러 종류의 (동물 , 멸종)을 볼 수 있다.

04 다음 빈칸에 들어갈 낱말로 알맞은 것은 무엇인가요? (　　　　)

민들레는 씨앗을 바람에 날려서 [　　] 을/를 한다.

① 멸종　② 번식　③ 세수　④ 암수　⑤ 표현

05 **다음 밑줄 친 낱말과 같은 낱말이 들어갈 문장에 ○표 하세요.**

> 우리 집 강아지가 새끼 세 마리를 출산했다.

① 선인장이 [   ]하여 화분이 가득 찼다. (   )

② 이 동물은 한 번에 여러 마리의 새끼를 [   ]한다. (   )

06 **다음 ㉠과 ㉡에 들어갈 알맞은 낱말을 보기에서 찾아 쓰세요.**

보기

멸종 번식 암수

> 달팽이는 암컷과 수컷의 구분이 없는 동물이에요. 그래서 모든 달팽이는 알을 낳을 수 있어요. 이들은 혼자서도 [㉠]할 수 있지만, 보통 다른 달팽이와 짝짓기를 해서 알을 낳아요. 달팽이처럼 [㉡] 구분이 없는 동물로 지렁이도 있어요.

(1) ㉠: (   ) (2) ㉡: (   )

2단계 활용

07 **다음 문장의 빈칸에 들어갈 낱말을 보기에서 찾아 쓰고, 완성된 문장을 그대로 따라 써 보세요.**

보기

동물 번식 암수 출산

(1) 닭은 새이지만 하늘을 날 수 없는 (   )이다.

(2) 황새는 (   ) 두 마리가 번갈아 가며 알을 품는다.

정말 잘했어!

과학 주제 07

식물이 자라는 과정은 어떠할까?

낱말밭

이른 봄, 어린 사과나무의 가지에 새싹이 자라기 시작했어요. 새싹은 햇빛을 받으며 쑥쑥 컸어요.

어린 사과나무는 몸의 여기저기가 간지러워서 참을 수 없었어요. 그리고 며칠이 지나자 옅은 분홍색 꽃이 피었어요.

식물

과수원에 다섯 살 된 어린 사과나무가 있었어요. 이 식물은 보통 4년에서 6년이 지나야 사과가 맺혀요.

여름이 되자, 어린 사과나무의 꽃이 떨어진 자리에 조그만 열매가 생겼고, 이 열매는 커다란 사과로 자랐어요.

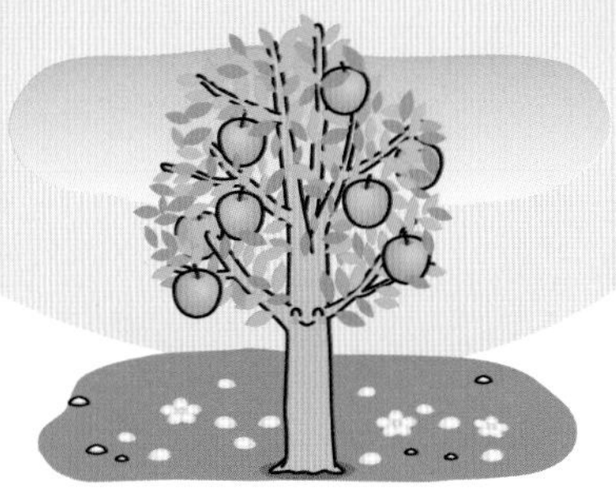

사과가 익으면서 속에 작은 씨가 생겼어요. 어린 사과나무는 열매 안에 새로운 생명이 담겨 있어 뿌듯했지요.

다음 글을 읽으며, 빈칸에 들어갈 낱말을 따라 써 보세요.

풀과 나무와 같은 (1) 식물 은 햇빛을 이용해서 스스로 영양분을 만드는 생명체예요. 식물의 생애 주기는 (2) 씨 에서 시작돼요.

씨가 땅에 떨어지거나 바람에 의해 흩날려서 흙 속에 묻혀요. 그러다 봄이 오면 씨에서 (3) 새싹 이 돋아 흙 밖으로 나와요. 새싹은 햇빛과 비, 바람을 맞으며 자라요. 새싹의 줄기가 굵어지고 여러 개의 잎이 나와요. 식물이 다 자라면 (4) 꽃 을 피워요. 꽃은 곤충이나 바람의 도움을 받아 (5) 열매 를 만들어 내요. 열매 안에서는 씨가 자라나요. 씨는 열매가 익으면 바람이나 동물에 의해 새로운 장소로 옮겨져요. 그렇게 옮겨진 씨는 다시 땅에 떨어져 자라서 새로운 식물이 돼요. 이렇게 식물의 생애 주기는 계속해서 반복되는 것이지요.

낱말밭 사전

확인

* **식물** 대부분 움직이지 못하고 햇빛을 통해 스스로 양분을 만드는 생물. ☐
* **새싹** 새로 돋아나는 싹. ☐
* **꽃** 씨를 만드는 식물의 번식 기관으로, 꽃받침과 꽃잎, 암술과 수술로 이루어짐. ☐
* **열매** 식물이 꽃을 피운 후, 꽃 속의 암술에 있는 씨방이 자라서 생기는 것. ☐
* **씨** 식물의 열매 속에 들어 있으며, 앞으로 싹이 터 새로운 식물이 될 단단한 것. ☐

확인과 적용

01 다음 뜻을 가진 낱말을 보기에서 찾아 쓰세요.

보기

새싹　　　　열매

(1) 새로 돋아나는 싹. (　　　　)

(2) 식물이 꽃을 피운 후, 꽃 속의 암술에 있는 씨방이 자라서 생기는 것.

(　　　　)

02 다음 중 '식물'의 뜻으로 알맞은 것을 찾아 ○표 하세요.

① 대부분 움직이지 못하고 햇빛을 통해 스스로 양분을 만드는 생물.

(　　　　)

② 사람을 제외하고 걷거나 기거나 날거나 물에 사는 모든 짐승을 통틀어 이르는 말. (　　　　)

03 다음 문장의 빈칸에 들어갈 낱말을 찾아 선으로 이으세요.

(1) 땅속에 [　　　] 을/를 심으면 싹이 돋아난다. •　　　　• ㉠ 꽃

(2) 토마토 [　　　] 이/가 익으면 초록색에서 빨간색으로 변한다. •　　　　• ㉡ 씨

(3) [　　　] 은/는 꽃받침, 꽃잎, 암술, 수술 등으로 이루어져 있다. •　　　　• ㉢ 열매

04 다음 중 밑줄 친 낱말을 바르게 사용하여 말한 친구의 이름을 쓰세요.

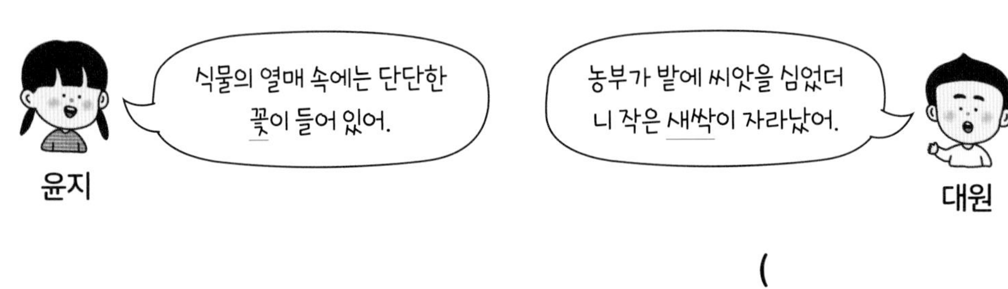

(　　　　　　)

05 **다음 빈칸에 공통으로 들어갈 낱말로 알맞은 것은 무엇인가요? (   )**

끈끈이주걱은 습기가 많은 그늘에서 곤충을 잡아먹으며 자라는 식충 [   ]이에요. 주걱 모양의 잎에 끈적한 물질을 발라 파리나 모기 같은 작은 곤충을 붙잡아 영양분을 흡수해요. 이 [   ]은/는 다양한 색깔의 꽃을 피우고, 약의 재료로 사용되기도 해요.

① 꽃 ② 동물 ③ 식물 ④ 암수 ⑤ 열매

06 **다음 빈칸에 들어갈 알맞은 낱말을 보기에서 찾아 쓰세요.**

보기

씨 새싹 열매

유빈아, 안녕? 잘 지내고 있어? 나는 이번 여름 방학에 시골에 놀러 왔어. 여기서 수박이 익어 가는 모습을 보니까 정말 신기해. 밭에는 커다란 수박 [   ]이/가 많이 열려 있어. 나중에 수확하면 너와 함께 나눠 먹고 싶어. 그럼 곧 수박을 가지고 갈게. 그때까지 잘 지내!

(   )

2단계 활용

07 **다음 보기와 같이 주어진 낱말을 넣어 짧은 문장을 쓰세요.**

보기

새싹

나무에서 새싹이 자라면 나중에 나뭇잎이 된다.

(1) 꽃

---

(2) 열매

과학 주제 08 자연 보호를 하는 방법은 무엇일까?

준호는 달력을 보고 매주 수요일이 재활용 쓰레기를 버리는 날이라는 것을 확인했어요. 오늘이 바로 수요일이었지요.

재 활 용

준호는 누나와 함께 재활용 쓰레기를 버리기로 했어요. 종이, 비닐, 플라스틱, 스티로폼 등을 꼼꼼하게 분류했어요.

분 류

자 연 보 호

준호는 최근에 자연이 파괴되어 고통받는 동물들이 나오는 영상을 봤어요. 이를 보고 **자연 보호**를 결심했지요.

배 출

준호는 재활용 쓰레기를 분리수거장에 모두 배출한 후, 앞으로 재활용을 더 철저히 해야겠다고 생각했어요.

준호는 쓰레기를 줄이기 위해 절약하는 습관을 기르기로 하고, 작은 부분부터 실천하기 시작했어요.

다음 글을 읽으며, 빈칸에 들어갈 낱말을 따라 써 보세요.

자연을 보호하는 방법은 여러 가지가 있어요. 물을 (1) 절약하고 물건을 아껴 쓰는 것도 중요하지만, (2) 재활용 쓰레기를 잘 버리는 것도 일상에서 쉽게 실천할 수 있는 방법이에요.

재활용은 버려지는 물건 중에서 다시 사용할 수 있는 것들을 골라 새로운 물건으로 만드는 과정을 말해요. 재활용 쓰레기를 내놓을 때는 쓰레기를 올바르게 (3) 분류하는 것이 중요해요. 종이, 비닐, 플라스틱, 스티로폼, 유리 등 종류별로 쓰레기를 나누어 같은 종류끼리 모아 버려야 해요. 또한, 쓰레기에 음식물 찌꺼기가 남아 있다면 깨끗이 씻어서 버리고, 상자나 페트병에 붙어 있는 테이프나 종이는 떼어 내 따로 버려야 해요. 우리가 이렇게 재활용 쓰레기를 올바르게 (4) 배출하면, 쓰레기 매립지를 줄이고 자원을 절약하는 등 (5) 자연 보호에 큰 도움이 될 수 있어요.

낱말밭 사전

확인☑

* **자연보호** 인류의 생활 환경인 자연이 파괴되지 않도록 원인을 밝혀 미리 막고, 더 좋은 환경으로 만드는 일. ☐
* **재활용** 못 쓰게 되어 버린 물품의 쓰임새를 바꾸거나 새 물건으로 만들어서 다시 씀. ☐
* **분류** 종류에 따라서 가름. ☐
* **배출** 안에서 밖으로 밀어 내보냄. ☐
* **절약** 함부로 쓰지 않고 꼭 필요한 데에만 써서 아낌. ☐

확인과 적용

01 다음 낱말의 뜻으로 알맞은 것을 찾아 선으로 이으세요.

(1) 배출 •　　　　• ㉠ 종류에 따라서 가름.

(2) 분류 •　　　　• ㉡ 안에서 밖으로 밀어 내보냄.

(3) 절약 •　　　　• ㉢ 함부로 쓰지 않고 꼭 필요한 데에만 써서 아낌.

02 다음 빈칸에 들어갈 낱말을 보기에 있는 글자 카드로 만들어 쓰세요.

(1) 언니는 안 입는 옷을 (　　　　　)해서 강아지 옷을 만들었다.

(2) 공장에서는 오염 물질을 (　　　　　)하지 않도록 주의해야 한다.

03 다음 문장에 어울리는 낱말을 찾아 ○표 하세요.

(1) 나는 옷을 색깔별로 (분류 , 절약)해서 정리했다.

(2) 명수는 (재활용 , 자연 보호)을/를 위해 종이컵을 안 쓰기로 했다.

(3) 아버지께서는 연료를 (배출 , 절약)하기 위해 가까운 곳은 걸어 다닌다.

04 다음 밑줄 친 낱말을 바르게 사용하여 말한 친구의 이름을 쓰세요.

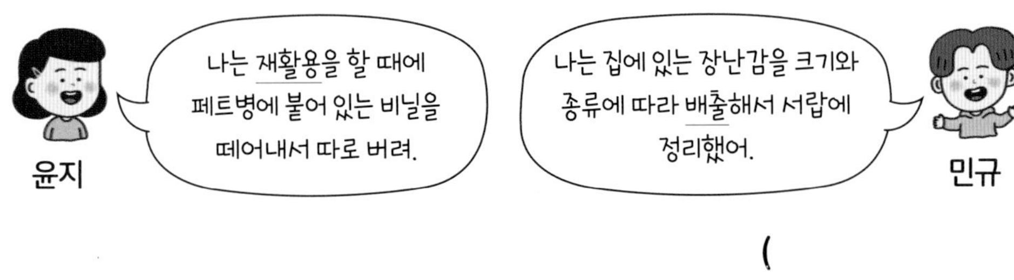

(　　　　　　　　)

05 다음 밑줄 친 낱말과 같은 낱말이 들어갈 문장에 ○표 하세요.

나는 전기를 절약하기 위해 사용하지 않는 전등은 끈다.

① 형은 이를 닦을 때 수도꼭지를 잠가서 물을 [ ]한다. ( )

② 나는 [ ]을 위해 매주 쓰레기 줍기 활동에 참여한다. ( )

③ 도서관은 책이 잘 [ ]되어 있어 원하는 책을 찾기 쉽다. ( )

06 다음 빈칸에 공통으로 들어갈 낱말로 알맞은 것은 무엇인가요? ( )

요즘 사람들은 오래된 옷이나 액세서리를 버리지 않고 새롭게 만들어서 [ ]하기도 해요. 예를 들어, 오래된 티셔츠를 가방으로 만들거나 낡은 장신구를 새로운 모양으로 바꾸기도 해요. 이렇게 오래된 물건을 [ ]하면 계속해서 사용할 수 있어요. 그리고 쓰레기를 줄일 수 있어요.

① 배출 ② 분류 ③ 절약 ④ 재활용 ⑤ 자연 보호

2단계 활용

07 다음 보기와 같이 주어진 낱말을 넣어 짧은 문장을 쓰세요.

보기

분류

가족의 신발을 분류하여 신발장에 넣었다.

(1) 배출

(2) 자연 보호

과학 주제 05~08 낱말밭 주간학습

01 **다음 문장의 빈칸에 들어갈 낱말을 보기에서 찾아 쓰세요.**

보기

배출 새싹 출산

(1) 우리 몸은 땀을 통해 노폐물을 (   )한다.

(2) 따뜻한 봄바람이 불자 여기저기 (   )이 돋아났다.

(3) 호랑이는 (   )을 하고 나서 새끼를 안전한 장소에서 돌본다.

02 **다음 문장에 어울리는 낱말을 찾아 ○표 하세요.**

(1) 비둘기는 평화를 상징하는 (동물 , 식물)로 여겨진다.

(2) 벌은 (번식 , 암수)이/가 구분되며 각각의 역할이 다르다.

(3) 약국에서는 종류에 따라 약을 (분류 , 절약)하여 정리한다.

03 **다음 중 밑줄 친 낱말이 바르게 사용된 것을 찾아 ○표 하세요.**

① 언니는 우유갑을 깨끗하게 씻어서 <u>재활용</u>했다. (   )

② 나는 플라스틱 <u>절약</u>을 줄이기 위해 종이 빨대를 사용한다. (   )

04 **다음 밑줄 친 낱말을 바르게 사용하여 말한 친구의 이름을 쓰세요.**

(   )

정답 및 해설 33쪽

05 다음 ㉠~㉤ 중에서 뜻이 알맞게 쓰이지 않은 낱말을 찾아 기호를 쓰세요.

동물과 식물은 생명을 계속 이어 가기 위해서 각각 ㉠번식을 해요. 동물은 ㉡암수의 짝짓기를 통해 새끼를 ㉢출산하고, 식물은 꽃을 피운 후, 암술과 수술이 꽃가루를 통해 만나지요. 그러고 나서 ㉣새싹은 열매로 변하는데, 이 열매는 새로운 식물이 자라날 수 있는 ㉤씨를 담고 있지요. 이러한 과정을 통해 자연은 계속 유지돼요.

(　　　　　)

06 다음 빈칸에 공통으로 들어갈 낱말로 알맞은 것은 무엇인가요? (　　　　　)

우리가 먹는 과일 중에는 열매 안에 있는 [　　　]을/를 함께 먹을 수 있는 것도 있지만, 먹지 말아야 하는 것도 있어요. 참외, 포도, 딸기와 같은 과일의 [　　　]은/는 영양분이 많아서 과일과 함께 씹어 먹을 수 있요. 반면에 체리, 살구, 복숭아, 매실의 [　　　]은/는 깨물면 독이 나와서 배나 머리가 아플 수 있으니, 먹지 않는 것이 좋아요.

① 꽃　② 씨　③ 새싹　④ 식물　⑤ 암수

07 다음 빈칸에 들어갈 낱말로 알맞은 것을 보기에서 찾아 쓰세요.

보기

멸종　암수　출산

우리나라에서 [　　　]될 위기에 처한 식물들이 있어요. 열매 모양이 둥근 부채를 닮은 미선나무, 나무줄기나 바위에 붙어사는 나도풍란, 주로 한라산에 있는 한라솜다리, 자주색 꽃이 국화처럼 피는 단양쑥부쟁이 등이 있지요. 따라서 이러한 식물들을 지키기 위해서 우리는 자연 보호에 더욱 힘써야 해요.

(　　　　　)

[08~10] 다음 글을 읽고, 물음에 답하세요.

옛날 전라도에 조륵이라는 사람이 살았어요. 조륵은 돈을 아끼고 [㉠]하는 생활을 중요하게 여겼지요. 예를 들어, 고무신을 한 켤레 사면 닳을까 봐 평소에는 신지 않고, 꼭 필요한 날에만 신었어요. 또 시장에 가서 생선을 살 때도, 막상 생선은 사지 않고 만지작거리기만 한 뒤 집에 돌아와 손을 ㉮깨끗하게 닦고 그 물로 국을 끓여 마치 생선국처럼 먹었지요. 이런 조륵의 모습을 보고 사람들은 그를 구두쇠라며 비웃었어요. 하지만 그는 남들이 뭐라 하든 상관없이 자신의 생활 방식을 지켰어요.

그러던 어느 날, 심한 가뭄이 전국을 휩쓸어 많은 사람이 어려움에 부딪혔어요. 이때 조륵은 그동안 아껴 모은 재산을 마을 사람들에게 나누어 주어, 그들이 굶어 죽지 않도록 도왔어요. 사람들은 이 모습을 보고 조륵의 진정한 마음을 깨닫고, 그동안 비웃었던 것을 미안하게 생각했지요.

08 **㉠에 들어갈 알맞은 낱말로 알맞은 것에 ○표 하세요.**

멸종　　　분류　　　절약

09 **㉮의 뜻으로 알맞은 것을 보기에서 찾아 기호를 쓰세요.**

보기

㉠ 더러운 때나 남은 찌꺼기가 없다.

㉡ 무엇을 서로 눌러 대고 이리저리 밀거나 비비다.

(　　　　　　)

10 **다음은 윗글의 제목입니다. 빈칸에 들어갈 낱말로 알맞은 것은 무엇인가요?**

(　　　)

[　　　](으)로 이웃을 도운 구두쇠 조륵 이야기

① 배출　　② 세수　　③ 양치　　④ 절약　　⑤ 재활용

정답 및 해설 33쪽

디지털 속 한 문장

다음 활동 후기를 읽고, 자연 보호라는 낱말을 넣어 ㉠에 들어갈 답글을 써 보세요.

홈 > 게시판 > 활동 후기

◇ 제목: 쓰레기 줍기 활동에 참여해 보세요!

• 글쓴이 김예지 • 등록일 10월 18일 • 조회수 38

많은 사람이 지역 청소 활동에 참여하고 있어요. 이 활동은 공원이나 거리에 버려진 쓰레기를 주워 자연을 보호하는 것이에요. 친구들과 함께 쓰레기를 줍는다면 더 즐겁고 보람찰 거예요. 여러분도 동네나 학교 주변을 청소해 보세요. 나의 작은 행동이 큰 변화를 만들어 낼 수 있어요.

좋아요

> 유시연 나는 주말에 집 앞의 쓰레기를 주워야겠어. 답글

> 장명준 친구들에게 자연 보호 활동을 같이 하자고 말해야지!

㉠ 입력

목록 인쇄 답변 수정 삭제 글쓰기

수학 필수 어휘

뜻 사물의 크기나 순서를 나타낸 것.

예 학생들이 숫자를 배우며 수 개념을 익혔다.

모 으 다

뜻 한데 합치다.

예 나는 빨간색 풍선 2개와 파란색 풍선 3개를 한 곳에 모았다.

묶 음

뜻 묶어 놓은 덩이를 세는 단위.

예 어머니는 시장에서 옥수수 두 묶음을 샀다.

뜻 여럿 가운데 따로따로인 한 개 한 개.

예 제빵사가 여러 개의 빵을 하나씩 낱개로 포장했다.

더 하 다

뜻 **더 보태어 늘리거나 많게 하다.**

예 바나나 2개에 바나나 3개를 더하면 바나나 5개가 된다.

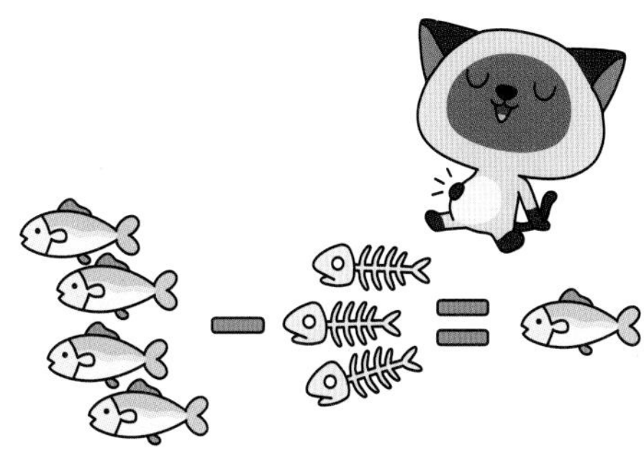

뜻 **전체에서 일부를 제외하거나 덜어 내다.**

예 생선 4마리에서 생선 3마리를 빼면 생선 1마리가 남는다.

뜻 **일정한 규칙에 따라 수나 양을 셈하는 것.**

예 시아는 저금통에 들어있던 돈을 계산했다.

값

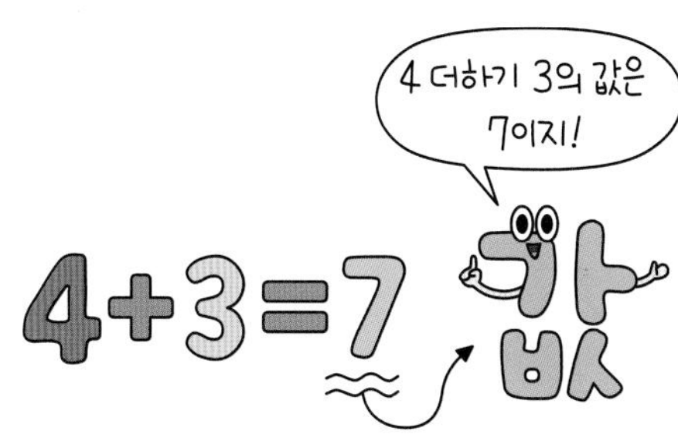

뜻 **어떤 숫자나 계산할 때 나오는 수.**

예 4 더하기 3의 값은 7이다.

무겁다

뜻 무게가 나가는 정도가 크다.

예 코끼리는 쥐보다 무겁다.

뜻 무게가 일반적이거나 기준이 되는 대상의 것보다 적다.

예 사과는 수박보다 가볍다.

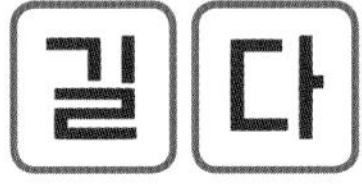

뜻 잇닿아 있는 물체의 두 끝이 서로 멀다.

예 기린은 사람보다 목이 길다.

뜻 잇닿아 있는 공간이나 물체의 두 끝의 사이가 가깝다.

예 동생은 언니보다 머리 길이가 짧다.

많다

뜻 수효나 분량, 정도 등이 일정한 기준 이상이다.

예 여름에는 나무에 나뭇잎이 많이 달려 있다.

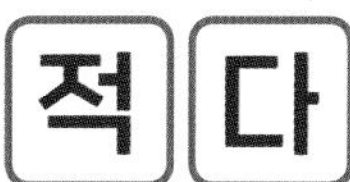

뜻 수효나 분량, 정도가 일정한 기준에 미치지 못하다.

예 겨울에는 나무에 나뭇잎이 적게 달려 있다.

뜻 면이나 바닥 등의 면적이 크다.

예 백설 공주의 침대는 일곱 난쟁이들의 침대보다 넓다.

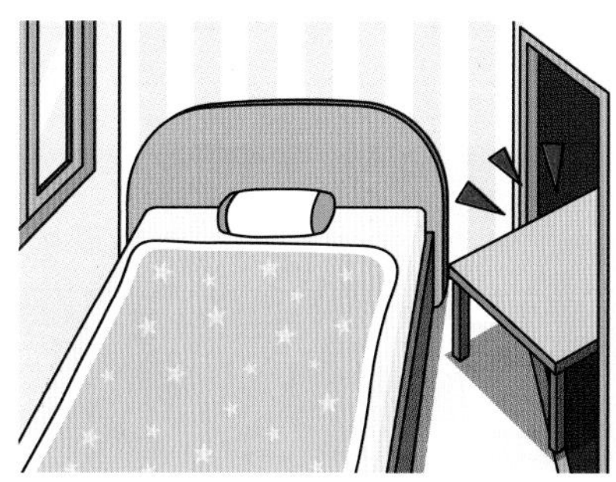

뜻 면이나 바닥 등의 면적이 작다.

예 방이 너무 좁아서 침대와 책상을 모두 넣을 수가 없다.

크다

뜻 사람이나 사물의 외형적 길이, 넓이, 높이, 부피 등이 보통 정도를 넘다.

예 형은 나보다 키가 크다.

작다

뜻 길이, 넓이, 부피 등이 비교 대상이나 보통보다 덜하다.

예 야구공은 농구공보다 작다.

가르다

뜻 쪼개거나 나누어 따로 되게 하다.

예 가족들은 수박을 다섯 조각으로 갈라 나누어 먹었다.

모양

뜻 겉으로 나타나는 생김새나 모습.

예 현지는 가위로 색종이를 동그란 모양으로 잘랐다.

모 형

뜻 실물을 모방하여 만든 물건.

예 건축가가 커다란 건물 모형을 만들었다.

뜻 여러 개의 물건을 하나씩 위에 올려 놓다.

예 아기가 나무 블록을 쌓았다.

뜻 어떤 일정한 부분을 강조하거나 나타내기 위하여 금이나 줄을 그리다.

예 학생이 책에 볼펜으로 밑줄을 긋다.

뜻 정해진 기준에 따라 펼쳐 놓은 차례.

예 재호는 번호 순서대로 책을 책장에 꽂았다.

사진 출처

셔터스톡 www.shutterstock.com/ko

도움을 준 학생들

다음은 '초등 어휘 이해도 진단' 이벤트에 참여한 학생들 이름입니다.
여러분의 참여가 저희 책에 중요한 밑거름이 되었습니다. 진심으로 감사드립니다.
혹시 이름이 빠지거나 잘못 기재된 분들은 NE능률(1833-8368)로 연락해 주시기를 바랍니다.

강서연	강승비	강채은	권다은	권단우	권보미	권소미	권주영	김경서	김고은
김도건	김동현	김민채	김서연	김세희	김소현	김수민	김수현	김시우	김시윤
김시현	김온유	김용하	김주연	김지언	김지용	김지우	김지율	김찬유	김태은
김학수	김한결	김한별	김호진	김효준	김수현	나서진	나윤하	남궁솔	남궁율
노현주	류시우	박서린	박예람	박예준	박은빈	박은서	박진기	박진모	방다윤
방서현	배재협	서하람	서해든	송예원	송재율	송지은	신민규	신아성	심새본
안우석	안효근	양건준	양승혁	양시온	양한결	양현수	염준호	염채나	오승택
오연택	유강우	유상우	유지현	윤민석	윤민하	윤지후	이가연	이다빈	이다연
이다온	이도현	이서범	이서현	이선	이승우	이예찬	이유진	이유찬	이윤슬
이은우	이준	이지율	이창우	이채원	이태선	임현준	장성근	전지우	정다율
정한결	조유림	조유빈	조유이	조유환	조찬영	조하율	차시후	천소윤	최다연
최도윤	최윤서	최은서	최효서	최효주	한제인	허훈민	현승민	현정민	현진
홍지효	홍현승								

달달 읽고 곰곰 생각하는

의미 연결 · 문맥 추론 · 반복 학습

1 단계

1~2학년 추천

달달 읽고 곰곰 생각하는

달곰한 문해력

초등 어휘

정답 및 해설

NE 능률

빠르게 보는 정답

국어 01~04	주제 01	13쪽 (1) 만날 (2) 헤어질 (3) 인사 (4) 상대 (5) 예의 14~15쪽 01 (1) ㉠ (2) ㉡ (3) ㉢ 02 (1) 상대 (2) 예의 03 (1) 인사 (2) 상대 (3) 헤어졌다 04 보라 05 (1) 상대 (2) 예의 06 ㉡ 07 (1) 만났다 / 민주는 공원에서 친한 친구를 만났다. (2) 예의 / 나는 할머니께 예의 바르게 행동했다.
	주제 02	17쪽 (1) 소리 (2) 와삭와삭 (3) 쿵쾅쿵쾅 (4) 바스락 (5) 퐁당퐁당 18~19쪽 01 (1) ㉢ (2) ㉡ (3) ㉠ 02 (1) 퐁당퐁당 (2) 와삭와삭 03 (1) 소리 (2) 쿵쾅쿵쾅 04 지혜 05 (1) 바스락 (2) 와삭와삭 06 쿵쾅쿵쾅 07 (1) 예 가수의 공연이 끝나자, 관객의 박수 소리가 들렸다. (2) 예 물고기가 헤엄을 치다가 계곡 아래로 퐁당퐁당 빠졌다.
	주제 03	21쪽 (1) 모양 (2) 몽실몽실 (3) 산들산들 (4) 대롱대롱 (5) 끄덕끄덕 22~23쪽 01 (1) 모양 (2) 끄덕끄덕 (3) 산들산들 02 (1) ㉡ (2) ㉠ (3) ㉢ 03 민희 04 ② 05 ① ○ 06 모양 07 (1) 예 나는 만두를 초승달 모양으로 만들었다. (2) 예 낚싯대 끝에 오징어가 대롱대롱 매달려 있다.
	주제 04	25쪽 (1) 감정 (2) 기쁠 (3) 슬플 (4) 부끄러울 (5) 무서울 26~27쪽 01 (1) ㉡ (2) ㉢ (3) ㉠ 02 (1) 슬펐다 (2) 부끄러웠다 (3) 감정 03 수훈 04 무서웠다 05 ② ○ 06 ㉡ 07 (1) 예 어젯밤 꿈속에서 괴물이 나를 쫓아와서 무서웠다. (2) 예 소민이는 친구들 앞에서 발표하게 되어서 부끄러웠다.
	01~04 주간 학습	28~30쪽 01 (1) ㉡ (2) ㉢ (3) ㉠ 02 (1) 예의 (2) 몽실몽실 (3) 헤어졌다 03 (1) 소리 (2) 인사 04 ① ○ 05 ① 06 ① 07 슬퍼 08 부끄러운 09 ㉡ 10 ③ 31쪽 예 나는 친구를 만나면 '안녕!'이라고 인사한다. 그리고 친구에게 손을 흔들며 밝게 웃는다.

국어 05~08	주제 05	35쪽 (1) 시간 (2) 어제 (3) 오늘 (4) 내일 (5) 모레 36~37쪽 01 (1) 모레 (2) 내일 (3) 어제 02 (1) ㉡ (2) ㉠ (3) ㉢ 03 (1) 모레 (2) 내일 04 모레 05 ① ○ 06 ④ 07 (1) 시간 / 미술관 운영 시간은 오전 9시부터 오후 6시까지이다. (2) 내일 / 내일은 소풍을 가는 날이라서 오늘 일찍 자기로 했다.
	주제 06	39쪽 (1) 표현 (2) 만들어서 (3) 그리거나 (4) 써서 (5) 읽으면 40~41쪽 01 (1) ㉠ (2) ㉢ (3) ㉡ 02 ② ○ 03 (1) 읽었다 (2) 썼다 (3) 그렸다 04 재희 05 그리기 06 ④ 07 (1) 예 은우는 친구에게 쪽지를 썼다. (2) 예 동생이 방귀를 뀌고는 그 소리를 '뿡'하고 말로 표현했다.
	주제 07	43쪽 (1) 부호 (2) 느낌표 (3) 물음표 (4) 마침표 (5) 쉼표 44~45쪽 01 (1) ㉡ (2) ㉢ (3) ㉠ 02 (1) 물음표 (2) 마침표 (3) 느낌표 03 ① ○ 04 ① 05 ② ○ 06 ③ 07 (1) 예 나와 동생은 편지에 둘만 알 수 있는 부호를 만들어서 썼다. (2) 예 삼촌은 감동적인 순간을 표현하기 위해서 '와' 뒤에 느낌표를 넣었다.
	주제 08	47쪽 (1) 일기 (2) 요일 (3) 날씨 (4) 제목 (5) 내용 48~49쪽 01 (1) ㉡ (2) ㉠ (3) ㉢ 02 (1) 요일 (2) 내용 (3) 제목 03 (1) 일기 (2) 날씨 04 ② 05 제목 06 (1) 날씨 (2) 일기 07 (1) 내용 / 관객들은 연극을 보면서 내용이 재미있어서 크게 웃었다. (2) 요일 / 간호사는 환자에게 일주일 중 어느 요일에 진료를 받겠냐고 물었다.
	05~08 주간 학습	50~52쪽 01 (1) 어제 (2) 시간 (3) 제목 02 (1) 내일 (2) 표현 03 재민 04 (1) 쓰다 (2) 쉼표 05 ㉠ 06 부호 07 ④ 08 내용 09 ④ 10 ⑤ 53쪽 예 세미야, 우리 비가 내리지 않는 날에 만나자. 해가 적당히 가려진 일요일 날씨가 놀이공원에 가기 좋을 것 같아.

사회 01~04

주제 01

57쪽 (1) 나 (2) 부모 (3) 형제 (4) 자매 (5) 남매 58~59쪽 01 (1) 나 (2) 형제 (3) 부모 02 (1) ㉠ (2) ㉡ (3) ㉢ 03 ② ○ 04 ① 05 (1) 자매 (2) 남매 06 부모 07 (1) 예 나는 수학은 잘 못 해도, 체육은 정말 잘한다. (2) 예 아버지는 세 형제 중 막내이다.

주제 02

61쪽 (1) 친척 (2) 이모 (3) 고모 (4) 삼촌 (5) 사촌 62~63쪽 01 (1) ㉢ (2) ㉠ (3) ㉡ 02 ① ○ 03 (1) 고모 (2) 이모 04 ③ 05 ③ ○ 06 ④ 07 (1) 사촌 / 나는 이모의 아들인 사촌과 같은 학교에 다닌다. (2) 삼촌 / 나는 아버지의 남동생인 삼촌의 결혼식에서 노래를 불렀다.

주제 03

65쪽 (1) 학교 (2) 교실 (3) 운동장 (4) 보건실 (5) 교무실 66~67쪽 01 (1) ㉢ (2) ㉠ (3) ㉡ 02 (1) 교무실 (2) 운동장 (3) 보건실 03 ② ○ 04 민아 05 ③ 06 ㉡ 07 (1) 예 선생님이 교실에서 학생들에게 수업을 하고 있다. (2) 예 나는 수업 중에 갑자기 코피가 나서 보건실에 갔다.

주제 04

69쪽 (1) 행사 (2) 돌 (3) 결혼 (4) 입학 (5) 졸업 70~71쪽 01 (1) ㉢ (2) ㉡ (3) ㉠ 02 (1) ㉠ (2) ㉡ (3) ㉢ 03 (1) 입학 (2) 결혼 04 ③ 05 입학 06 ② 07 (1) 예 나는 어른이 되면 좋아하는 사람과 결혼할 것이다. (2) 예 나는 학교에서 열리는 어린이날 행사에 참여했다.

01~04 주간 학습

72~74쪽 01 (1) 형제 (2) 운동장 02 (1) ㉠ (2) ㉢ (3) ㉡ 03 성우 04 ① 05 행사 06 입학 07 ⑤ 08 ㉮ 09 돌 10 ③ 75쪽 예 우리 집도 어머니, 아버지, 나 이렇게 셋이 산다. 하지만 우리 가족은 가까이 살고 있는 친척을 자주 만난다.

사회 05~08

주제 05

79쪽 (1) 공공장소 (2) 파출소 (3) 소방서 (4) 시장 (5) 도서관 80~81쪽 01 (1) ㉠ (2) ㉡ (3) ㉢ 02 (1) 도서관 (2) 공공장소 (3) 파출소 03 민재 04 ⑤ 05 ② 06 ㉡ 07 (1) 예 학생들이 도서관에서 진행하는 책 읽기 행사에 참여했다. (2) 예 은행은 많은 사람이 이용하는 공공장소이다.

주제 06

83쪽 (1) 병원 (2) 이비인후과 (3) 정형외과 (4) 안과 (5) 내과 84~85쪽 01 (1) ㉢ (2) ㉠ (3) ㉡ 02 (1) 내과 (2) 안과 03 ② ○ 04 안과 05 ③ ○ 06 내과 07 (1) 예 병원에 가면 아픈 곳을 치료받을 수 있다. (2) 예 형은 귀에 통증이 있어서 이비인후과에 갔다.

주제 07

87쪽 (1) 우리나라 (2) 태극기 (3) 애국가 (4) 무궁화 (5) 한민족 88~89쪽 01 (1) 태극기 (2) 무궁화 (3) 애국가 02 (1) 태극기 (2) 애국가 (3) 한민족 03 (1) 태극기 (2) 무궁화 04 ⑤ 05 ② ○ 06 한민족 07 (1) 예 옛 기록을 보면 우리 민족은 무궁화를 귀한 꽃으로 생각했다. (2) 예 우리나라의 수도는 서울이다.

주제 08

91쪽 (1) 명절 (2) 설날 (3) 정월 대보름 (4) 단오 (5) 추석 92~93쪽 01 (1) ㉡ (2) ㉢ (3) ㉠ 02 (1) 설날 (2) 명절 03 ① ○ 04 현주 05 단오 06 ⑤ 07 (1) 설날 / 설날에는 떡국을 먹어야만 한 살을 더 먹는다고 한다. (2) 명절 / 우리나라의 명절 중 하나인 단오에는 쑥떡을 만들어 먹는다.

05~08 주간 학습

94~96쪽 01 (1) ㉡ (2) ㉠ (3) ㉢ 02 (1) 이비인후과 (2) 공공장소 (3) 애국가 03 유하 04 ② 05 ㉡ 06 (1) 설날 (2) 정월 대보름 07 ⑤ 08 소방서 09 우리나라 10 ④ 97쪽 예 나는 명절 중에 설날이 제일 좋다. 왜냐하면 설날에는 맛있는 떡국을 먹기 때문이다.

과학 01~04	주제 01	101쪽 (1) 봄 (2) 따뜻해지고 (3) 봄비 (4) 나들이 (5) 봄바람 102~103쪽 01 (1) 봄바람 (2) 따뜻하다 (3) 나들이 02 ② ○ 03 ① ○ 04 ④ 05 나들이 06 (1) 봄비 (2) 봄 07 (1) 예 봄이 되어 봄비가 내리자, 나무에 새싹이 돋아나기 시작했다. (2) 예 나는 감기에 걸려서 따뜻한 물로 씻었다.
	주제 02	105쪽 (1) 여름 (2) 덥고 (3) 뙤약볕 (4) 무더위 (5) 피서 106~107쪽 01 (1) 피서 (2) 뙤약볕 (3) 무더위 02 (1) ㉠ (2) ㉡ (3) ㉢ 03 (1) 뙤약볕 (2) 무더위 (3) 여름 04 ④ 05 ② 06 피서 07 (1) 무더위 / 농부는 무더위 속에서 땀을 흘리며 일을 했다. (2) 더워서 / 나는 날씨가 너무 더워서 시원한 수박이 생각났다.
	주제 03	109쪽 (1) 가을 (2) 건조 (3) 단풍 (4) 낙엽 (5) 수확 110~111쪽 01 (1) ㉡ (2) ㉢ (3) ㉠ 02 ② ○ 03 (1) 건조해서 (2) 수확 (3) 가을 04 ① 05 (1) 가을 (2) 건조 06 낙엽 07 (1) 예 가을이 되어 은행나무가 노랗게 단풍이 들었다. (2) 예 사막은 날씨가 매우 건조해서 생물들이 살기 어렵다.
	주제 04	113쪽 (1) 겨울 (2) 추워지고 (3) 눈 (4) 고드름 (5) 김장 114~115쪽 01 (1) ㉡ (2) ㉠ (3) ㉢ 02 (1) 김장 (2) 겨울 03 (1) ㉡ (2) ㉠ (3) ㉢ 04 춥다 05 ④ 06 김장 07 (1) 눈 / 우리나라는 12월에 눈이 자주 내린다. (2) 김장 / 많은 집들이 겨울을 준비하며 김장을 한다.
	01~04 주간 학습	116~118쪽 01 (1) 눈 (2) 겨울 02 (1) ㉡ (2) ㉢ (3) ㉠ 03 주아 04 ② 05 ① 06 단풍 07 (1) 여름 (2) 무더위 08 ㉠ 09 봄 10 ③ 119쪽 예 가을에는 단풍을 볼 수 있고, 날씨도 시원해서 정말 좋아. 나도 가족들한테 축제에 갈 수 있는지 물어봐야겠어.
과학 05~08	주제 05	123쪽 (1) 깨끗하게 (2) 세수 (3) 문질러서 (4) 양치 (5) 닦아요 124~125쪽 01 (1) 세수 (2) 양치 (3) 닦다 02 ② ○ 03 (1) 세수 (2) 깨끗하다 (3) 닦았다 04 ② 05 ④ 06 ㉠ 07 (1) 예 형주는 날씨가 더워서 세수를 세 번이나 했다. (2) 예 아버지께서는 더러워진 구두를 걸레로 문질렀다.
	주제 06	127쪽 (1) 동물 (2) 번식 (3) 출산 (4) 암수 (5) 멸종 128~129쪽 01 (1) ㉢ (2) ㉡ (3) ㉠ 02 (1) 번식 (2) 동물 03 (1) 출산 (2) 멸종 (3) 동물 04 ② 05 ② ○ 06 (1) 번식 (2) 암수 07 (1) 동물 / 닭은 새이지만 하늘을 날 수 없는 동물이다. (2) 암수 / 황새는 암수 두 마리가 번갈아 가며 알을 품는다.
	주제 07	131쪽 (1) 식물 (2) 씨 (3) 새싹 (4) 꽃 (5) 열매 132~133쪽 01 (1) 새싹 (2) 열매 02 ① ○ 03 (1) ㉡ (2) ㉢ (3) ㉠ 04 대원 05 ③ 06 열매 07 (1) 예 식물의 종류에 따라 꽃의 형태와 크기가 다양하다. (2) 예 감나무에서 딴 열매인 감은 달고 맛있다.
	주제 08	135쪽 (1) 절약 (2) 재활용 (3) 분류 (4) 배출 (5) 자연 보호 136~137쪽 01 (1) ㉡ (2) ㉠ (3) ㉢ 02 (1) 재활용 (2) 배출 03 (1) 분류 (2) 자연 보호 (3) 절약 04 윤지 05 ① ○ 06 ④ 07 (1) 예 공장에서는 폐수를 배출해서는 안 된다. (2) 예 우리 가족은 자연 보호를 위해 등산 후 쓰레기를 주워서 집으로 가져온다.
	05~08 주간 학습	38~140쪽 01 (1) 배출 (2) 새싹 (3) 출산 02 (1) 동물 (2) 암수 (3) 분류 03 ① ○ 04 재희 05 ㉣ 06 ② 07 멸종 08 절약 09 ㉠ 10 ④ 141쪽 예 나도 자연 보호를 위해서 쓰레기를 함부로 버리지 않고, 물과 에너지를 아껴 써야겠다.

12쪽 / 13쪽

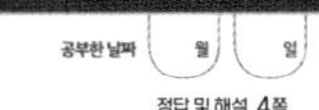

정답 및 해설 4쪽

국어 주제 01 인사는 누구에게, 언제 해야 할까?

낱말밭

준수가 손을 흔들며 인사하자, 반 친구들도 환하게 웃으며 "만나서 반가워."라고 말했어요.

만 나 다

첫 수업 시간에 선생님께서 인사하는 방법을 알려 주셨어요. 어른을 만나면 고개 숙여 인사하는 것이 예의지요.

예 의 — 禮 예도 예, 儀 거동 의

인 사 — 人 사람 인, 事 일 사

오늘은 개학식 날이에요. 준수는 새로 운 반 친구에게 반갑게 인사를 했어요.

헤 어 지 다

수업이 끝난 후, 준수는 학교 앞에서 친구들과 "잘 가."라고 인사를 나누며 헤어졌어요.

상 대 — 相 서로 상, 對 대답할 대

준수는 거울을 보며 상대를 바라보고 인사하는 연습을 했어요. 내일 친구들에게 밝게 인사하기로 결심했어요.

다음 글을 읽으며, 빈칸에 들어갈 낱말을 따라 써 보세요.

사람들은 (1) 만날 (2) 헤어질 가지 인사말을 사용해서 (3) 인사 고받아요. 학교에서 선생님이나 친구들을 만나면, 우리는 밝은 목소리로 인사하며 활짝 웃는 표정으로 (4) 상대 라보지요. 어른을 만날 때는 두 손을 앞으로 모으고 허리를 굽혀 "안녕하세요?"라고 (5) 예의 게 말해요. 이는 어른에 대한 존경을 나타내는 방법이에요. 또한, 친구를 만나면 손을 흔들면서 "안녕?"이라고 말하지요.

사람들과 헤어질 때도 인사는 중요해요. 어른에게는 "안녕히 가세요."라고 인사드리고, 친구에게는 "잘 가." 또는 "또 만나."라고 인사할 수 있어요. 이처럼 사람들은 다양한 인사말로 상대방에게 예의를 나타내며 사이좋게 지내요.

낱말밭 사전

확인☑

* 인사 마주 대하거나 헤어질 때 예를 나타내는 말이나 행동. ☐
* 만나다 누군가 가거나 와서 둘이 서로 마주 보다. ☐
* 예의 존경의 뜻을 표하기 위하여 나타내는 말투나 태도. ☐
* 헤어지다 모여 있던 사람들이 따로따로 흩어지다. ☐
* 상대 서로 마주 대함. 또는 마주하는 대상. ☐

14쪽 / 15쪽

국어 주제 01 낱말밭 일일학습

정답 및 해설 4쪽

1단계 확인과 적용

01 다음 낱말의 뜻으로 알맞은 것을 찾아 선으로 이으세요.

(1) 상대 —— ㉠ 서로 마주 대함. 또는 마주하는 대상.

(2) 만나다 —— ㉡ 누군가 가거나 와서 둘이 서로 마주 보다.

(3) 헤어지다 —— ㉢ 모여 있던 사람들이 따로따로 흩어지다.

02 다음 빈칸에 들어갈 낱말을 보기에 있는 글자 카드로 만들어 쓰세요.

보기: 대 예 상 의

(1) 나는 이야기할 때 (상대)와/과 눈을 마주치며 말한다.

(2) 우리는 가족과 말할 때도 서로 (예의)을/를 지켜야 한다.

03 다음 문장에 어울리는 낱말을 찾아 ○표 하세요.

(1) 민호는 나에게 방긋 웃으며 (예의 , (인사))를 건넸다.

(2) 다른 사람과 말할 때는 ((상대) , 예의)의 눈을 보아야 한다.

(3) 아이들은 놀이터에서 놀다가 집에 갈 시간이 되어 (만났다 , (헤어졌다)).

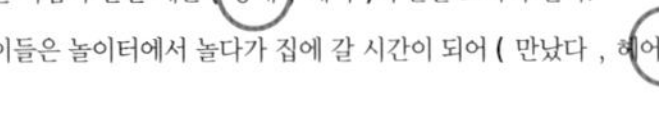

해설 수철이는 '인사' 대신에 '존경의 뜻을 표하기 위하여 나타내는 말투나 태도.'라는 뜻을 가진 '예의'라는 낱말을 사용해야 합니다.

04 다음 중 밑줄 친 낱말을 바르게 사용하여 말한 친구의 이름을 쓰세요.

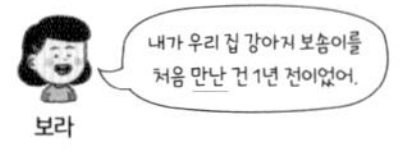

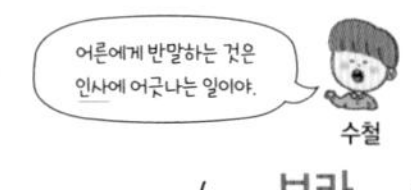

(보라)

05 다음 ㉠과 ㉡에 들어갈 알맞은 낱말을 보기에서 찾아 쓰세요.

보기: 상대 예의

사람들은 (㉠)에게 고마운 일이 생겼을 때 "고마워." 또는 "감사합니다."라고 말해요. 이때 (㉡)를 갖추고 구체적인 이유를 덧붙여서 진심을 담아 표현하면, 고마워하는 마음을 상대방이 더욱 깊이 느낄 수 있어요.

(1) ㉠: (상대) (2) ㉡: (예의)

해설 ㉠은 '예의'의 뜻입니다.

06 다음 밑줄 친 낱말의 뜻으로 알맞은 것을 보기에서 찾아 기호를 쓰세요.

보기
㉠ 존경의 뜻을 표하기 위하여 나타내는 말투나 태도.
㉡ 마주 대하거나 헤어질 때 예를 나타내는 말이나 행동.

유림이는 이모와 함께 영화를 보러 갔어요. 영화관은 시끌벅적했지요. 그런데 유림이는 혼자 영화를 보러 온 다혜를 발견했어요. 유림이는 다혜를 만난 게 너무 반가워서 인사를 했어요. 결국 세 사람은 함께 영화를 봤어요.

(㉡)

2단계 활용

해설 문장의 빈칸에 들어갈 알맞은 낱말을 넣고, 낱말 뜻을 잘 이해한 뒤 문장을 따라 써 보도록 합니다.

07 다음 문장의 빈칸에 들어갈 낱말을 보기에서 찾아 쓰고, 완성한 문장을 그대로 따라 써 보세요.

보기: 예의 인사 만났다 헤어졌다

(1) 민주는 공원에서 친한 친구를 (만났다).

✎ 민주는 공원에서 친한 친구를 만났다.

(2) 나는 할머니께 (예의) 바르게 행동했다.

✎ 나는 할머니께 예의 바르게 행동했다.

국어 주제 02 소리를 흉내 내는 말에는 무엇이 있을까?

낱말밭

아이는 한밤중에 잠을 자다가 어머니가 이불을 바스락거리며 뒤척이는 소리를 들었어요.

바스락

아이는 이웃집 아저씨가 앞마당 평상에 앉아 사과를 와삭와삭 씹어 먹는 소리도 들었어요.

와삭와삭

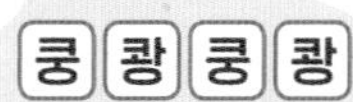

소리

옛날 어느 마을에 귀가 무척 밝아서 아주 작은 소리까지 듣는 아이가 살았어요. 이 아이는 밤에 잠을 잘 수가 없었어요.

퐁당퐁당

아이는 먼 곳에 있는 연못가에서 개구리가 물속으로 퐁당퐁당 뛰어들어가는 소리도 들었어요.

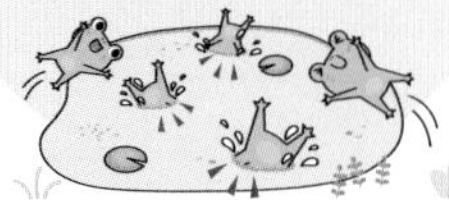

쿵쾅쿵쾅

결국, 아이는 잠을 잘 수 없어서 쿵쾅쿵쾅 울리는 자신의 발소리를 친구 삼아 마을을 돌아다니며 지켰어요.

공부한 날짜 월 일

정답 및 해설 5쪽

다음 글을 읽으며, 빈칸에 들어갈 낱말을 따라 써 보세요.

귀는 우리 몸에서 가장 먼저 깨어나고 마지막에 잠드는 부분이에요. 그래서 아기가 태어나면 눈으로 보거나 코로 냄새를 맡는 것보다 주변에서 들리는 (1) 소리를 가장 먼저 듣게 돼요. 이처럼 귀는 우리와 세상을 연결해 주는 중요한 역할을 해요.

여러분도 눈을 감고 귀를 기울여서 주변의 소리를 들어 보세요. 집 안에서는 가족들이 과자를 (2) 와삭와삭 씹는 소리, 동생이 (3) 쿵쾅쿵쾅 걷는 소리가 들릴 거예요. 집 밖에서는 사람들이 바닥에 떨어진 나뭇잎을 밟아 (4) 바스락거리는 소리, 아이들이 던진 돌멩이가 물속에 (5) 퐁당퐁당 빠지는 소리도 들을 수 있어요. 이렇게 우리의 귀는 여러 가지 소리를 들을 수 있지요.

낱말밭 사전 확인

- 소리 물체의 진동에 의해 생긴 떨림이 귓속에 있는 막을 울리어 귀에 들리는 것.
- 바스락 마른 잎이나 종이 등을 가볍게 밟거나 뒤적일 때 나는 소리.
- 와삭와삭 과일이나 과자 등을 자꾸 베어 무는 소리.
- 퐁당퐁당 작고 단단한 물건이 잇따라 물에 떨어지거나 빠질 때 가볍게 나는 소리.
- 쿵쾅쿵쾅 발로 마룻바닥 등을 구를 때 나는 소리.

국어 주제 02 낱말밭 일일학습

1단계 확인과 적용

01 다음 낱말의 뜻으로 알맞은 것을 보기에서 찾아 기호를 쓰세요.

보기
㉠ 발로 마룻바닥 등을 구를 때 나는 소리.
㉡ 과일이나 과자 등을 자꾸 베어 무는 소리.
㉢ 마른 잎이나 종이 등을 가볍게 밟거나 뒤적일 때 나는 소리.

(1) 바스락 (㉢) (2) 와삭와삭 (㉡) (3) 쿵쾅쿵쾅 (㉠)

02 다음 빈칸에 들어갈 낱말을 보기에서 찾아 쓰세요.

보기 와삭와삭 퐁당퐁당

(1) 고드름이 강물에 떨어지면서 퐁당퐁당 소리가 났다.
(2) 말이 농부가 준 당근을 와삭와삭 소리 내며 맛있게 먹었다.

03 다음 첫 자음자를 보고, 빈칸에 들어갈 알맞은 낱말을 쓰세요.

(1) ㅅ ㄹ
나는 시끄러운 음악 (소리)에 깜짝 놀라서 잠에서 깼다.

(2) ㅋ ㅋ ㅋ ㅋ
체육관에서 학생들이 큰 소리로 떠들면서 쿵쾅쿵쾅 뛰어다녔다.

04 다음 중 밑줄 친 낱말을 바르게 사용하여 말한 친구의 이름을 쓰세요.

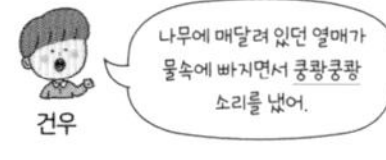

(지혜)

해설 건우는 '쿵쾅쿵쾅' 대신에 '작고 단단한 물건이 잇따라 물에 떨어지거나 빠질 때 가볍게 나는 소리.'라는 뜻의 '퐁당퐁당'이라는 낱말을 사용해야 합니다.

정답 및 해설 5쪽

05 다음 ㉠과 ㉡에 들어갈 알맞은 낱말을 보기에서 찾아 쓰세요.

보기 바스락 와삭와삭

늦은 밤, 승우는 가족들 몰래 냉장고에서 과자 봉지를 꺼냈어요. 조용한 집안에 봉지를 뜯는 (㉠) 소리가 울려 퍼졌지요. 승우가 (㉡) 과자를 베어 물자, 강아지가 달려와 기대에 찬 눈으로 승우를 바라보았어요. 결국 둘은 함께 과자를 나누어 먹었어요.

(1) ㉠: (바스락) (2) ㉡: (와삭와삭)

06 다음 빈칸에 들어갈 낱말로 알맞은 것을 찾아 ○표 하세요.

잭은 집에서 키우던 소를 마법의 콩알과 바꾸었어요. 이를 알게 된 어머니는 화가 나서 창밖으로 콩을 던져 버렸어요. 다음 날 잭은 하늘까지 자란 콩나무를 타고 거인의 성에서 황금알을 낳는 거위를 가져왔어요. 거인은 (　　) 발소리를 내며 쫓아왔지만, 잭은 콩나무를 잘라 버렸어요.

(쿵쾅쿵쾅 (○), 퐁당퐁당)

해설 빈칸에는 거인의 발소리를 나타내는 '발로 마룻바닥 등을 구를 때 나는 소리.'라는 뜻의 '쿵쾅쿵쾅'이 들어가야 합니다.

2단계 활용

07 다음 보기와 같이 주어진 낱말을 넣어 짧은 문장을 만들어 쓰세요.

보기
바스락
풀숲에서 바스락대는 소리가 나자 강아지가 귀를 쫑긋 세웠다.

(1) 소리
예 가수의 공연이 끝나자, 관객의 박수 소리가 들렸다.

(2) 퐁당퐁당
예 물고기가 헤엄을 치다가 계곡 아래로 퐁당퐁당 빠졌다.

해설 각각의 낱말 뜻을 잘 이해한 뒤 그 낱말이 들어갈 적절한 문장을 만들어 써 보도록 합니다.

공부한 날짜 월 일

정답 및 해설 6쪽

국어 주제 03 모양을 흉내 내는 말에는 무엇이 있을까?

낱말밭

지우는 차 안에서 창밖을 바라보았어요. 하늘에는 몽실몽실한 모양의 구름이 떠 있었어요.

몽실몽실

산에 도착한 지우네 가족은 길을 따라 걸었어요. 나무 사이로 시원한 바람이 불자 나뭇가지가 산들산들 흔들렸어요.

산들산들

모양 — 模 법 모, 樣 모양 양

지우네 가족은 아침 일찍 차를 타고 집을 나섰어요. 지우는 배가 고파서 동그란 모양의 도넛을 먹었어요.

대롱대롱

산에는 소나무가 많았어요. 소나무에 달린 솔방울들이 대롱대롱 흔들리며 지우에게 인사를 했어요.

끄덕끄덕

산꼭대기에 도착하자 아버지께서는 기분이 상쾌하다고 말씀하셨어요. 지우도 고개를 끄덕끄덕하며 대답했어요.

다음 글을 읽으며, 빈칸에 들어갈 낱말을 따라 써 보세요.

우리의 조상들은 날씨나 땅의 (1) 모양 추어, 주변에서 구할 수 있는 재료를 가지고 집을 지었어요. 예를 들어, 기와집은 지붕에 기와를 올린 집으로 양반들이 살았어요. 기와집의 처마에는 작은 종을 달기도 했는데, 바람에 종이 흔들리면 종소리가 울려 퍼졌지요. 소나무를 쪼개서 지붕을 만든 너와집도 있어요. 너와집에서 불을 피우면 굴뚝에서 연기가 (2) 몽실몽실 로 피어올라요. 또, 지붕을 볏짚으로 덮은 초가집도 있지요. 볏짚은 논에서 바람에 (3) 산들산들 벼의 줄기예요. 지금도 시골에 가면 호박이 (4) 대롱대롱 가집을 볼 수 있어요.

이러한 여러 가지 종류의 집들은 조상들이 자연에 맞추어서 지혜롭게 살아온 방식을 보여 줘요. 각각의 집들을 보면서 우리는 조상들의 지혜에 고개를 (5) 끄덕끄덕 하게 되지요.

낱말밭 사전 확인

* **모양** 겉으로 나타나는 생김새나 모습.
* **몽실몽실** 구름이나 연기 등이 동글동글하게 뭉쳐서 가볍게 떠 있거나 떠오르는 듯한 모양.
* **산들산들** 바람에 물건이 가볍고 보드랍게 자꾸 흔들리는 모양.
* **대롱대롱** 작은 물건이 매달려 가볍게 잇따라 흔들리는 모양.
* **끄덕끄덕** 고개 등을 아래위로 가볍게 계속 움직이는 모양.

정답 및 해설 6쪽

국어 주제 03 낱말밭 일일학습

1단계 확인과 적용

01 다음 뜻을 가진 낱말을 보기에서 찾아 쓰세요.

보기: 모양 끄덕끄덕 산들산들

(1) 겉으로 나타나는 생김새나 모습. (모양)
(2) 고개 등을 아래위로 가볍게 계속 움직이는 모양. (끄덕끄덕)
(3) 바람에 물건이 가볍고 보드랍게 자꾸 흔들리는 모양. (산들산들)

02 다음 문장의 빈칸에 들어갈 낱말을 찾아 선으로 이으세요.

(1) 뭉게구름이 하늘 위에 [ ] 떠 있다. • • ㉠ 대롱대롱
(2) 거미가 거미줄에 [ ] 매달려 있었다. • • ㉡ 몽실몽실
(3) 미주가 창문을 열자 커튼이 [ ] 살랑 거렸다. • • ㉢ 산들산들

03 다음 문장 중 밑줄 친 낱말을 바르게 사용하여 말한 친구의 이름을 쓰세요.

(민희)

해설 호영이는 '몽실몽실' 대신에 '바람에 물건이 가볍고 보드랍게 자꾸 흔들리는 모양.'이라는 뜻의 '산들산들'을 사용해야 합니다.

04 다음 빈칸에 들어갈 낱말로 알맞은 것은 무엇인가요? (②)

윤아는 수업 시간에 고개를 [ ]하며 졸았다.

① 바스락 ② 끄덕끄덕 ③ 대롱대롱
④ 와삭와삭 ⑤ 쿵쾅쿵쾅

05 다음 밑줄 친 낱말과 같은 낱말이 들어갈 문장에 ○표 하세요.

원숭이가 나무에 대롱대롱 매달려 손을 흔들었다.

① 앵두가 나뭇가지마다 [ ] 달려 있다. (○)
② 숲속에 바람이 불어와 나뭇잎이 [ ] 움직였다. ( )
③ 밤하늘에 [ ] 올라오는 연기가 구름처럼 보였다. ( )

해설 문장의 밑줄 친 '대롱대롱'은 '작은 물건이 매달려 가볍게 잇따라 흔들리는 모양.'이라는 뜻입니다. 그러므로 ①에 들어가야 알맞습니다. ②에는 '산들산들'이, ③에는 '몽실몽실'이 들어가야 합니다.

06 다음 빈칸에 공통으로 들어갈 알맞은 낱말을 보기에서 찾아 쓰세요.

보기: 모양 소리

재민이는 열대어 수족관에 갔어요. 수족관에는 여러 가지 [ ]의 물고기들이 있었어요. 지느러미가 큰 물고기, 입이 뾰족한 물고기, 눈이 튀어나온 물고기, 몸이 세모난 물고기 등이 있었지요. 재민이는 몸이 세모난 [ ]의 물고기가 가장 기억에 남았어요.

(모양)

2단계 활용

07 다음 보기와 같이 주어진 낱말을 넣어 짧은 문장을 만들어 보세요.

보기: 몽실몽실 — 캠핑장에서 모닥불 연기가 몽실몽실 피어올랐다.

(1) 모양 — 예 나는 만두를 초승달 모양으로 만들었다.
(2) 대롱대롱 — 예 낚싯대 끝에 오징어가 대롱대롱 매달려 있다.

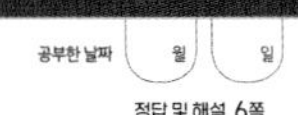

공부한 날짜 월 일

정답 및 해설 7쪽

국어 주제 04 감정을 나타내는 말에는 무엇이 있을까?

낱말밭

친구들과 숨바꼭질을 하다가 우연히 숲을 발견한 미미는 처음으로 새로운 곳을 탐험하게 되어 기뻤어요.

기쁘다

숲속을 걷다가 길을 잃은 미미는 친구들을 만날 수 없을 것 같아 슬퍼졌어요. 미미는 눈물이 흘렀어요.

슬프다

감정 感 느낄 감, 情 뜻 정

감정을 느끼지 못했던 고양이 미미가 친구들과 놀면서 여러 가지 감정을 느끼게 되었어요.

무섭다

갑자기 늑대가 나타나 미미는 무서워서 꼼짝도 할 수 없었어요. 다행히 착한 늑대는 미미를 집에 데려다주었어요.

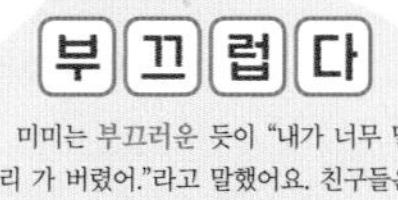

부끄럽다

미미는 부끄러운 듯이 "내가 너무 멀리 가 버렸어."라고 말했어요. 친구들은 그런 미미를 따뜻하게 안아 주었어요.

다음 글을 읽으며, 빈칸에 들어갈 낱말을 따라 써 보세요.

사람들은 (1) 감정 표현할 때 얼굴 표정과 몸짓을 통해 그 감정을 드러내요. (2) 기쁨 눈이 반짝이고 입가에 미소가 번져요. 몸은 활기찬 동작을 보여 줘요. (3) 슬픔 눈에 눈물이 맺히고 어깨가 처지며 표정이 무거워져요. 화가 나면 얼굴이 붉어지고 이마에 주름이 생겨요. 몸이 긴장해서 상대방을 밀어내거나 맞서려는 자세를 취하기도 해요. (4) 부끄러울 이 빨개지고 상대방과 눈을 잘 마주치지 않아요. (5) 무서울 눈이 커지고 몸이 떨려요.

이처럼 사람들은 감정에 따라 표정이 달라지고 몸의 행동이 변화해요. 이러한 감정 표현을 통해 사람들은 상대방의 감정을 이해하고 공감할 수 있어요. 서로의 감정을 이해하는 것은 사람들이 함께 살아가는 데 매우 중요한 일이에요.

낱말밭 사전 확인

* 감정 어떤 현상이나 일에 대하여 일어나는 마음이나 느끼는 기분.
* 기쁘다 원하는 대로 이루어져 마음이 흐뭇하고 만족하다.
* 슬프다 억울한 일을 겪거나 불쌍한 일을 보고 마음이 아프고 괴롭다.
* 무섭다 어떤 대상에 대하여 꺼려지거나 무슨 일이 일어날까 겁나는 데가 있다.
* 부끄럽다 조심스러움을 느끼어 매우 수줍다.

정답 및 해설 7쪽

국어 주제 04 낱말밭 일일학습

1단계 확인과 적용

01 다음 낱말의 뜻으로 알맞은 것을 찾아 선으로 이으세요.

(1) 기쁘다 — ㉡ 원하는 대로 이루어져 마음이 흐뭇하고 만족하다.
(2) 슬프다 — ㉢ 억울한 일을 겪거나 불쌍한 일을 보고 마음이 아프고 괴롭다.
(3) 부끄럽다 — ㉠ 조심스러움을 느끼어 매우 수줍다.

02 다음 빈칸에 들어갈 낱말을 보기에서 찾아 쓰세요.

보기: 감정 슬펐다 부끄러웠다

(1) 진모는 고양이가 아파 보여서 (슬펐다).
(2) 수지는 좋아하는 친구와 눈이 마주쳐 (부끄러웠다).
(3) 나는 우리 반이 농구 대회에서 우승해 뿌듯한 (감정)을/를 느꼈다.

03 다음 문장 중 밑줄 친 낱말을 바르게 사용하여 말한 친구의 이름을 쓰세요.

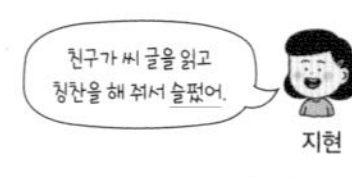

(수훈)

해설 지현이는 친구가 자신의 글을 읽고 칭찬을 해 준 일에 대해 말하고 있습니다. 그러므로 '슬펐어' 대신에 '기뻤어'가 들어가야 합니다.

04 다음 빈칸에 들어갈 낱말로 알맞은 것을 찾아 ○표 하세요.

친구가 귀신 이야기를 해줘서 너무 ☐.

(무서웠다(○) , 부끄러웠다)

05 다음 밑줄 친 낱말과 같은 낱말이 들어갈 문장에 ○표 하세요.

나는 음악을 들으면 감정이 편안해진다.

① 내가 읽은 책의 주인공이 병에 걸려서 ☐. ( )
② 아기는 ☐을/를 잘 표현하지 못해서 자주 울었다. (○)
③ 지아는 갑자기 친구들 앞에서 노래를 부르게 되어서 ☐. ( )

해설 문장의 밑줄 친 '감정'은 '어떤 현상이나 일에 대하여 일어나는 마음이나 느끼는 기분.'이라는 뜻입니다. 그러므로 ②에 들어가야 알맞습니다. ①에는 '슬프다'가, ③에는 '부끄럽다'가 들어가야 합니다.

06 다음 밑줄 친 낱말의 뜻으로 알맞은 것을 보기에서 찾아 기호를 쓰세요.

보기
㉠ 조심스러움을 느끼어 매우 수줍다.
㉡ 원하는 대로 이루어져 마음이 흐뭇하고 만족하다.

어제 민우는 축구 경기 중에 실수로 주호의 발을 밟았어요. 민우는 주호에게 미안하다고 말했지만, 주호는 화가 나서 민우의 어깨를 밀치고 자리를 떠났어요. 그런데 오늘 주호가 민우를 찾아와서 어제 일에 대해 사과했어요. 그래서 민우는 기쁜 마음으로 주호와 화해했어요.

(㉡)

2단계 활용

07 다음 보기와 같이 주어진 낱말을 넣어 짧은 문장을 만들어 쓰세요.

보기: 슬프다 — 승준이는 새로 산 가방을 잃어버려서 슬프다.

(1) 무섭다 — 예 어젯밤 꿈속에서 괴물이 나를 쫓아와서 무서웠다.
(2) 부끄럽다 — 예 소민이는 친구들 앞에서 발표하게 되어서 부끄러웠다.

해설 낱말을 넣어 문장을 만들 때, 낱말의 형태가 변형되어도 됩니다.

28쪽 / 29쪽

국어 주제 01~04 낱말쌤 주간학습

01 다음 문장의 빈칸에 들어갈 낱말을 찾아 선으로 이으세요.

(1) 강아지가 간식을 [ ] 소리 내며 씹어 먹었다. — ㉡ 와삭와삭
(2) 아이들이 차례대로 수영장에 [ ] 뛰어들었다. — ㉢ 풍당풍당
(3) 학생들은 선생님의 말씀을 듣고 [ ] 고개를 움직였다. — ㉠ 끄덕끄덕

02 다음 문장에 어울리는 낱말을 찾아 ○표 하세요.

(1) 학생이 선생님께 반말하는 것은 (상대 , (예의))에 어긋나는 일이다.
(2) 아버지가 장작불을 피우자 ((몽실몽실) , 산들산들)한 연기가 퍼져 나갔다.
(3) 혜미는 친구에게 점심에 다시 만나자고 약속한 후에 (만났다 , (헤어졌다)).

03 다음 첫 자음자를 보고, 빈칸에 들어갈 알맞은 낱말을 쓰세요.

(1) ㅅ ㄹ
여름밤에는 매미 우는 (소리)을/를 들을 수 있다.

(2) ㅇ ㅅ
진주는 오랜만에 만난 친구에게 반갑게 (인사)했다.

04 다음 중 '감정'을 바르게 사용한 문장을 찾아 ○표 하세요.

① 같은 음악을 들어도 사람마다 느끼는 감정이 다양하다. (○)
② 공공장소에서는 다른 사람들을 위해 감정을 지켜야 한다. ( )

해설 ②에서 많은 사람이 이용하는 공공장소에서 지켜야 할 것은 '감정'이 아니라 '예의'입니다. '감정'을 바르게 사용한 문장은 ①입니다.

28쪽

공부한 날짜 월 일

정답 및 해설 8쪽

05 다음 빈칸에 공통으로 들어갈 낱말로 알맞은 것은 무엇인가요? (①)

아침 일찍 일어난 수빈이는 아버지와 함께 산책을 나갔어요. 공원을 걸을 때마다 낙엽이 [ ]거리며 밟히는 소리가 들렸어요. 아버지께서는 비닐봉지를 [ ] 열어 차가운 물통을 건네주셨어요. 수빈이는 찬물을 마시고 나니 상쾌한 기분이 들었어요.

① 바스락 ② 끄덕끄덕 ③ 몽실몽실 ④ 산들산들 ⑤ 풍당풍당

06 다음 밑줄 친 낱말과 뜻이 비슷한 낱말로 알맞은 것은 무엇인가요? (①)

여러분은 동물원에서 판다를 본 적 있나요? 판다들의 생김새는 모두 똑같아 보일 수 있어요. 두 눈과 양쪽 귀, 등, 팔과 다리는 검은 털로 덮여 있고, 몸통과 얼굴은 흰 털로 덮여 있기 때문이에요. 하지만 판다의 얼굴 무늬는 사람의 지문처럼 각자 달라요. 눈 주위의 검은 털이 이루는 무늬 등을 통해 판다를 구분할 수 있어요.

① 모양 ② 상대 ③ 소리 ④ 예의 ⑤ 인사

해설 '① 모양'은 '겉으로 나타나는 생김새나 모습.'이라는 뜻을 가진 낱말이므로, '생긴 모양새.'라는 뜻의 '생김새'와 뜻이 비슷합니다.

07 다음 빈칸에 들어갈 낱말로 알맞은 것을 찾아 ○표 하세요.

미국 작가 오 헨리의 소설 「마지막 잎새」는 희망과 우정의 소중함을 알려 주는 작품이에요. 폐렴에 걸린 존시는 창밖의 담쟁이덩굴잎이 모두 떨어지면 자신도 죽는다고 생각하며 [ ]해요. 이웃 화가 베어먼은 그런 존시를 위해 담쟁이덩굴 잎사귀를 벽에 그려 넣었어요. 존시는 그 잎이 떨어지지 않는 것을 보고 희망을 되찾아 건강을 회복하지만, 베어먼은 비바람 속에서 그림을 그렸기 때문에 폐렴에 걸려 죽고 말아요.

(기뻐 , (슬퍼))

29쪽

30쪽 / 31쪽

[08~10] 다음 글을 읽고, 물음에 답하세요.

방귀쟁이 며느리

옛날 어느 집에 조용한 며느리가 살았어요. 그런데 어느 날부터 며느리의 얼굴이 노랗게 변하고 표정도 나빠졌어요. 시아버지가 무슨 일이냐고 물어보자, 며느리는 방귀를 뀌지 못해서 그렇다고 말했어요. 그래서 시아버지는 마음껏 방귀를 뀌라고 했지요. 며느리는 가족들에게 집안 곳곳을 꽉 잡으라고 부탁한 후, [㉠] 표정으로 조심스럽게 방귀를 뀌기 시작했어요. 며느리의 방귀는 가족들이 이리저리 날아갈 정도로 강력했어요. 시아버지는 며느리의 큰 방귀 소리가 너무 무서워서 며느리에게 친정으로 떠나라고 했어요. 며느리는 친정으로 가던 중 놋그릇 장수와 비단 장수를 만났어요. 두 장수는 나무 끝에 ㉮ 대롱대롱 매달린 배를 따 주면 비단과 놋그릇을 모두 주겠다고 약속했어요. 며느리는 있는 힘껏 방귀를 뀌어 배를 따 주고, 비단과 놋그릇을 받아 시댁으로 돌아왔지요. 가족들은 며느리가 가져온 놋그릇과 비단을 팔아 부자가 되었어요. 그 후로 며느리는 마음껏 방귀를 뀌며 가족들과 행복하게 살았어요.

08 ㉠에 들어갈 낱말로 알맞은 것에 ○표 하세요.

(슬픈 , 헤어진 , (부끄러운))

해설 며느리가 가족들 앞에서 조심스럽게 방귀를 뀌는 모습이므로, ㉠에는 '부끄러운'이 들어가야 알맞습니다.

09 ㉮의 뜻으로 알맞은 것을 보기에서 찾아 기호를 쓰세요.

보기
㉠ 발로 마룻바닥 등을 구를 때 나는 소리.
㉡ 작은 물건이 매달려 가볍게 잇따라 흔들리는 모양.

(㉡)

해설 보기의 ㉠은 '쿵쾅쿵쾅'의 뜻입니다.

10 다음은 윗글의 중심 문장입니다. 빈칸에 들어갈 낱말로 알맞은 것은 무엇인가요? (③)

시아버지가 며느리의 방귀 소리를 [ ]했지만, 가족들은 며느리의 방귀 소리로 인해 부자가 되어 행복하게 살았다.

① 기뻐 ② 슬퍼 ③ 무서워 ④ 헤어져 ⑤ 부끄러워

30쪽

정답 및 해설 8쪽

디지털 속 한 문장

다음을 보고, 인사라는 낱말을 넣어 친구에게 인사하는 글을 써 보세요.

예 나는 친구를 만나면 '안녕!'이라고 인사 한다. 그리고 친구에게 손을 흔들며 밝게 웃는다.

31쪽

34쪽 / 35쪽

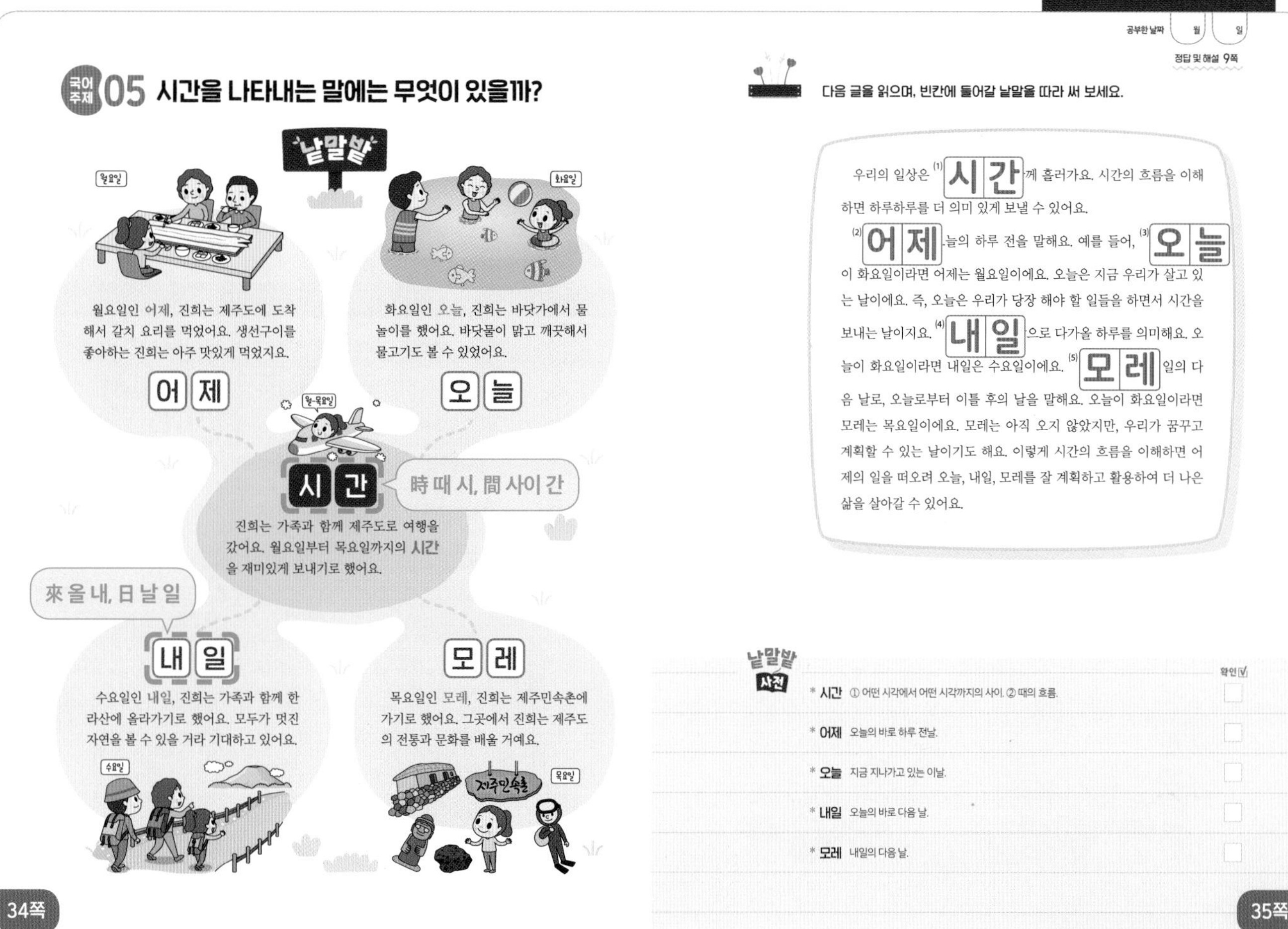

국어 주제 05 시간을 나타내는 말에는 무엇이 있을까?

낱말밭

월요일인 어제, 진희는 제주도에 도착해서 갈치 요리를 먹었어요. 생선구이를 좋아하는 진희는 아주 맛있게 먹었지요.

어제

화요일인 오늘, 진희는 바닷가에서 물놀이를 했어요. 바닷물이 맑고 깨끗해서 물고기도 볼 수 있었어요.

오늘

시간 時 때 시, 間 사이 간

진희는 가족과 함께 제주도로 여행을 갔어요. 월요일부터 목요일까지의 **시간**을 재미있게 보내기로 했어요.

來 올 내, 日 날 일

내일

수요일인 내일, 진희는 가족과 함께 한라산에 올라가기로 했어요. 모두가 멋진 자연을 볼 수 있을 거라 기대하고 있어요.

모레

목요일인 모레, 진희는 제주민속촌에 가기로 했어요. 그곳에서 진희는 제주도의 전통과 문화를 배울 거예요.

34쪽

공부한 날짜 월 일

정답 및 해설 9쪽

다음 글을 읽으며, 빈칸에 들어갈 낱말을 따라 써 보세요.

우리의 일상은 (1) 시간 께 흘러가요. 시간의 흐름을 이해하면 하루하루를 더 의미 있게 보낼 수 있어요.

(2) 어제 는의 하루 전을 말해요. 예를 들어, (3) 오늘 이 화요일이라면 어제는 월요일이에요. 오늘은 지금 우리가 살고 있는 날이에요. 즉, 오늘은 우리가 당장 해야 할 일들을 하면서 시간을 보내는 날이지요. (4) 내일 으로 다가올 하루를 의미해요. 오늘이 화요일이라면 내일은 수요일이에요. (5) 모레 일의 다음 날로, 오늘로부터 이틀 후의 날을 말해요. 오늘이 화요일이라면 모레는 목요일이에요. 모레는 아직 오지 않았지만, 우리가 꿈꾸고 계획할 수 있는 날이기도 해요. 이렇게 시간의 흐름을 이해하면 어제의 일을 떠오려 오늘, 내일, 모레를 잘 계획하고 활용하여 더 나은 삶을 살아갈 수 있어요.

낱말밭 사전 확인☑

* **시간** ① 어떤 시각에서 어떤 시각까지의 사이. ② 때의 흐름.
* **어제** 오늘의 바로 하루 전날.
* **오늘** 지금 지나가고 있는 이날.
* **내일** 오늘의 바로 다음 날.
* **모레** 내일의 다음 날.

35쪽

36쪽 / 37쪽

국어 주제 05 낱말밭 일일학습

1단계 확인과 적용

01 다음 뜻을 가진 낱말을 보기에서 찾아 쓰세요.

보기: 내일 모레 어제

(1) 내일의 다음 날. (모레)
(2) 오늘의 바로 다음 날. (내일)
(3) 오늘의 바로 하루 전날. (어제)

02 다음 문장의 빈칸에 들어갈 낱말을 찾아 선으로 이으세요.

(1) 오늘은 날씨가 [ ]보다 훨씬 추워진 것 같다. — ㉡ 어제
(2) 나는 지금까지 네 [ ] 동안 쉬지 않고 계속 말을 했다. — ㉠ 시간
(3) 선생님께서는 [ ] 할 일을 내일로 미루지 말라고 하셨다. — ㉢ 오늘

03 다음 문장에 어울리는 낱말을 찾아 ○표 하세요.

(1) 내일은 수요일이니까 ((모레), 오늘)은/는 목요일이다.
(2) 아버지께서는 오늘의 다음 날인 ((내일), 모레) 동물원에 가자고 하셨다.

해설
새미가 여행 준비를 하는 내용입니다. 문맥상 '내일이 아니면 늦어도'라는 말을 통해 빈칸에는 '내일의 다음 날.'이라는 뜻의 '모레'가 들어가야 알맞습니다.

04 다음 빈칸에 들어갈 낱말로 알맞은 것을 찾아 ○표 하세요.

새미는 내일이 아니면 늦어도 [ ]까지 여행 준비를 끝내야 한다.

(어제 , (모레))

36쪽

해설
문장의 밑줄 친 '시간'은 '어떤 시각에서 어떤 시각까지의 사이.'라는 뜻입니다. 그러므로 ①에 들어가야 알맞습니다. ②에는 '모레'가 들어가야 합니다.

정답 및 해설 9쪽

05 다음 밑줄 친 낱말과 같은 낱말이 들어갈 문장에 ○표 하세요.

나는 2<u>시간</u> 동안 집중해서 책을 읽었다.

① 나는 친구들과 함께 놀이터에서 즐거운 [ ]을 보냈다. (○)
② 오늘 도서관에서 빌린 책은 이틀 후인 [ ]까지 반납해야 한다. (   )

해설
이 글은 진오가 오늘 아침에 일어나 어제 일어났던 일을 떠올리는 내용입니다. 그러므로 ㉠에는 '어제'가, ㉡에는 '오늘'이 들어가야 알맞습니다.

06 다음 ㉠과 ㉡에 들어갈 알맞은 낱말을 바르게 짝 지은 것은 무엇인가요? (④)

진오는 [㉠] 있었던 일을 떠올렸어요. [㉠]은/는 아침에 늦게 일어나 학교에 지각했어요. 밤사이에 눈이 많이 내려서 길이 막혔거든요. 하지만 [㉡]은/는 다를 거라고 생각했어요. [㉡]은/는 일찍 일어나 창밖의 햇살을 보며 하루를 기분 좋게 시작했기 때문이에요.

① ㉠: 내일 – ㉡: 어제 ② ㉠: 내일 – ㉡: 모레 ③ ㉠: 어제 – ㉡: 내일
④ ㉠: 어제 – ㉡: 오늘 ⑤ ㉠: 오늘 – ㉡: 어제

2단계 활용

07 다음 문장의 빈칸에 들어갈 낱말을 보기에서 찾아 쓰고, 완성된 문장을 그대로 따라 써 보세요.

보기: 내일 모레 시간 어제

(1) 미술관 운영 (시간)은/는 오전 9시부터 오후 6시까지이다.
미술관 운영 시간은 오전 9시부터 오후 6시까지이다.

(2) (내일)은/는 소풍을 가는 날이라서 오늘 일찍 자기로 했다.
내일은 소풍을 가는 날이라서 오늘 일찍 자기로 했다.

37쪽

공부한 날짜 월 일

정답 및 해설 10쪽

국어 주제 06 생각이나 느낌을 어떻게 표현할까?

낱말밭

어느 날, 물빛 마을에서 '글쓰기 행사'가 열렸어요. 로미는 노래가 아닌 글을 써서 자신의 이야기를 보여 주기로 했어요.

쓰다

로미는 매일 책을 읽으면서 여러 가지 생각을 떠올렸어요. 그리고 그 생각들을 글로 잘 다듬었어요.

읽다

표현 表 겉 표, 現 나타날 현

물빛 마을에는 꼬마 요정 로미가 살고 있었어요. 로미는 노래로 자신의 생각이나 느낌을 표현했어요.

만들다

글쓰기 행사 날, 로미는 자신이 만든 책을 마을 사람들에게 읽어 주었어요. 사람들은 로미의 글을 좋아했어요.

그리다

그 후로 로미는 이야기를 글로 쓰고, 그 글에 어울리는 그림을 그리며 오래오래 행복하게 살았어요.

다음 글을 읽으며, 빈칸에 들어갈 낱말을 따라 써 보세요.

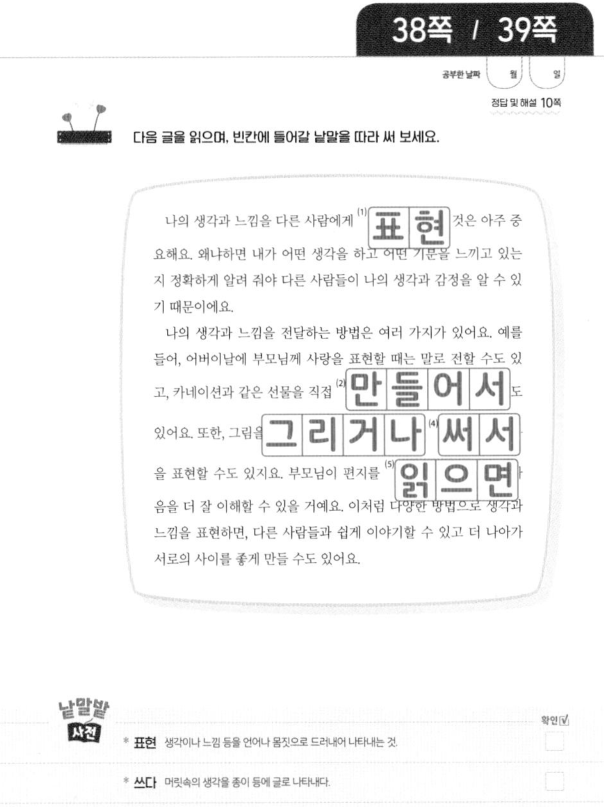

나의 생각과 느낌을 다른 사람에게 (1) 표현 것은 아주 중요해요. 왜냐하면 내가 어떤 생각을 하고 어떤 기분을 느끼고 있는지 정확하게 알려 줘야 다른 사람들이 나의 생각과 감정을 알 수 있기 때문이에요.

나의 생각과 느낌을 전달하는 방법은 여러 가지가 있어요. 예를 들어, 어버이날에 부모님께 사랑을 표현할 때는 말로 전할 수도 있고, 카네이션과 같은 선물을 직접 (2) 만들어서 도 있어요. 또한, 그림을 (3) 그리거나 (4) 써서 을 표현할 수도 있지요. 부모님이 편지를 (5) 읽으면 음을 더 잘 이해할 수 있을 거예요. 이처럼 다양한 방법으로 생각과 느낌을 표현하면, 다른 사람들과 쉽게 이야기할 수 있고 더 나아가 서로의 사이를 좋게 만들 수도 있어요.

낱말밭 사전 — 확인

* **표현** 생각이나 느낌 등을 언어나 몸짓으로 드러내어 나타내는 것.
* **쓰다** 머릿속의 생각을 종이 등에 글로 나타내다.
* **읽다** 글이나 글자를 보고 거기에 담긴 뜻을 헤아려 알다.
* **만들다** 노력이나 기술 등을 들여 목적하는 사물을 이루다.
* **그리다** 연필, 붓 등으로 어떤 사물의 모양을 그와 닮게 선이나 색으로 나타내다.

38쪽 39쪽

정답 및 해설 10쪽

국어 주제 06 낱말밭 일일학습

1단계 확인과 적용

01 다음 낱말의 뜻으로 알맞은 것을 찾아 선으로 이으세요.

(1) 쓰다 — ㉠ 머릿속의 생각을 종이 등에 글로 나타내다.
(2) 읽다 — ㉢ 글이나 글자를 보고 거기에 담긴 뜻을 헤아려 알다.
(3) 만들다 — ㉡ 노력이나 기술 등을 들여 목적하는 사물을 이루다.

02 다음 밑줄 친 낱말의 뜻으로 알맞은 것을 찾아 ○표 하세요.

어머니께서는 사랑하는 마음을 안아 주는 행동으로 표현하셨다.

① 어떤 현상이나 일에 대하여 일어나는 마음이나 느끼는 기분. ( )
② 생각이나 느낌 등을 언어나 몸짓으로 드러내어 나타내는 것. (○)

해설 ①은 '감정'의 뜻입니다.

03 다음 빈칸에 들어갈 낱말을 보기에서 찾아 쓰세요.

보기: 썼다 그렸다 읽었다

(1) 나는 어렸을 때 읽었던 동화책을 다시 (읽었다).
(2) 준우는 친구가 준 편지를 읽고 나서 답장을 (썼다).
(3) 새봄이는 하얀 도화지에 파란색 색연필로 물고기를 (그렸다).

04 다음 중 밑줄 친 낱말을 바르게 사용하여 말한 친구의 이름을 쓰세요.

재희: 요리사가 신선한 재료로 음식을 만들었어.
승주: 할아버지께서는 매일 아침 신문을 그리셨어.

(재희)

해설 승주는 '그리셨어' 대신에 '글이나 글자를 보고 거기에 담긴 뜻을 헤아려 알다.'라는 뜻의 '읽으셨어'를 사용해야 합니다.

05 다음 빈칸에 들어갈 낱말로 알맞은 것을 찾아 ○표 하세요.

고흐는 네덜란드에서 태어난 화가로, 27살부터 그림을 [   ] 시작했어요. 그의 유명한 그림으로는 「별이 빛나는 밤」, 「해바라기」 등이 있어요. 고흐는 살아 있을 때 많이 알려지지 않았지만, 그의 독특한 그림 표현 덕분에 지금은 전 세계적으로 인정받는 화가가 되었어요.

(쓰기 , 그리기(○))

해설 이 글은 화가 고흐에 대한 내용입니다. 빈칸에는 '연필, 붓 등으로 어떤 사물의 모양을 그와 닮게 선이나 색으로 나타내다.'라는 뜻의 '그리기'가 들어가야 합니다.

06 다음 빈칸에 들어갈 낱말로 알맞은 것은 무엇인가요? (④)

수진이는 친구들을 집으로 초대했어요. 친구들과 어떤 놀이를 할지 고민하다가, 주사위를 던져 나온 숫자만큼 말을 움직여서 먼저 목적지에 도착하는 사람이 이기는 놀이를 떠올렸어요. 그래서 수진이는 재미있는 벌칙과 여러 가지 장애물을 넣어 직접 놀이판을 [   ]로 했어요.

① 쓰기 ② 읽기 ③ 그리기 ④ 만들기 ⑤ 표현하기

2단계 활용

07 다음 보기와 같이 주어진 낱말을 넣어 짧은 문장을 만들어 쓰세요.

보기: 읽다 — 재민이는 만화책을 읽다가 크게 웃었다.

(1) 쓰다 — 예 은우는 친구에게 쪽지를 썼다.
(2) 표현 — 예 동생이 방귀를 뀌고는 그 소리를 '뿡' 하고 말로 표현했다.

40쪽 41쪽

국어 주제 07 문장 부호에는 무엇이 있을까?

마침표가 가장 먼저 큰 소리로 말했어요. "나는 문장의 끝을 알려 주니까 가장 중요해!"라고 했어요.

마침표 — 마침, 標 표 표

물음표는 "내가 없으면, 이 문장이 물어보는 문장인지 알 수 없어!"라고 말했어요.

물음표 — 물음, 標 표 표

부호 — 符 부신 부, 號 부르짖을 호

달빛이 비추는 어느 날 밤, 동화책에서 튀어나온 문장 **부호**들이 하나둘 모여 서로 말하기 시작했어요.

느낌, 標 표 표

느낌표

느낌표는 "나는 감탄과 감정을 표현하거나 중요한 걸 강조할 때 쓰며, 사람을 부를 때도 써!"라고 외쳤어요.

쉼표 — 쉼, 標 표 표

쉼표는 "난 여러 가지를 하나씩 쓸 때, 문장을 연결할 때, 문장을 읽다가 쉬어야 할 때 사용해!"라고 말했지요.

정답 및 해설 11쪽

다음 글을 읽으며, 빈칸에 들어갈 낱말을 따라 써 보세요.

문장 (1) **부호**을 쓸 때 중요한 역할을 해요. 여러 가지 부호를 사용하면 문장을 쉽게 이해하고, 문장의 의미를 확실하게 나타낼 수 있어요.

예를 들어, '안녕'이라는 말 뒤에 문장 부호가 없으면, 이 말이 정확히 어떤 의미로 사용되었는지 알기 어려워요. 하지만 '안녕!'이라고 (2) **느낌표**면, 강한 감정을 담았다는 것을 알 수 있어요. '안녕?'이라고 (3) **물음표**면, 상대방이 잘 지내는지 물어보는 의미가 돼요. '안녕.'이라고 (4) **마침표**면 평범하게 인사하는 말로 문장을 마무리할 수 있어요. '안녕,'이라고 (5) **쉼표**이면 뒤에 다른 말을 덧붙일 것이라는 것을 알 수 있어요. 이처럼 문장 부호는 글의 뜻을 더 명확하게 나타내고, 문장에서 다양한 감정을 표현하는 데 도움을 줘요.

낱말밭 사전

확인☑

* **부호** 일정한 뜻을 나타내기 위하여 따로 정하여 쓰는 기호. ☐
* **마침표** 설명, 명령하거나 권하는 문장의 끝에 쓰는 문장 부호로, '.'의 이름. ☐
* **물음표** 물어보는 문장의 끝에 쓰는 문장 부호로, '?'의 이름. ☐
* **느낌표** 감탄을 나타내는 문장의 끝이나 강한 느낌을 나타낼 때 쓰는 문장 부호로, '!'의 이름. ☐
* **쉼표** 두 문장을 연결할 때나 여러 가지를 늘어놓을 때, 문장에서 짧게 쉬는 부분을 나타낼 때 쓰는 문장 부호로, ','의 이름. ☐

국어 주제 07 낱말밭 일일학습

정답 및 해설 11쪽

1단계 확인과 적용

01 다음 낱말의 뜻으로 알맞은 것을 보기에서 찾아 기호를 쓰세요.

보기
㉠ 물어보는 문장의 끝에 쓰는 문장 부호로, '?'의 이름.
㉡ 일정한 뜻을 나타내기 위하여 따로 정하여 쓰는 기호.
㉢ 설명, 명령하거나 권하는 문장의 끝에 쓰는 문장 부호로, '.'의 이름.

(1) 부호 (㉡) (2) 마침표 (㉢) (3) 물음표 (㉠)

02 다음 첫 자음자를 보고, 빈칸에 들어갈 알맞은 낱말을 쓰세요.

(1) ㅁ ㅇ ㅍ
찬우는 문제의 정답을 묻는 문장에 (물음표)을/를 붙였다.

(2) ㅁ ㅊ ㅍ
나는 편지를 끝내는 마지막 문장에 (마침표)을/를 찍었다.

(3) ㄴ ㄲ ㅍ
민지는 기쁜 소식을 전하면서 문장 끝에 (느낌표)을/를 썼다.

03 다음 중 '쉼표'를 바르게 사용한 문장을 찾아 ○표 하세요.

① 나는 쉼표를 사용하여 문장을 읽기 쉽게 나누었다. (○)
② 윤후는 깜짝 놀란 것을 표현하는 문장에 쉼표를 썼다. ( )

해설 ②에는 '쉼표' 대신에 '감탄을 나타내는 문장의 끝이나 강한 느낌을 나타낼 때 쓰는 문장 부호.'라는 뜻의 '느낌표'가 들어가야 알맞습니다.

04 다음 밑줄 친 낱말과 바꾸어 쓸 수 있는 낱말로 알맞은 것은 무엇인가요? (①)

음악 악보에는 각 음의 높이를 나타내는 기호가 있다.

① 부호 ② 쉼표 ③ 느낌표 ④ 마침표 ⑤ 물음표

해설 '기호'는 '일정한 뜻을 나타내기 위하여 따로 정하여 쓰는 기호.'라는 뜻의 '부호'와 바꾸어 쓸 수 있습니다.

05 다음 밑줄 친 낱말과 같은 낱말이 들어갈 문장에 ○표 하세요.

나는 문장에 물음표가 없어서 질문을 하고 있는지 몰랐다.

① 나는 문장 끝에 ☐을/를 넣어서 강한 감정을 표현했다. ( )
② 현아는 '내일 뭐 해'라는 문장에 ☐을/를 써서 민서에게 물어봤다. (○)

해설 ①에는 '감탄을 나타내는 문장의 끝이나 강한 느낌을 나타낼 때 쓰는 문장 부호.'라는 뜻의 '느낌표'가 들어가야 알맞습니다.

06 다음 빈칸에 공통으로 들어갈 낱말로 알맞은 것은 무엇인가요? (③)

☐의 쓰임은 다양해요. 비슷한 내용을 이어서 쓸 때 사용하고, 누군가를 부르거나 대답하는 말 뒤에도 써요. 한 문장에서 같은 말이 반복될 때도 사용하지요. 또, 긴 문장을 짧게 끊어 읽거나, 글에서 말을 더듬는 것을 표현할 때도 사용해요. 이처럼 ☐은/는 여러 가지 상황에서 사용되며, 글을 읽는 사람이 문장의 의미를 정확하게 이해할 수 있도록 도와주는 역할을 해요.

① 모양 ② 소리 ③ 쉼표 ④ 느낌표 ⑤ 마침표

2단계 활용

07 다음 보기와 같이 주어진 낱말을 넣어 짧은 문장을 만들어 쓰세요.

보기
마침표
설명하는 문장 끝에는 마침표를 써야 한다.

(1) 부호
예 나와 동생은 편지에 둘만 알 수 있는 부호를 만들어서 썼다.

(2) 느낌표
예 삼촌은 감동적인 순간을 표현하기 위해서 '와' 뒤에 느낌표를 넣었다.

46쪽 / 47쪽

공부한 날짜 월 일

정답 및 해설 12쪽

국어 주제 08 일기에는 어떤 내용이 들어갈까?

낱말밭

소민이는 일기를 쓰기 전에 달력을 보고 오늘이 무슨 요일인지 확인했어요. 오늘은 수요일이었어요.

요일

曜 빛날 요, 日 날 일

소민이는 오늘의 날씨를 떠올렸어요. 창밖에 바람이 세게 불고 있었던 장면이 생각났어요.

날씨

일기 日 날 일, 記 기록할 기

소민이는 오늘 학교에서 있었던 여러 가지 일을 떠올렸어요. 그중에서 가장 기억에 남는 일로 일기를 쓰기로 했어요.

題 제목 제, 目 눈 목

제목

소민이는 오늘 점심시간에 운동장에서 바람개비를 돌리며 놀았어요. 그래서 일기의 제목을 '빙글빙글 바람개비'라고 정했어요.

내용 內 안 내, 容 얼굴 용

일기에는 '오늘은 바람이 부는 수요일, 학교 운동장에서 바람개비를 돌리며 뛰어 놀았다.'라는 내용을 적었어요.

다음 글을 읽으며, 빈칸에 들어갈 낱말을 따라 써 보세요.

(1) 일기 는 하루 동안 있었던 일이나 느낀 점을 기록하는 글이에요. 일기를 쓸 때는 먼저 오늘의 정확한 날짜와 (2) 요일 을 써야 해요. 몇 년, 몇 월, 며칠인지와 무슨 요일인지도 써야 하지요. 그리고 그날의 (3) 날씨 를 적어요. 날씨가 맑았는지, 흐렸는지, 비나 눈이 내렸는지, 바람이 많이 불었는지 등을 써요.

그다음에는 그날 있었던 일을 잘 나타낼 수 있는 (4) 제목 을 정해요. 마지막으로 하루 동안 있었던 일들을 정리해서 써요. 이때 어떤 일이 있었는지, 그 일을 통해 무엇을 느꼈는지를 생각해 보면서 (5) 내용 을 써 나가요.

일기를 쓰는 것은 하루 동안 일어난 일들의 의미를 되새기고 자신의 감정을 정리하는 좋은 방법이에요. 또, 내가 겪었던 일을 나중에 다시 기억할 수 있는 소중한 자료가 되기도 해요.

낱말밭 사전 확인

* 일기 날마다 그날그날 겪은 일이나 생각, 느낌 등을 적는 개인의 기록.
* 요일 일주일의 각 날을 이르는 말.
* 날씨 그날그날의 비, 구름, 바람, 기온 등이 나타나는 기상 상태.
* 제목 작품이나 글 등에서 그것을 대표하거나 내용을 알리기 위하여 붙이는 이름.
* 내용 말, 글, 그림 등의 모든 매체 속에 들어 있는 것. 또는 그런 것들로 전하고자 하는 것.

46쪽 47쪽

48쪽 / 49쪽

정답 및 해설 12쪽

국어 주제 08 낱말밭 일일학습

1단계 확인과 적용

01 다음 낱말의 뜻으로 알맞은 것을 찾아 선으로 이으세요.

(1) 날씨 — ㉡ 그날그날의 비, 구름, 바람, 기온 등이 나타나는 기상 상태.
(2) 요일 — ㉠ 일주일의 각 날을 이르는 말.
(3) 일기 — ㉢ 날마다 그날그날 겪은 일이나 생각, 느낌 등을 적는 개인의 기록.

02 다음 빈칸에 들어갈 낱말을 보기에 있는 글자 카드로 만들어 쓰세요.

보기: 목 용 내 제 일 요

(1) 준호는 학교 시간표가 (요일)마다 달라서 헷갈렸다.
(2) 영지가 본 영화는 우주에서 외계인을 만나는 (내용)이었다.
(3) 나는 노래 가사를 듣자마자 노래의 (제목)을/를 기억해 냈다.

03 다음 문장에 어울리는 낱말을 찾아 ○표 하세요.

(1) 나는 요즘 특별한 날에만 공책에 (일기(○), 제목)을/를 쓴다.
(2) 오늘은 시원한 바람이 불어서 운동하기 좋은 (날씨(○), 요일)이다.

04 다음 빈칸에 들어갈 낱말로 알맞은 것은 무엇인가요? (②)

나는 이 글의 ____을/를 정확히 이해하지 못했다.

① 날씨 ② 내용 ③ 부호 ④ 요일 ⑤ 일기

해설 빈칸에는 '말, 글, 그림 등의 모든 매체 속에 들어 있는 것. 또는 그런 것들로 전하고자 하는 것'이라는 뜻의 '② 내용'이 들어가야 알맞습니다.

해설 이 글은 서윤이가 학교 그림 전시회에 그림을 전시한 내용입니다. 빈칸에는 '작품이나 글 등에서 그것을 대표하거나 내용을 알리기 위하여 붙이는 이름.'이라는 뜻의 '제목'이 들어가야 알맞습니다.

05 다음 빈칸에 들어갈 낱말로 알맞은 것을 찾아 ○표 하세요.

서윤이는 학교에서 그림 전시회를 한다는 소식을 들었어요. 서윤이는 가족과 나들이하러 갔던 기억을 떠올리며 그날의 풍경을 그리기로 했어요. 그림에는 따뜻한 햇살 아래에서 가족과 함께 도시락을 먹는 장면이 담겨 있어요. 서윤이의 그림은 '행복한 오후'라는 ____으로 전시되었어요.

(내용 , 제목(○))

06 다음 ㉠과 ㉡에 들어갈 알맞은 낱말을 보기에서 찾아 쓰세요.

보기: 날씨 요일 일기

오늘 아침부터 바람이 강하게 불고 비가 많이 내렸어요. 정우는 걱정이 되어 어머니와 함께 뉴스를 보았어요. 뉴스에서는 태풍이 오고 있어서 내일까지 ㉠ 이/가 나쁠 거라고 했어요. 비바람은 저녁이 되어도 그치지 않았어요. 잠들기 전에 정우는 태풍이 빨리 지나가기를 바라는 마음을 담아 공책에 ㉡ 을/를 썼어요.

(1) ㉠: (날씨) (2) ㉡: (일기)

해설 이 글은 태풍이 온 것을 걱정하는 지후에 대한 내용을 담고 있습니다. ㉠에는 '날씨'가, ㉡에는 '일기'가 들어가야 알맞습니다.

2단계 활용

07 다음 문장의 빈칸에 들어갈 낱말을 보기에서 찾아 쓰고, 완성된 문장을 그대로 따라 써 보세요.

보기: 내용 요일 일기 제목

(1) 관객들은 연극을 보면서 (내용)이/가 재미있어서 크게 웃었다.
관객들은 연극을 보면서 내용이 재미있어서 크게 웃었다.

(2) 간호사는 환자에게 일주일 중 어느 (요일)에 진료를 받겠냐고 물었다.
간호사는 환자에게 일주일 중 어느 요일에 진료를 받겠냐고 물었다.

48쪽 49쪽

국어 주제 05~08 낱말밭 주간학습

정답 및 해설 13쪽

01 다음 빈칸에 들어갈 낱말을 보기에서 찾아 쓰세요.

보기: 시간 어제 제목

(1) 규호가 (어제) 보낸 택배가 오늘 집에 도착했다.
(2) 그 기차는 출발 (시간)이/가 되자 곧바로 떠났다.
(3) 나는 신문 기사의 (제목)만 읽고도 내용을 알 수 있었다.

02 다음 첫 자음자를 보고, 빈칸에 들어갈 알맞은 낱말을 쓰세요.

(1) ㄴ ㅇ
나는 오늘은 바빠서 (내일)부터 운동을 시작하기로 했다.

(2) ㅍ ㅎ
영은이는 선생님께 고마움을 (표현)하기 위해 편지를 썼다.

03 다음 밑줄 친 낱말을 바르게 사용하여 말한 친구의 이름을 쓰세요.

윤정: 나는 오늘이 무슨 날씨인지 알기 위해 달력을 봤어.
재민: 나는 할머니께서 들려주신 옛날이야기의 내용이 너무 슬퍼서 눈물이 흘렀어.

(재민)

해설 윤정이는 자신이 달력을 보고 요일을 확인한 일을 말하고 있습니다. 그러므로 '날씨' 대신에 '요일'을 사용해야 합니다.

04 다음 문장에 어울리는 낱말을 찾아 ○표 하세요.

(1) 나는 일기를 (쓰다 , 읽다)가 손목이 아파서 잠시 멈췄다.
(2) 선재는 문장에 (쉼표 , 물음표)를 사용하여 과일의 이름을 차례대로 적었다.

05 다음 ㉠~㉢ 중에서 뜻이 알맞게 쓰인 낱말을 찾아 기호를 쓰세요.

학교 게시판은 학생과 선생님이 알아야 할 일들을 담은 안내문을 ㉠만들어 붙여 놓는 곳이에요. 안내문에는 체육 대회 등의 학교 행사, 중요한 소식 등 학교와 관련된 ㉡날씨가 적혀 있어요. 그래서 학생들과 선생님들은 이 글을 ㉢쓰고 학교에서 일어나는 일을 쉽게 알 수 있지요. 예를 들어, 게시판에서 체육 대회 날짜를 확인할 수 있어요.

(㉠)

해설 학교 게시판은 안내문을 붙여 놓는 곳이고, 안내문은 학교에 관련된 정보가 담기도록 만들어진 종이입니다. 그러므로 '㉠ 만들어'가 알맞게 쓰였습니다. ㉡에는 '내용'이, ㉢에는 '읽고'가 들어가야 알맞습니다.

06 다음 빈칸에 들어갈 알맞은 낱말을 보기에서 찾아 쓰세요.

보기: 내용 부호 제목

큰따옴표(" ")는 다른 사람이 한 말을 적을 때 사용하는 문장 [ ]예요. 예를 들어 "오늘은 날씨가 좋네요."처럼 누군가가 한 말을 직접 옮겨 적는 문장에 쓰여요. 이처럼 큰따옴표를 사용하면 누가, 무엇을 말했는지 쉽게 알 수 있어요.

(부호)

07 다음 빈칸에 공통으로 들어갈 낱말로 알맞은 것은 무엇인가요? (④)

[ ] 밤에 지후는 이를 닦다가 앞니가 흔들리는 것을 발견했어요. 새 이가 나려는 것 같았지만, 치과에 가는 것이 너무 무서웠어요. 다음 날 아침, 지후는 가족들과 밥을 먹는데, 앞니가 계속 흔들려서 음식을 잘 씹지 못했어요. 그 모습을 본 어머니께서 지후에게 이가 아프냐고 물어보셨어요. 그래서 지후는 [ ]부터 이가 흔들린다고 대답했고, 결국 치과에 가기로 했어요.

① 내일 ② 모레 ③ 시간 ④ 어제 ⑤ 오늘

해설 이 글의 문맥상 '다음 날 아침'이라는 내용을 통해 빈칸에는 '④ 어제'가 들어가야 알맞습니다.

[08~10] 다음 글을 읽고, 물음에 답하세요.

제2차 세계 대전 때, 네덜란드의 암스테르담에 안네 프랑크라는 유대인 소녀가 살았어요. 안네는 13살 생일 선물로 일기장을 받았어요. 그녀는 일기장에 '키티'라는 이름을 붙여 주고, 2년이 넘는 시간 동안 자신에게 일어난 일을 썼어요. 일기장에는 전쟁 중에 가족과 함께 숨어 지내며 겪는 어려움과 여러 가지 일에 대한 내용을 적었지요.

안네의 일기를 [㉠], 전쟁이라는 무서운 상황 속에서도 그녀의 밝은 성격과 강한 마음을 느낄 수 있어요. 안네는 작은 일에도 기뻐했고, 친구들과의 추억을 소중히 생각했어요. 그리고 매일 희망을 잃지 않으려 했지요. 하지만 1944년, 안네와 가족이 숨어 지내던 곳을 나치에게 들켜, 결국 그들은 잡혀갔어요. 그 후 안네는 병에 걸려 사망했고, 안네의 아버지는 딸의 일기를 책으로 만들어 세상에 알렸어요.

08 다음 뜻을 가진 낱말을 윗글에서 찾아 두 글자로 쓰세요.

말, 글, 그림 등의 모든 매체 속에 들어 있는 것. 또는 그런 것들로 전하고자 하는 것.

(내용)

09 ㉠에 들어갈 낱말로 알맞은 것은 무엇인가요? (④)

① 쓰면 ② 그리면 ③ 만들면 ④ 읽으면 ⑤ 표현하면

해설 ㉠이 들어간 문장은 안네의 일기를 읽고 나서 느낄 수 있는 것에 대한 내용이므로, ㉠에는 '④ 읽으면'이 들어가야 합니다.

10 다음은 윗글의 제목입니다. 빈칸에 들어갈 낱말로 알맞은 것은 무엇인가요? (⑤)

안네의 [ ]

① 감정 ② 모양 ③ 시간 ④ 오늘 ⑤ 일기

디지털 속 한 문장

정답 및 해설 13쪽

다음을 보고, 날씨라는 낱말을 넣어 ㉠에 들어갈 대화 글을 써 보세요.

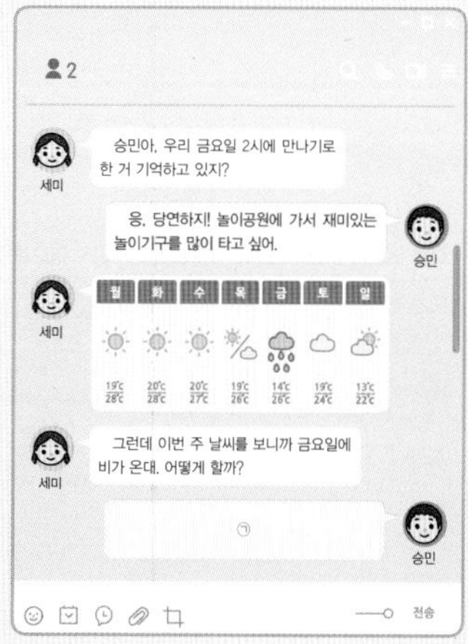

예 세미야, 우리 비가 내리지 않는 날에 만나자. 해가 적당히 가려진 일요일 날씨가 놀이공원에 가기 좋을 것 같아.

사회 주제 정답 및 해설

56쪽 / 57쪽

공부한 날짜 월 일

정답 및 해설 14쪽

사회 주제 01 나의 가족을 어떤 말로 부를까?

낱말밭

영지와 영지의 여동생은 사이가 좋은 자매예요. 나도 언니나 여동생이 있으면 좋겠다고 생각했어요.

자매

姉 누이 자, 妹 손아랫 누이 매

나는 남매였어도 좋았을 것 같아요. 오빠가 있으면 든든할 것 같고, 남동생은 귀여울 것 같아요.

남매

男 사내 남, 妹 손아랫 누이 매

나

나는 놀이터에서 친구 영지를 만났어요. 영지와 영지의 동생이 사이좋게 그네를 타고 있는 모습이 부러웠어요.

父 아버지 부, 母 어머니 모

부모

나는 아버지와 어머니께 오빠나 언니, 동생을 갖고 싶다고 말했어요. 부모님께서는 내 말을 듣고 고민하셨지요.

형제

兄 형 형, 弟 아우 제

어느 날, 부모님께서 강아지 두 마리를 데려오셨어요. 나는 강아지 형제를 동생처럼 생각하며 지내기로 했어요.

다음 글을 읽으며, 빈칸에 들어갈 낱말을 따라 써 보세요.

가족을 부르는 말에는 여러 가지가 있는데, 이 말들은 (1) 나 중심으로 만들어져요. 나의 (2) 부모 의 '아버지'와 '어머니'에요. '아빠'와 '엄마'라고 부르기도 해요. 나의 (3) 형제 와 같은 성별일 경우 여자들끼리는 (4) 자매 하며 나이가 많은 사람을 '언니', 나이가 적은 사람을 '여동생'이라고 불러요. 그리고 남자들끼리는 형제라고 하며 나이가 많은 사람을 '형', 나이가 적은 사람을 '남동생'이라고 해요.

형제자매가 나와 다른 성별일 경우에는 (5) 남매 불러요. 내가 여자일 때 나보다 나이가 많은 남자 형제를 '오빠'라고 부르고, 내가 남자일 때 나보다 나이가 많은 여자 형제를 '누나'라고 해요. 나보다 나이가 적은 여자 형제는 '여동생', 남자 형제는 '남동생'이고, 둘을 함께 '동생'이라고 부를 수 있어요. 우리는 이러한 말을 통해 가족의 관계를 쉽게 알 수 있어요.

낱말밭 사전 확인

* 나 남이 아닌 자기 자신.
* 자매 언니와 여동생을 함께 이르는 말.
* 남매 오빠와 누이 또는 누나와 남동생을 함께 이르는 말.
* 부모 아버지와 어머니를 함께 이르는 말.
* 형제 ① 형과 아우를 함께 이르는 말. ② 형제와 자매, 남매를 통틀어 이르는 말.

56쪽 57쪽

58쪽 / 59쪽

정답 및 해설 14쪽

사회 주제 01 낱말밭 일일학습

1단계 확인과 적용

01 다음 뜻을 가진 낱말을 보기에서 찾아 쓰세요.

보기: 나 부모 형제

(1) 남이 아닌 자기 자신. (나)
(2) 형과 아우를 함께 이르는 말. (형제)
(3) 아버지와 어머니를 함께 이르는 말. (부모)

02 다음 문장의 빈칸에 들어갈 낱말을 찾아 선으로 이으세요.

(1) 정훈이와 그의 누나는 ___지만 성격이 다르다. — ㉠ 남매
(2) 사람들은 언니와 나를 친구 같은 ___라고 부른다. — ㉡ 자매
(3) 형과 나는 힘들 때 서로의 힘이 되어 주는 ___이다. — ㉢ 형제

03 다음 중 밑줄 친 낱말이 바르게 사용된 것을 찾아 ○표 하세요.

① 어버이날에는 형제에게 감사의 인사를 한다. ( )
② 나와 오빠는 가끔 싸우지만 사이좋은 남매이다. (○)

해설 어버이날은 낳아 주시고 길러 주신 아버지와 어머니의 사랑을 기념하는 날입니다. 그러므로 ①에는 '형제' 대신에 '부모'가 쓰여야 합니다.

04 다음 빈칸에 들어갈 낱말로 알맞은 것은 무엇인가요? (①)

나의 누나는 ___보다 일곱 살이나 많다.

① 나 ② 남매 ③ 부모 ④ 자매 ⑤ 형제

05 다음 ㉠과 ㉡에 들어갈 알맞은 낱말을 보기에서 찾아 쓰세요.

보기: 남매 자매

쌍둥이는 한 어머니에게서 한꺼번에 태어난 두 아이를 말해요. 쌍둥이는 둘 다 남자여서 형제가 되거나, 둘 다 여자여서 ㉠ 가 될 수 있어요. 또, 한 명은 남자, 한 명은 여자여서 ㉡ 가 될 수도 있지요.

(1) ㉠: (자매) (2) ㉡: (남매)

해설 형제끼리 성별이 같을 때 남자는 '형제', 여자는 '자매'라고 합니다. 그러므로 ㉠에는 '자매'가 들어가야 합니다. 형제끼리 성별이 다를 때는 '남매'라고 합니다. 그러므로 ㉡에는 '남매'가 들어가야 합니다.

06 다음 빈칸에 공통으로 들어갈 낱말로 알맞은 것을 찾아 ○표 하세요.

___의 행동은 자식에게 큰 영향을 줘요. ___가 좋은 모습을 보여 주면 아이는 기쁜 감정을 느껴서 좋은 행동을 하지만, 나쁜 행동을 보여 주면 아이는 무섭거나 불안한 감정을 느껴서 나쁜 행동을 할 수 있어요. 그러므로 ___는 자신의 행동이 자식에게 어떤 영향을 주는지 생각하고 행동해야 해요.

((부모), 형제)

해설 이 글은 부모의 행동이 자식에게 미치는 영향에 관한 내용입니다. 그러므로 빈칸에 공통으로 '부모'가 들어가야 알맞습니다.

2단계 활용

07 다음 보기와 같이 주어진 낱말을 넣어 짧은 문장을 만들어 쓰세요.

보기: 자매
선생님은 두 여학생이 매일 붙어 다녀서 두 사람이 자매인 줄 알았다.

(1) 나
예 나는 수학은 못해도, 체육은 정말 잘한다.

(2) 형제
예 아버지는 세 형제 중 막내이다.

58쪽 59쪽

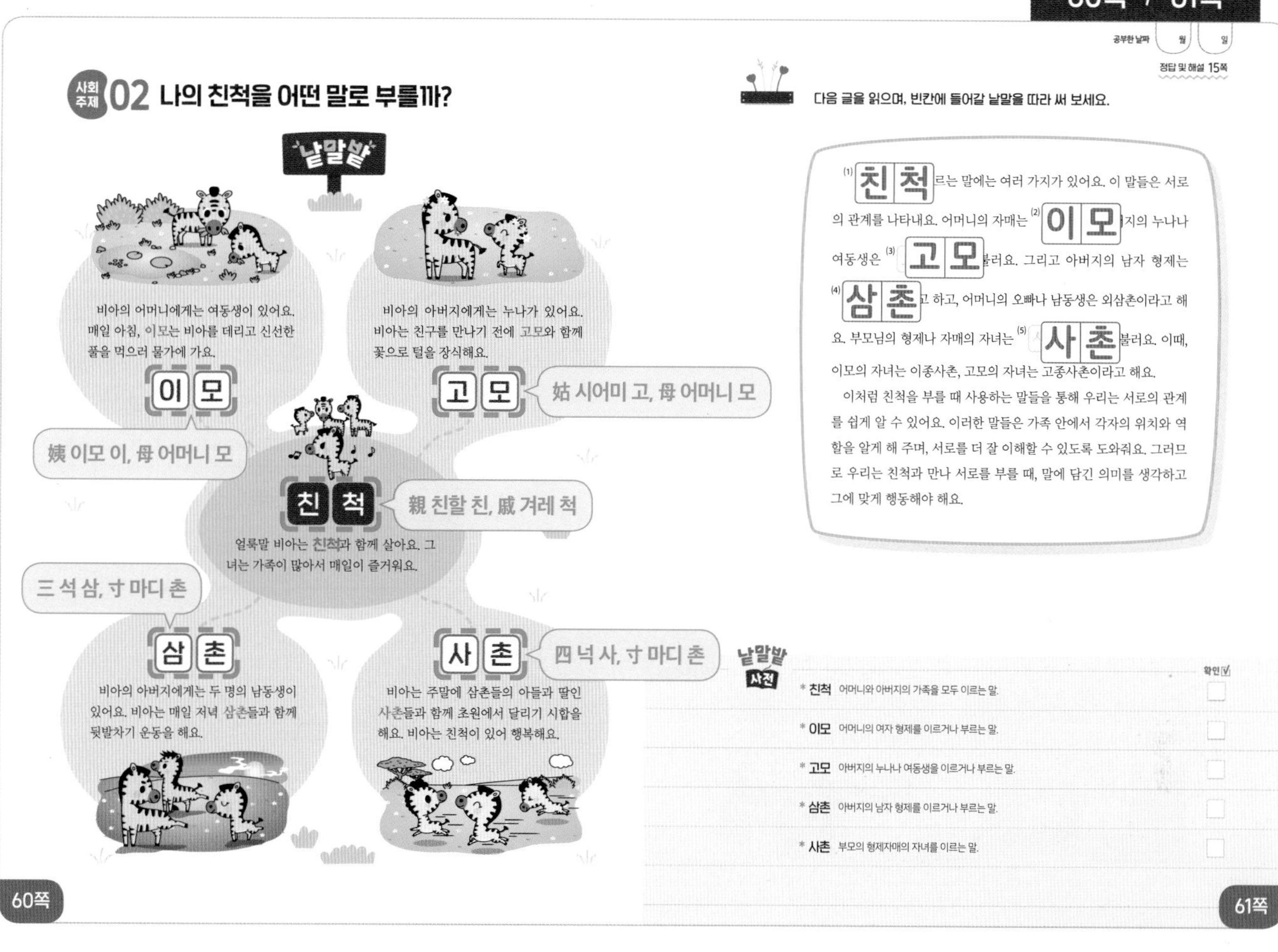

공부한 날짜 월 일

정답 및 해설 15쪽

다음 글을 읽으며, 빈칸에 들어갈 낱말을 따라 써 보세요.

(1) 친척 (이라고 부)르는 말에는 여러 가지가 있어요. 이 말들은 서로의 관계를 나타내요. 어머니의 자매는 (2) 이모, 아버지의 누나나 여동생은 (3) 고모라고 불러요. 그리고 아버지의 남자 형제는 (4) 삼촌이라고 하고, 어머니의 오빠나 남동생은 외삼촌이라고 해요. 부모님의 형제나 자매의 자녀는 (5) 사촌이라고 불러요. 이때, 이모의 자녀는 이종사촌, 고모의 자녀는 고종사촌이라고 해요.

이처럼 친척을 부를 때 사용하는 말들을 통해 우리는 서로의 관계를 쉽게 알 수 있어요. 이러한 말들은 가족 안에서 각자의 위치와 역할을 알게 해 주며, 서로를 더 잘 이해할 수 있도록 도와줘요. 그러므로 우리는 친척과 만나 서로를 부를 때, 말에 담긴 의미를 생각하고 그에 맞게 행동해야 해요.

낱말밭 사전 확인☑

* **친척** 어머니와 아버지의 가족을 모두 이르는 말. ☐
* **이모** 어머니의 여자 형제를 이르거나 부르는 말. ☐
* **고모** 아버지의 누나나 여동생을 이르거나 부르는 말. ☐
* **삼촌** 아버지의 남자 형제를 이르거나 부르는 말. ☐
* **사촌** 부모의 형제자매의 자녀를 이르는 말. ☐

61쪽

사회 주제 02 낱말밭 일일학습

정답 및 해설 15쪽

1단계 확인과 적용

01 다음 낱말의 뜻으로 알맞은 것을 보기에서 찾아 기호를 쓰세요.

보기
㉠ 부모의 형제자매의 자녀를 이르는 말.
㉡ 아버지의 남자 형제를 이르거나 부르는 말.
㉢ 아버지의 누나나 여동생을 이르거나 부르는 말.

(1) 고모 (㉢) (2) 사촌 (㉠) (3) 삼촌 (㉡)

02 다음 밑줄 친 낱말의 뜻으로 알맞은 것을 찾아 ○표 하세요.

어머니의 고향인 부산에 가면 친척을 많이 만날 수 있다.

① 어머니와 아버지의 가족을 모두 이르는 말. (○)
② 어머니의 여자 형제를 이르거나 부르는 말. ( )

해설 ②는 '이모'의 뜻입니다.

03 다음 첫 자음자를 보고, 빈칸에 들어갈 알맞은 낱말을 쓰세요.

(1) ㄱ ㅁ
아버지는 여자 형제가 없어서 나는 (고모)이/가 없다.

(2) ㅇ ㅁ
(이모)은/는 어머니보다 열 살이 많은, 어머니의 언니이다.

04 다음 빈칸에 들어갈 낱말로 알맞은 것은 무엇인가요? (③)

아버지의 남자 형제인 ☐은/는 외국에 살고 있다.

① 고모 ② 남매 ③ 삼촌 ④ 이모 ⑤ 자매

해설 '아버지의 남자 형제를 이르거나 부르는 말.'은 ③ 삼촌'입니다.

62쪽

05 다음 밑줄 친 낱말과 같은 낱말이 들어갈 문장에 ○표 하세요.

우리 가족은 새해가 되면 친척 어른을 만나 새해 인사를 한다.

① 아버지의 누나인 ☐은/는 키가 컸다. ( )
② 진주는 삼촌의 딸인 ☐와/과 자매처럼 지낸다. ( )
③ 할아버지 생신을 축하하기 위해 ☐이/가 모두 모였다. (○)

해설 밑줄 친 '친척'은 '어머니와 아버지의 가족을 모두 이르는 말.'입니다. 그러므로 ③에 들어가야 알맞습니다. ①에는 '고모'가, ②에는 '사촌'이 들어가야 합니다.

06 다음 빈칸에 공통으로 들어갈 낱말로 알맞은 것은 무엇인가요? (④)

수업 시간에 세아는 가족 소개 카드를 만들었어요. 세아는 엄마의 여동생인 ☐을/를 소개하기로 했어요. 세아의 ☐은/는 태권도 선수로, 올림픽에서 금메달을 딴 자랑스러운 분이에요. 세아는 ☐이/가 태권도 경기를 하는 모습을 그림으로 그리고, 카드로 예쁘게 꾸몄어요.

① 고모 ② 부모 ③ 사촌 ④ 이모 ⑤ 자매

2단계 활용

07 다음 문장의 빈칸에 들어갈 낱말을 보기에서 찾아 쓰고, 완성된 문장을 그대로 따라 써 보세요.

보기
고모 사촌 삼촌 친척

(1) 나는 이모의 아들인 (사촌)와/과 같은 학교에 다닌다.
나는 이모의 아들인 사촌과 같은 학교에 다닌다.

(2) 나는 아버지의 남동생인 (삼촌)의 결혼식에서 노래를 불렀다.
나는 아버지의 남동생인 삼촌의 결혼식에서 노래를 불렀다.

63쪽

64쪽 / 65쪽

공부한 날짜 월 일

정답 및 해설 16쪽

사회 주제 03 우리 학교에는 어떤 곳이 있을까?

낱말밭

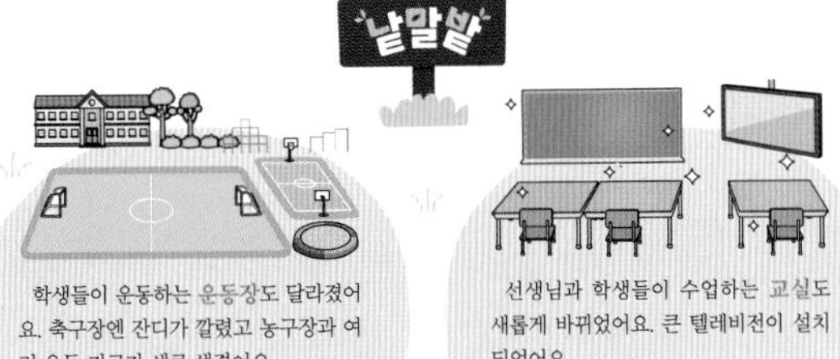

학생들이 운동하는 운동장도 달라졌어요. 축구장엔 잔디가 깔렸고 농구장과 여러 운동 기구가 새로 생겼어요.

운동장

運 운전할 운, 動 움직일 동, 場 마당 장

선생님과 학생들이 수업하는 교실도 새롭게 바뀌었어요. 큰 텔레비전이 설치되었어요.

교실

敎 가르칠 교, 室 집 실

학교

學 배울 학, 校 학교 교

승우가 다니는 학교는 이번 여름방학 동안 공사를 했어요. 그래서 학교가 예전과 많이 달라졌지요.

보건실

保 보전할 보, 健 굳셀 건, 室 집 실

보건실에는 커다란 진열장이 놓여 약이 정리되어 있었고, 침대를 가려 주는 커튼이 새로 달렸어요.

교무실

敎 가르칠 교, 務 힘쓸 무, 室 집 실

선생님들이 일하는 교무실도 더 넓어졌어요. 승우는 새로워진 학교가 정말 마음에 들었어요.

다음 글을 읽으며, 빈칸에 들어갈 낱말을 따라 써 보세요.

(1) 학교 는 학생들이 하루의 많은 시간을 보내는 장소예요. 학교에는 학생들의 학교생활을 더욱 즐겁고 의미 있게 만들어 주는 여러 공간들이 있어요.

먼저, 선생님과 학생들은 (2) 교실 에서 함께 수업을 해요. 선생님께서는 국어, 수학, 사회 등 여러 과목을 가르치시고, 학생들은 그 과목들을 배우며 익혀요. (3) 운동장 은 움직이며 활동할 수 있는 공간이에요. 학생들은 체육 시간이나 쉬는 시간, 점심시간에 운동장에서 친구들과 함께 뛰어놀아요. (4) 보건실 은 학생들이 휴식을 취하거나 간단한 치료를 받을 수 있는 곳이에요. 몸이 아프면 선생님이나 학생들은 보건실에 가서 도움을 받을 수 있어요. 선생님들은 (5) 교무실 에서 다양한 업무를 처리해요. 이 외에도 학교에는 학생들이 책을 읽을 수 있는 도서실, 점심을 먹는 급식실, 고민을 나눌 수 있는 상담실 등이 있어요.

	확인
* 학교 선생님이 교과 과정 등을 통해 학생들을 가르치는 교육 기관.	☐
* 운동장 운동이나 놀이 등을 할 수 있도록 여러 가지 기구를 갖춘 넓은 마당.	☐
* 교실 유치원, 초등학교, 중학교, 고등학교에서 학습 활동이 이루어지는 방.	☐
* 보건실 학교에서 학생이나 선생님의 건강과 위생에 관한 일을 담당하는 곳.	☐
* 교무실 선생님이 수업을 준비하거나 여러 가지 학교 일을 맡아보는 곳.	☐

64쪽 65쪽

66쪽 / 67쪽

정답 및 해설 16쪽

사회 주제 03 낱말밭 일일학습

1단계 확인과 적용

01 다음 낱말의 뜻으로 알맞은 것을 찾아 선으로 이으세요.

(1) 교실 — ㉢ 유치원, 초등학교, 중학교, 고등학교에서 학습 활동이 이루어지는 방.
(2) 학교 — ㉠ 선생님이 교과 과정 등을 통해 학생들을 가르치는 교육 기관.
(3) 교무실 — ㉡ 선생님이 수업을 준비하거나 여러 가지 학교 일을 맡아보는 곳.

02 다음 빈칸에 들어갈 낱말을 보기에서 찾아 쓰세요.

보기: 교무실 보건실 운동장

(1) 선생님은 (교무실)에서 만들기 수업을 준비했다.
(2) 우리 반과 옆 반은 야구 시합을 하기 위해 (운동장)에 모였다.
(3) (보건실)에는 학생들이 아플 때 필요한 약과 치료 도구가 준비되어 있다.

해설 선생님이 학생들에게 수업하는 곳은 '교실'입니다. 그러므로 ①의 밑줄 친 부분에는 '보건실' 대신 '교실'이 들어가야 합니다.

03 다음 밑줄 친 낱말이 바르게 사용된 것을 찾아 ○표 하세요.

① 선생님이 보건실에서 학생들에게 수학을 가르쳤다. ( )
② 나는 학교에서 학생들을 가르치는 선생님이 되고 싶다. (○)

04 다음 중 밑줄 친 낱말을 바르게 사용하여 말한 친구의 이름을 쓰세요.

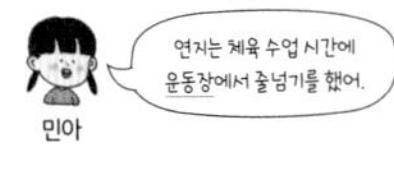

(민아)

해설 하준이는 민호가 학교 수업 시간에 손을 다쳐서 치료하러 간 일에 대해 말하고 있습니다. 그러므로 밑줄 친 부분에는 '교무실' 대신에 '보건실'이 들어가야 알맞습니다.

해설 이 글의 빈칸에는 '선생님이 수업을 준비하거나 여러 가지 일을 맡아보는 곳.'이라는 뜻의 '③ 교무실'이 들어가야 알맞습니다.

05 다음 빈칸에 들어갈 낱말로 알맞은 것은 무엇인가요? (③)

☐은/는 선생님들이 여러 가지 일을 하는 곳이에요. 여기에서 선생님들은 수업을 준비하거나 서로의 일을 도와요. 또, 학생들의 생활을 더 좋게 만들기 위해 이야기를 나눠요.

① 교실 ② 학교 ③ 교무실 ④ 보건실 ⑤ 운동장

06 다음 밑줄 친 낱말의 뜻으로 알맞은 것을 보기에서 찾아 기호를 쓰세요.

보기
㉠ 선생님이 교과 과정 등을 통해 학생들을 가르치는 교육 기관.
㉡ 유치원, 초등학교, 중학교, 고등학교에서 학습 활동이 이루어지는 방.

2학년이 된 수현이는 새로운 반을 찾아갔어요. 교실에 들어서자, 1학년 때 같은 반이었던 한나를 발견했어요. 수현이는 한나에게 반갑게 인사했고, 한나는 수줍게 미소를 지었어요. 한나는 수줍음이 많지만, 친구들의 이야기를 잘 들어 주는 친구예요. 수현이는 한나와 같은 반이 되어 기뻤어요.

(㉡)

2단계 활용

07 다음 보기와 같이 주어진 낱말을 넣어 짧은 문장을 만들어 쓰세요.

보기
학교
지효는 학교에서 음악 수업 시간에 피아노를 배웠다.

(1) 교실
예 선생님이 교실에서 학생들에게 수업을 하고 있다.

(2) 보건실
예 나는 수업 중에 갑자기 코피가 나서 보건실에 갔다.

66쪽 67쪽

공부한 날짜 월 일

정답 및 해설 17쪽

사회 주제 04 행사에는 무엇이 있을까?

낱말밭

첫 장에는 부모님이 결혼하는 모습이 담긴 사진이 있었어요. 현지는 부모님이 젊었을 때의 모습이 새로웠어요.

앨범에는 현지의 첫 생일인 돌 때의 사진이 있었어요. 자신의 아기 때 모습이 신기했어요.

결 혼 — 結 맺을 결, 婚 혼인할 혼

돌

행 사 — 行 다닐 행, 事 일 사

현지는 서랍에서 앨범을 발견했어요. 앨범 안에는 가족 행사 때 찍은 사진이 가득했어요.

입 학 — 入 들 입, 學 배울 학

현지가 초등학교에 입학하던 날 찍은 사진도 있었어요. 그날 현지는 초등학교 1학년이 되었어요.

졸 업 — 卒 마칠 졸, 業 업 업

마지막 장에는 오빠가 대학교를 졸업할 때 찍은 사진도 있었어요. 그때 현지는 오빠 옆에서 꽃다발을 들고 있었어요.

다음 글을 읽으며, 빈칸에 들어갈 낱말을 따라 써 보세요.

사람들은 특별한 날에 그에 맞는 (1) 행사 어요. 이러한 행사는 삶의 중요한 순간들을 기념하는 역할을 해요. 예를 들어, 아기가 태어나서 처음 맞이하는 생일인 (2) 돌 는 가족과 친척들이 모여 큰 잔치를 벌여요. 또한, 나이가 들어 61세가 되면 '환갑', 70세가 되면 '칠순', 80세가 되면 '팔순'이라는 잔치를 열어 오래 산 것을 축하해요. 두 남녀가 (3) 결혼 해 부부가 되는 것을 알리는 결혼식도 중요한 행사 중 하나예요.

학교에서도 중요한 날이 있어요. 초등학교, 중학교, 고등학교 등에 (4) 입학 과 (5) 졸업, 이를 기념하는 행사를 열어요. 입학식은 학생들의 새로운 시작을 알리는 날이고, 졸업식은 학생들이 열심히 공부한 결과를 축하받는 날이에요.

이처럼 사람들은 행사를 통해 가족과 친구, 그리고 주변 사람들과 함께 좋은 소식을 나누고 축하해요.

낱말밭 사전

확인 ☑

- * **행사** 어떤 일을 실제로 함. 또는 그 일. ☐
- * **결혼** 남녀가 정식으로 남편과 아내라는 부부 사이가 됨. ☐
- * **돌** 어린아이가 태어난 날로부터 한 해가 되는 날. ☐
- * **입학** 학생이 되어 공부하기 위해 학교에 들어감. ☐
- * **졸업** 학생이 학교에서 정해진 교육 과정을 마침. ☐

사회 주제 04 낱말밭 일일학습

정답 및 해설 17쪽

1단계 확인과 적용

01 다음 낱말의 뜻으로 알맞은 것을 보기에서 찾아 기호를 쓰세요.

보기
㉠ 어떤 일을 실제로 함. 또는 그 일.
㉡ 학생이 되어 공부하기 위해 학교에 들어감.
㉢ 남녀가 정식으로 남편과 아내라는 부부 사이가 됨.

(1) 결혼 (㉢) (2) 입학 (㉡) (3) 행사 (㉠)

02 다음 문장의 빈칸에 들어갈 낱말을 찾아 선으로 이으세요.

(1) 내일은 동생이 태어난 지 일 년이 되는 ☐이다. — ㉠ 돌
(2) 누나는 초등학교를 ☐하고 중학교에 들어갔다. — ㉡ 졸업
(3) 학교에서 10월 9일 한글날을 기념하는 ☐이/가 열렸다. — ㉢ 행사

03 다음 첫 자음자를 보고, 빈칸에 들어갈 알맞은 낱말을 쓰세요.

(1) ㅇ ㅎ
유리는 초등학교에 (입학)해서 1학년이 되었다.

(2) ㄱ ㅎ
부모님은 (결혼)해서 부부가 된 지 10년이 되었다.

해설
이 문장은 이모가 대학교를 마치고 회사에 취직했다는 내용이므로, 빈칸에는 '학생이 학교에서 정해진 교육 과정을 마침.'이라는 뜻의 '③ 졸업'이 들어가야 알맞습니다.

04 다음 빈칸에 들어갈 낱말로 알맞은 것은 무엇인가요? (③)

이모는 대학교를 ☐하자마자 회사에 취직했다.

① 교실 ② 결혼 ③ 졸업 ④ 학교 ⑤ 행사

해설
이 글에서 '올해 1학년으로'라는 내용을 통해 빈칸에는 '학생이 되어 공부하기 위해 학교에 들어감.'이라는 뜻의 '입학'이 들어가야 한다는 것을 알 수 있습니다.

05 다음 빈칸에 들어갈 낱말로 알맞은 것을 찾아 ○표 하세요.

명수는 전교생이 10명인 학교에 다녀요. 올해 1학년으로 ☐한 학생은 명수와 한별이 둘뿐이었어요. 그래서 명수는 한별이와 서로 의지하며 학교생활을 하고 있어요. 선생님께서도 두 학생에게 많은 관심과 사랑을 쏟아 주시고 있지요.

((입학), 졸업)

06 다음 ㉠과 ㉡에 들어갈 알맞은 낱말을 바르게 짝 지은 것은 무엇인가요? (②)

옛날에는 아기가 태어나서 첫 번째 생일을 맞이하기 전에 죽는 일이 많았어요. 그래서 아기가 태어나 처음 맞는 생일인 ㉠이/가 오면, 가족과 친척이 모두 모여 아기의 생일을 축하했어요. 지금도 이러한 전통을 이어받아 아기가 앞으로도 건강하게 자라기를 바라며 특별한 ㉡을/를 열어요.

① ㉠: 돌 – ㉡: 결혼 ② ㉠: 돌 – ㉡: 행사 ③ ㉠: 결혼 – ㉡: 돌
④ ㉠: 결혼 – ㉡: 행사 ⑤ ㉠: 행사 – ㉡: 졸업

해설
'아기가 태어나 처음 맞는 생일'이라는 내용을 통해 ㉠에는 '돌'이, '가족과 친척이 모두 모여 아기의 생일을 축하했어요.'라는 내용을 통해 ㉡에는 '행사'가 들어가야 함을 알 수 있습니다.

2단계 활용

07 다음 보기와 같이 주어진 낱말을 넣어 짧은 문장을 만들어 쓰세요.

보기
졸업
아버지는 졸업 앨범을 보면서 어렸을 때의 학교생활을 떠올렸다.

(1) 결혼
예 나는 어른이 되면 좋아하는 사람과 결혼할 것이다.

(2) 행사
예 나는 학교에서 열리는 어린이날 행사에 참여했다.

공부한 날짜 월 일

사회 주제 01~04 낱말밭 주간학습

정답 및 해설 18쪽

01 다음 빈칸에 들어갈 낱말을 보기에 있는 글자 카드로 만들어 쓰세요.

보기: 형 동 운 장 제

(1) 나와 형은 매우 닮아서 모두가 (형제)인 줄을 안다.

(2) 운동회 날에는 학교 (운동장)이/가 사람들로 가득 찬다.

02 다음 문장의 빈칸에 들어갈 낱말을 찾아 선으로 이으세요.

(1) 옛날 사람들은 10대에 [ ]해 부부가 되기도 했다. — ㉠ 결혼

(2) 나는 다친 친구를 [ ]에 데려다주고 교실로 돌왔다. — ㉢ 보건실

(3) 펭귄은 [ ]이/가 번갈아 가며 새끼를 위해 먹이를 구해 온다. — ㉡ 부모

03 다음 중 밑줄 친 낱말을 바르게 사용하여 말한 친구의 이름을 쓰세요.

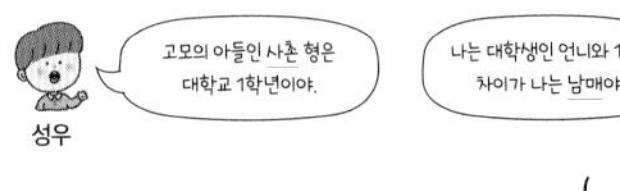

(성우)

해설 다빈이는 10살 차이가 나는 언니에 대해 말하고 있습니다. 그러므로 밑줄 친 부분에는 '남매'가 아니라 '자매'가 들어가야 합니다.

04 다음 밑줄 친 낱말과 바꾸어 쓸 수 있는 낱말로 알맞은 것은 무엇인가요? (①)

우리는 다른 사람과 이야기할 때, 자신의 의견을 명확하게 말해야 해요. 그래야 서로의 생각을 제대로 이해하고 오해를 줄일 수 있어요.

① 나 ② 부모 ③ 삼촌 ④ 이모 ⑤ 친척

05 다음 빈칸에 들어갈 낱말로 알맞은 것을 찾아 ○표 하세요.

'라 토마티나' 축제는 스페인의 부뇰이라는 지역에서 매년 8월 마지막 수요일에 열리는 토마토 던지기 [ ]예요. 이 축제는 1945년에 한 젊은이가 지역 축제에서 장난삼아 토마토를 던진 일에서 시작되었어요. 지금은 전 세계에서 많은 사람들이 찾아오는 유명한 축제이지요.

(졸업 , (행사))

06 다음 밑줄 친 낱말과 뜻이 반대되는 낱말을 이 글에서 찾아 두 글자로 쓰세요.

○○○씨는 초등학교를 4년 만에 졸업하고, 중학교와 고등학교를 모두 3년 만에 마쳤어요. 그리고 15살에 의과 대학에 입학했어요. 그는 열심히 공부하여 22살이 되던 해에 의사가 되었어요. 그는 병원에서 3년 동안 환자를 치료한 후, 아프리카로 봉사 활동을 떠나 아픈 아이들을 돌보고 있어요.

(입학)

해설 '졸업'과 뜻이 반대되는 낱말은 '입학'입니다.

07 다음 ㉠과 ㉡에 들어갈 알맞은 낱말을 바르게 짝 지은 것은 무엇인가요? (⑤)

'촌수'는 가족이나 [㉠] 사이의 거리를 나타내는 숫자예요. 나와 부모는 1촌이고, 나와 형제는 2촌이에요. 부모의 형제와 나는 3촌이고, 삼촌, 이모, 고모의 자녀와 나는 4촌이에요. 그래서 고모의 딸을 '[㉡]'(이)라고 불러요. 촌수를 알면 가족의 관계를 더 쉽게 이해할 수 있어요.

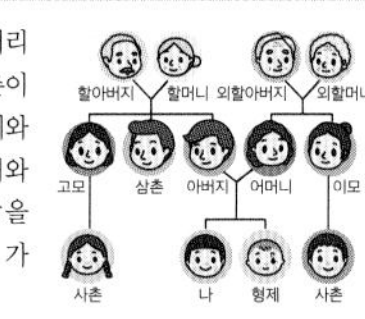

① ㉠: 부모 – ㉡: 사촌 ② ㉠: 부모 – ㉡: 자매 ③ ㉠: 사촌 – ㉡: 남매
④ ㉠: 친척 – ㉡: 형제 ⑤ ㉠: 친척 – ㉡: 사촌

해설 ㉠에는 앞과 뒤 내용이 '촌수'의 뜻을 말해 주고 있으므로 '친척'이, ㉡에는 앞의 내용을 통해 '부모의 형제자매의 자녀를 이르는 말.'이라는 뜻의 '사촌'이 들어가야 알맞습니다.

[08~10] 다음 글을 읽고, 물음에 답하세요.

홍서는 ㉠교무실 앞에 서 있었어요. 점심시간에 "엄마도 없는 아이"라고 한 민규의 말에 화가 나서 민규를 밀었고, 팔꿈치가 까진 민규는 마구 울었어요. 그래서 선생님은 홍서의 삼촌을 부르셨고, 지금 삼촌과 이야기 중이었어요. 홍서는 ㉡첫 생일이 막 지났을 때부터 삼촌과 살았어요. 홍서가 태어난 지 얼마 지나지 않아 어머니가 병으로 세상을 떠났고, 아버지는 외국으로 일하러 가야 했기 때문이에요.

"홍서야!"

교무실에서 나온 삼촌이 홍서를 불렀어요. 삼촌에게 미안했던 홍서는 고개를 푹 숙였어요. 삼촌은 홍서와 함께 학교를 나서면서 홍서에게 말했어요.

"괜찮아, 친구하고 싸울 수도 있지. 친구도 많이 다치지는 않았다니까 너무 걱정하지 말고. 윤홍서, 어깨 펴고 당당하게!"

홍서는 눈물이 날 것 같았지만, 얼른 눈을 비비고 삼촌을 보았어요. 씩 웃는 삼촌을 보니 홍서도 힘이 나는 것 같았어요.

08 ㉠의 뜻으로 알맞은 것을 보기에서 찾아 기호를 쓰세요.

보기
㉮ 선생님이 수업을 준비하거나 여러 가지 학교 일을 맡아보는 곳.
㉯ 학교에서 학생이나 선생님의 건강이나 위생에 관한 일을 담당하는 곳.

(㉮)

해설 ㉯는 '보건실'의 뜻입니다.

09 ㉡과 바꾸어 쓸 수 있는 낱말로 알맞은 것에 ○표 하세요.

(돌) 입학 학교 행사

해설 '첫 생일'은 '어린아이가 태어난 날로부터 한 해가 되는 날.'이라는 뜻의 '돌'과 바꾸어 쓸 수 있습니다.

10 다음은 윗글의 제목입니다. 빈칸에 들어갈 낱말로 알맞은 것은 무엇인가요? (③)

홍서에게 부모님 같은 [ ]

① 고모 ② 남매 ③ 삼촌 ④ 이모 ⑤ 형제

디지털 속 한 문장

정답 및 해설 18쪽

다음 신문 기사를 읽고, 친척이라는 낱말을 넣어 ㉠에 들어갈 답글을 써 보세요.

홈 > 늘봄 신문 > 사회 기사

현대 사회의 가족 형태, 핵가족

옛날에는 할머니, 할아버지, 친척 등 여러 가족이 함께 사는 대가족이 흔했다. 하지만 요즘에는 부모와 자녀로만 이루어진 핵가족이 점점 더 많아지고 있다. 이는 생활 방식이 변화하면서 가족의 구성원이 줄어들었기 때문이다. 핵가족은 생활을 더 편리하게 해 주지만, 가족끼리 함께 보내는 시간이나 전통을 함께 나누는 기회가 줄어든다는 문제도 있다.

좋아요

> 김현주 우리 집도 핵가족이에요. 답글
> 박수희 대가족으로 사는 건 어떨지 궁금해요. 친척과 같이 살면 재미있을 것 같아요.

㉠ 입력

목록 인쇄 답변 수정 삭제 글쓰기

예 우리 집도 어머니, 아버지, 나 이렇게 셋이 산다. 하지만 우리 가족은 가까이 살고 있는 친척을 자주 만난다.

공부한 날짜 월 일

정답 및 해설 19쪽

사회 주제 05 우리 주변에 어떤 공공장소가 있을까?

낱말밭

영주는 파출소에 가서 도움을 요청했어요. 경찰은 영주가 잃어버린 지갑을 찾아보겠다고 말했어요.

영주는 책을 읽으러 갔던 도서관에 다시 가서 책상 위를 살펴보았지만, 지갑은 없었어요.

파 출 소 — 派 갈래 파, 出 날 출, 所 바 소

도 서 관 — 圖 그림 도, 書 글 서, 館 집 관

공 공 장 소 — 公 공평할 공, 共 함께 공, 場 마당 장, 所 바 소

영주는 하루 종일 여러 공공장소를 다녔어요. 그래서 지갑을 잃어버린 것도 몰랐어요.

소 방 서 — 消 꺼질 소, 防 막을 방, 署 관청 서

영주는 소방서에서 소방차가 출동하는 모습을 봤던 기억이 떠올랐어요. 그래서 소방서 근처 길가를 살펴봤어요.

시 장 — 市 시장 시, 場 마당 장

결국 영주는 지갑을 찾았어요. 영주는 기쁜 마음으로 시장에 들러 떡볶이를 사 먹고, 집에 돌아갔어요.

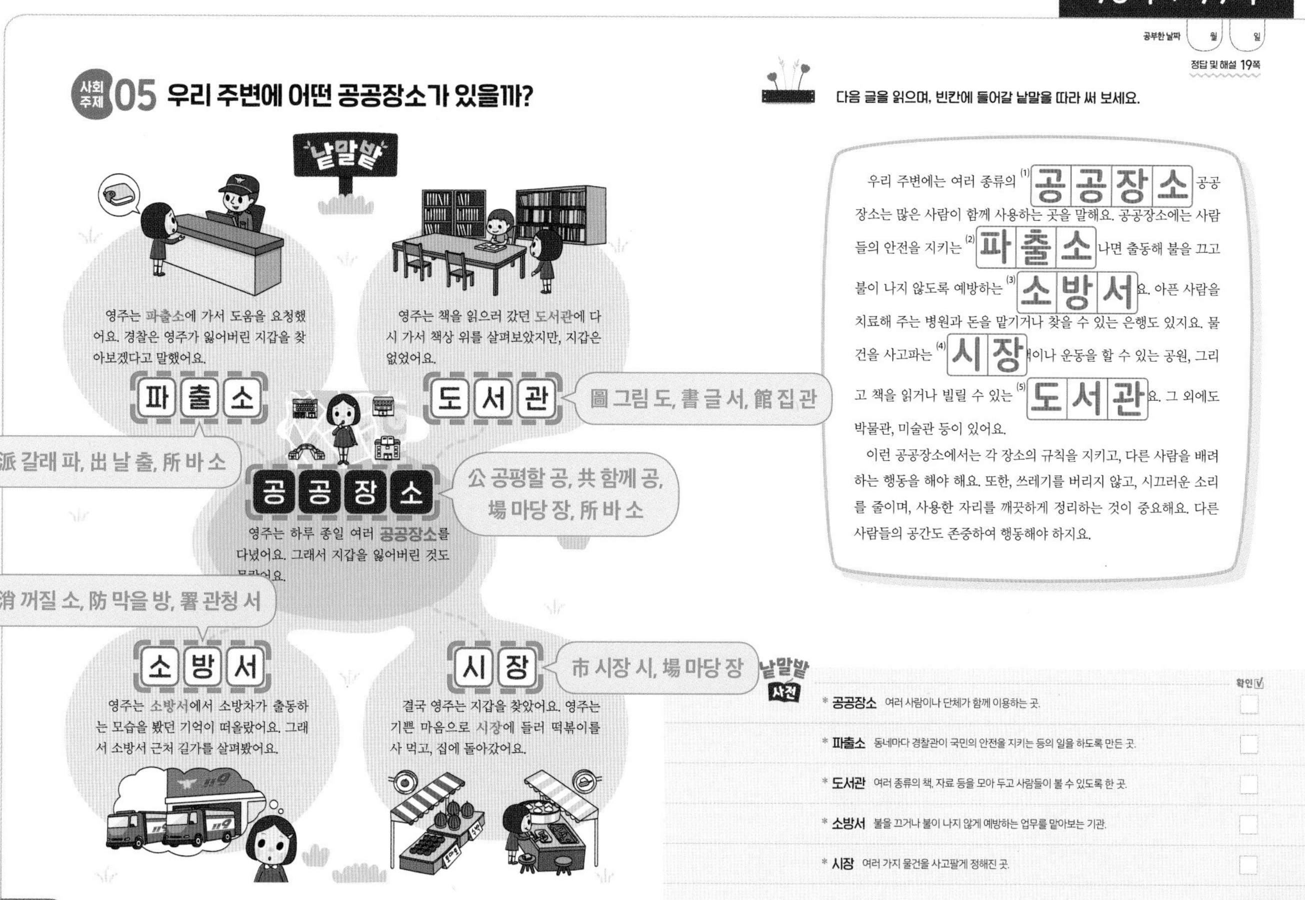

다음 글을 읽으며, 빈칸에 들어갈 낱말을 따라 써 보세요.

우리 주변에는 여러 종류의 (1) **공공장소** 공공장소는 많은 사람이 함께 사용하는 곳을 말해요. 공공장소에는 사람들의 안전을 지키는 (2) **파출소** 나면 출동해 불을 끄고 불이 나지 않도록 예방하는 (3) **소방서** 요. 아픈 사람을 치료해 주는 병원과 돈을 맡기거나 찾을 수 있는 은행도 있지요. 물건을 사고파는 (4) **시장** 이나 운동을 할 수 있는 공원, 그리고 책을 읽거나 빌릴 수 있는 (5) **도서관** 요. 그 외에도 박물관, 미술관 등이 있어요.

이런 공공장소에서는 각 장소의 규칙을 지키고, 다른 사람을 배려하는 행동을 해야 해요. 또한, 쓰레기를 버리지 않고, 시끄러운 소리를 줄이며, 사용한 자리를 깨끗하게 정리하는 것이 중요해요. 다른 사람들의 공간도 존중하여 행동해야 하지요.

낱말밭 사전

확인 ☑

* **공공장소** 여러 사람이나 단체가 함께 이용하는 곳. ☐
* **파출소** 동네마다 경찰관이 국민의 안전을 지키는 등의 일을 하도록 만든 곳. ☐
* **도서관** 여러 종류의 책, 자료 등을 모아 두고 사람들이 볼 수 있도록 한 곳. ☐
* **소방서** 불을 끄거나 불이 나지 않게 예방하는 업무를 맡아보는 기관. ☐
* **시장** 여러 가지 물건을 사고팔게 정해진 곳. ☐

사회 주제 05 낱말밭 일일학습

정답 및 해설 19쪽

1단계 확인과 적용

01 다음 낱말의 뜻으로 알맞은 것을 찾아 선으로 이으세요.

(1) 시장 — ㉠ 여러 가지 물건을 사고팔게 정해진 곳.

(2) 소방서 — ㉡ 불을 끄거나 불이 나지 않게 예방하는 업무를 맡아보는 기관.

(3) 파출소 — ㉢ 동네마다 경찰관이 국민의 안전을 지키는 등의 일을 하도록 만든 곳.

02 다음 문장에 어울리는 낱말을 찾아 ○표 하세요.

(1) 유리는 ((도서관), 소방서)에서 책을 빌렸다.

(2) 병원은 많은 사람이 이용하는 (시장 , (공공장소))이다.

(3) 성진이는 길에 떨어진 돈을 주워서 (소방서 , (파출소))에 가져다줬다.

03 다음 중 밑줄 친 낱말을 바르게 사용하여 말한 친구의 이름을 쓰세요.

세린: 사람들은 도서관에서 맛있는 음식과 여러 가지 물건들을 살 수 있어.

민재: 소방서에서는 불이 나지 않게 조심해야 할 것들을 사람들에게 알려줘.

(민재)

해설 세린이는 맛있는 음식과 여러 가지 물건들을 사는 곳에 대해 말하고 있습니다. 그러므로 밑줄 친 '도서관' 대신에 '시장'이 들어가야 알맞습니다.

04 다음 빈칸에 들어갈 낱말로 알맞은 것은 무엇인가요? (⑤)

☐은/는 여러 사람이 함께 사용하는 곳이기 때문에 쓰레기를 아무 곳에나 버리면 안 된다.

① 행사 ② 친척 ③ 부호 ④ 표현 ⑤ 공공장소

05 다음 빈칸에 공통으로 들어갈 낱말로 알맞은 것은 무엇인가요? (②)

국내 여행객들 사이에서 지역 특산물을 파는 전통 ☐이/가 인기를 얻고 있어요. 이 ☐에서는 제주도의 귤, 부산의 어묵, 강원도의 감자 등 지역마다 유명한 먹거리를 직접 사고 맛볼 수 있어요.

① 학교 ② 시장 ③ 도서관 ④ 소방서 ⑤ 파출소

해설 이 글은 우리나라의 지역마다 특산물을 파는 곳에 관한 설명입니다. 그러므로 빈칸에는 '여러 가지 물건을 사고팔게 정해진 곳.'이라는 뜻의 '② 시장'이 들어가야 알맞습니다.

06 다음 밑줄 친 낱말의 뜻으로 알맞은 것을 보기에서 찾아 기호를 쓰세요.

보기
㉠ 여러 종류의 책, 자료 등을 모아 두고 사람들이 볼 수 있도록 한 곳.
㉡ 동네마다 경찰관이 국민의 안전을 지키는 등의 일을 하도록 만든 곳.

어느 추운 겨울날, 누군가 파출소 앞에 상자를 놓고 갔어요. 상자 안에는 털장갑, 목도리, 양말 등과 함께 어려운 이웃을 돕고 싶다는 내용의 쪽지가 들어 있었어요. 경찰은 그 물건들을 힘들게 겨울을 날 이웃들에게 나누어 주었어요.

(㉡)

해설 ㉠은 '도서관'의 뜻입니다.

2단계 활용

07 다음 보기와 같이 주어진 낱말을 넣어 짧은 문장을 만들어 쓰세요.

보기
소방서
지호는 불이 난 것을 보고 소방서에 전화를 걸었다.

(1) 도서관
예 학생들이 도서관에서 진행하는 책 읽기 행사에 참여했다.

(2) 공공장소
예 은행은 많은 사람이 이용하는 공공장소이다.

정답 및 해설 20쪽

사회 주제 06 우리 동네에는 어떤 병원이 있을까?

낱말밭

준우는 감기를 치료해 주는 내과 의사를 떠올렸어요. 수술을 하지 않고 약으로 병을 치료하는 일이 멋있어 보였어요.

내과 — 內 안 내, 科 과목 과

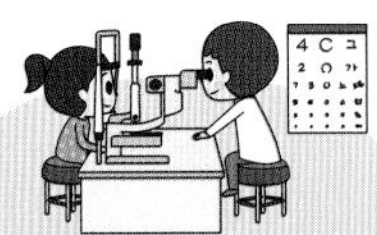

준우는 눈에 생긴 병을 치료하는 안과 의사도 꿈꾸었어요. 눈병에 자주 걸리는 동생을 치료해 주고 싶었기 때문이에요.

안과 — 眼 눈 안, 科 과목 과

병원 — 病 병들 병, 院 집 원

준우는 커서 병원에서 일하는 의사가 되고 싶었어요. 그래서 어떤 의사가 되고 싶은지 생각해 보았어요.

정형외과 — 整 가지런할 정, 形 모양 형, 外 바깥 외, 科 과목 과

준우는 뼈와 관절을 치료하는 정형외과 의사가 되고 싶기도 했어요. 할머니의 아픈 다리를 고쳐 드리고 싶었거든요.

이비인후과 — 耳 귀 이, 鼻 코 비, 咽 목구멍 인, 喉 목구멍 후, 科 과목 과

준우는 귀, 코, 목을 치료하는 이비인후과 의사도 생각했어요. 준우는 커서 어떤 의사가 될지 계속 고민했지요.

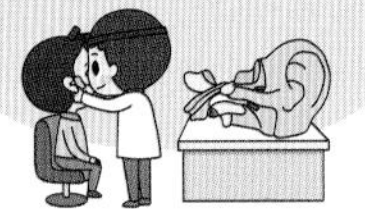

다음 글을 읽으며, 빈칸에 들어갈 낱말을 따라 써 보세요.

사람들은 몸이 아플 때 (1) 병원 에서 의사에게 치료를 받아요. 그런데 아픈 부위에 따라 가야 할 병원이 달라져요. 귀가 아프거나 콧물이 나고 목이 아프면 (2) 이비인후과 에서는 귀, 코, 목에 관련된 병을 치료해요. 또, 뼈가 부러지거나 허리와 무릎이 아플 때는 (3) 정형외과 를 받아야 해요. 이가 썩거나 잇몸이 아플 때는 치과, 눈이 잘 안 보이거나 눈에 통증이 있을 때는 (4) 안과 에 가야 해요. 음식을 소화시키는 위와 같은 몸속 기관이 아프면 (5) 내과 에 가고, 몸의 겉 부분을 다쳤거나 수술이 필요하면 외과에서 치료를 받아야 해요. 이 외에도 여러 종류의 병원이 있어요.

우리가 병원의 종류와 역할을 정확히 알고 있어야, 아플 때 필요한 병원을 쉽게 찾아갈 수 있어요. 그래서 각각의 병원이 어떤 병을 치료하는지 미리 알아 두면 좋아요.

확인☑

- 사람을 진찰하고 치료하는 데 필요한 것을 갖추어 놓은 곳.
- **내과** 몸속 내장에 생긴 병을 수술이 아닌 약으로 치료하는 곳.
- **안과** 눈에 생긴 병을 치료하는 곳.
- **정형외과** 근육이나 뼈에 생긴 병을 치료하는 곳.
- **이비인후과** 귀, 코, 목구멍 등에 생긴 병을 치료하는 곳.

82쪽 83쪽

정답 및 해설 20쪽

사회 주제 06 낱말밭 일일학습

1단계 확인과 적용

01 다음 낱말의 뜻으로 알맞은 것을 보기에서 찾아 기호를 쓰세요.

보기
㉠ 근육이나 뼈에 생긴 병을 치료하는 곳.
㉡ 귀, 코, 목구멍 등에 생긴 병을 치료하는 곳.
㉢ 몸속 내장에 생긴 병을 수술이 아닌 약으로 치료하는 곳.

(1) 내과 (㉢) (2) 정형외과 (㉠) (3) 이비인후과 (㉡)

02 다음 첫 자음자를 보고, 빈칸에 들어갈 알맞은 낱말을 쓰세요.

(1) ㄴ ㄱ
언니는 몸속에 병이 생겨서 (내과)에서 검사를 받았다.

(2) ㅇ ㄱ
할머니께서는 눈이 잘 보이지 않아서 (안과)에 다녀오셨다.

03 다음 중 밑줄 친 낱말을 바르게 사용한 것을 찾아 ○표 하세요.

① 아버지께서는 손목이 아파서 내과에 갔다. ( )
② 나는 목 안이 따끔거려서 이비인후과에서 치료를 받았다. (○)

해설 손목이 아플 때 가는 병원은 '정형외과'입니다. 그러므로 ①의 밑줄 친 부분에는 '내과' 대신 '정형외과'가 들어가야 합니다.

04 다음 빈칸에 들어갈 낱말로 알맞은 것을 찾아 ○표 하세요.

서준: 어제 바닷가에서 놀다가 눈에 모래가 들어갔어. 나는 어떤 병원에 가야 할까?
은채: 너는 눈에 관한 치료를 전문적으로 하는 ____에 가야 해.
서준: 고마워. 빨리 내 눈이 나았으면 좋겠어.

((안과), 정형외과)

05 다음 밑줄 친 낱말과 같은 낱말이 들어갈 문장에 ○표 하세요.

형은 계단을 올라가다가 발목을 삐끗해서 정형외과에 갔다.

① 할아버지는 코가 막히고 콧물이 나서 ____에 갔다. ( )
② 나는 눈이 빨개지고 가려워서 ____을/를 찾아갔다. ( )
③ 축구 선수가 경기 중에 다리 근육을 다쳐서 ____에 갔다. (○)

해설 밑줄 친 '정형외과'는 '근육이나 뼈에 생긴 병을 치료하는 곳.'입니다. 그러므로 ③에 들어가야 알맞습니다. ①에는 '이비인후과'가, ②에는 '안과'가 들어가야 합니다.

06 다음 빈칸에 공통으로 들어갈 알맞은 낱말을 보기에서 찾아 쓰세요.

보기 내과 안과 이비인후과

정희는 배가 아파서 병원에 갔어요. 간호사 선생님은 정희를 ____로 안내해 주셨어요. ____에서는 주로 배 속, 위, 장과 같은 몸속 아픈 곳을 치료해요. 정희는 의사 선생님에게 진찰을 받고, 배를 편안하게 해 주는 약을 처방받았어요.

(내과)

해설 이 글은 정희가 배가 아파서 병원에 간 내용입니다. 그러므로 빈칸에 공통으로 '내과'가 들어가야 알맞습니다.

2단계 활용

07 다음 보기와 같이 주어진 낱말을 넣어 짧은 문장을 만들어 쓰세요.

보기
정형외과
팔이 부러진 수찬이는 정형외과에서 치료를 받았다.

(1) 병원
예 병원에 가면 아픈 곳을 치료받을 수 있다.

(2) 이비인후과
예 형은 귀에 통증이 있어서 이비인후과에 갔다.

84쪽 85쪽

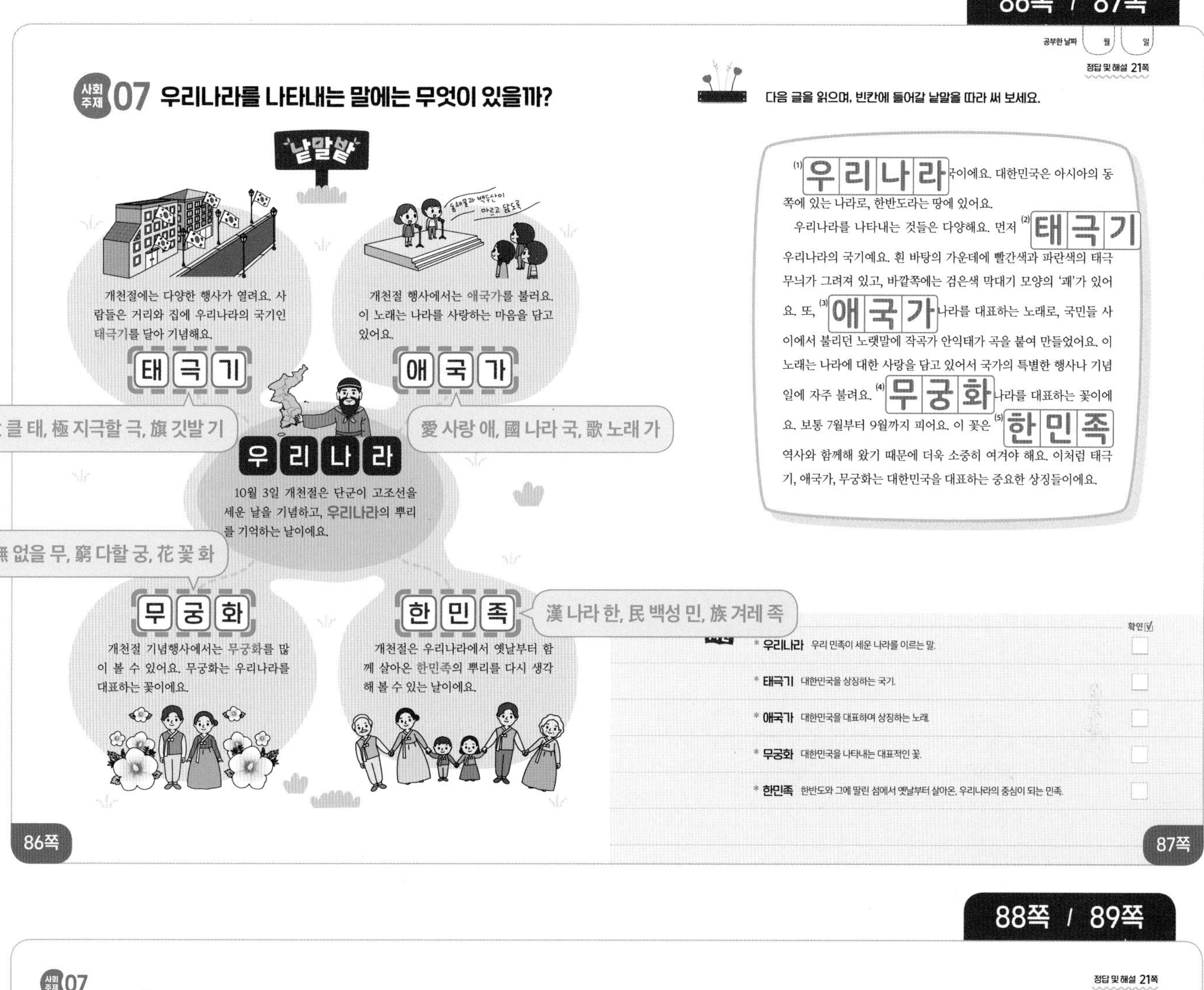

공부한 날짜 월 일

정답 및 해설 21쪽

사회 주제 07 우리나라를 나타내는 말에는 무엇이 있을까?

낱말밭

개천절에는 다양한 행사가 열려요. 사람들은 거리와 집에 우리나라의 국기인 태극기를 달아 기념해요.

태극기

太 클 태, 極 지극할 극, 旗 깃발 기

개천절 행사에서는 애국가를 불러요. 이 노래는 나라를 사랑하는 마음을 담고 있어요.

애국가

愛 사랑 애, 國 나라 국, 歌 노래 가

우리나라

10월 3일 개천절은 단군이 고조선을 세운 날을 기념하고, 우리나라의 뿌리를 기억하는 날이에요.

無 없을 무, 窮 다할 궁, 花 꽃 화

무궁화

개천절 기념행사에서는 무궁화를 많이 볼 수 있어요. 무궁화는 우리나라를 대표하는 꽃이에요.

한민족

漢 나라 한, 民 백성 민, 族 겨레 족

개천절은 우리나라에서 옛날부터 함께 살아온 한민족의 뿌리를 다시 생각해 볼 수 있는 날이에요.

다음 글을 읽으며, 빈칸에 들어갈 낱말을 따라 써 보세요.

(1) 우리나라국이에요. 대한민국은 아시아의 동쪽에 있는 나라로, 한반도라는 땅에 있어요.

우리나라를 나타내는 것들은 다양해요. 먼저 (2) 태극기 우리나라의 국기예요. 흰 바탕의 가운데에 빨간색과 파란색의 태극 무늬가 그려져 있고, 바깥쪽에는 검은색 막대기 모양의 '괘'가 있어요. 또, (3) 애국가나라를 대표하는 노래로, 국민들 사이에서 불리던 노랫말에 작곡가 안익태가 곡을 붙여 만들었어요. 이 노래는 나라에 대한 사랑을 담고 있어서 국가의 특별한 행사나 기념일에 자주 불려요. (4) 무궁화나라를 대표하는 꽃이에요. 보통 7월부터 9월까지 피어요. 이 꽃은 (5) 한민족 역사와 함께해 왔기 때문에 더욱 소중히 여겨야 해요. 이처럼 태극기, 애국가, 무궁화는 대한민국을 대표하는 중요한 상징들이에요.

확인

- 우리나라 우리 민족이 세운 나라를 이르는 말.
- 태극기 대한민국을 상징하는 국기.
- 애국가 대한민국을 대표하여 상징하는 노래.
- 무궁화 대한민국을 나타내는 대표적인 꽃.
- 한민족 한반도와 그에 딸린 섬에서 옛날부터 살아온, 우리나라의 중심이 되는 민족.

86쪽 87쪽

사회 주제 07 낱말밭 일일학습

정답 및 해설 21쪽

1단계 확인과 적용

01 다음 뜻을 가진 낱말을 보기에서 찾아 쓰세요.

보기: 무궁화 애국가 태극기

(1) 대한민국을 상징하는 국기. (태극기)
(2) 대한민국을 나타내는 대표적인 꽃. (무궁화)
(3) 대한민국을 대표하며 상징하는 노래. (애국가)

02 다음 빈칸에 들어갈 낱말을 보기에서 찾아 쓰세요.

보기: 애국가 태극기 한민족

(1) 태권도 국가대표 선수의 옷에는 (태극기)이/가 달려 있다.
(2) 대한민국 선수들이 금메달을 따자 (애국가)이/가 울려 퍼졌다.
(3) 우리나라의 전통 노래인 판소리에는 (한민족)의 감정이 담겨 있다.

03 다음 문장에 어울리는 낱말을 찾아 ○표 하세요.

(1) 8월 15일 광복절에는 많은 사람들이 (애국가 , 태극기(○))를 건다.
(2) (무궁화(○) , 한민족)은/는 한국의 역사와 문화를 나타내는 꽃이다.

04 다음 빈칸에 들어갈 말로 알맞은 것은 무엇인가요? (⑤)

한국 사람들은 ☐을/를 '대한민국'이라고 부른다.

① 애국가 ② 태극기 ③ 무궁화 ④ 공공장소 ⑤ 우리나라

해설 이 문장은 한국에 살고 있는 사람들이 대한민국을 부르는 것에 관해 설명하고 있습니다. 빈칸에는 '우리 민족이 세운 나라를 이르는 말.'이라는 뜻의 ⑤ '우리나라'가 들어가야 합니다.

05 다음 밑줄 친 낱말과 같은 낱말이 들어갈 문장에 ○표 하세요.

국가의 중요한 행사에서는 애국가를 부른다.

① 독도는 ☐의 동쪽에 있는 섬이다. ( )
② ☐ 가사는 나라를 사랑하는 내용으로 이루어져 있다. (○)
③ 올림픽 행사장에서 우리나라 국기인 ☐이/가 휘날렸다. ( )

해설 밑줄 친 '애국가'는 '대한민국을 대표하여 상징하는 노래.'를 말합니다. 그러므로 ②에 들어가야 알맞습니다. ①에는 '우리나라'가, ③에는 '태극기'가 들어가야 합니다.

06 다음 빈칸에 공통으로 들어갈 낱말로 알맞은 것을 찾아 ○표 하세요.

우리나라 사람들은 지역에 따라 서로 다른 문화적 배경을 가지고 있기도 하지만, ☐으로서 공통된 정신을 지니고 있어요. 예를 들어, 우리는 부모님과 어른을 존경하고 잘 모시는 조상들의 가르침을 이어가고 있어요. 이는 우리가 ☐으로서 하나의 공동체로 살아가고 있다는 것을 보여 줘요.

(태극기 , 한민족(○))

해설 이 글은 옛날부터 우리나라에 살아온 사람들이 가지고 있는 정신에 관한 글입니다. 그러므로 빈칸에는 공통으로 '한민족'이 들어가야 알맞습니다.

2단계 활용

07 다음 보기와 같이 주어진 낱말을 활용하여 짧은 문장을 만들어 쓰세요.

보기: 한민족 — 우리 옷인 한복에서는 한민족의 아름다움을 느낄 수 있다.

(1) 무궁화 — 예 옛 기록을 보면 우리 민족은 무궁화를 귀한 꽃으로 생각했다.
(2) 우리나라 — 예 우리나라의 수도는 서울이다.

88쪽 89쪽

90쪽 / 91쪽

공부한 날짜 월 일

정답 및 해설 22쪽

사회 주제 08 우리나라의 대표적인 명절은 무엇일까?

낱말밭

설날에는 가족들과 함께 떡국을 먹었어요. 윤지의 남동생은 떡국을 먹으며 새해 인사도 했지요.

설날

윤지의 남동생은 정월 대보름의 전날에 쥐불놀이를 했어요. 그리고 윤지는 정월 대보름에 오곡밥과 부럼을 먹었어요.

정월대보름

명절 — 名 이름 명, 節 마디 절

윤지는 우리나라 **명절**을 외국인 친구에게 소개하기로 했어요. 그래서 명절에 했었던 일들을 떠올렸어요.

端 끝 단, 午 낮 오

단오

윤지는 단오에 창포물로 머리를 감았어요. 그리고 예쁜 모양의 단오떡도 만들어 먹었어요.

추석 — 秋 가을 추, 夕 저녁 석

추석에는 가족들이 모두 모여 송편을 만들었어요. 윤지는 가족들과 함께 시간을 보내서 즐거웠어요.

다음 글을 읽으며, 빈칸에 들어갈 낱말을 따라 써 보세요.

우리나라에는 여러 (1) 명절이어요. 예전에는 명절이 되면 가족과 친척이 모여서 함께 시간을 보냈어요. 요즘은 가족마다 다르게 보내기도 하지요.

한 해가 시작되고 나서 가장 먼저 맞이하는 명절은 음력 1월 1일 (2) 설날요. 이날에는 나이를 한 살 더 먹는다는 의미로 떡국을 먹어요. 또한, 어른께 세배를 하거나 함께 모여 윷놀이를 하기도 해요. 그 다음에 돌아오는 명절은 (3) 정월 대보름에요. 이날에는 오곡밥이나 견과류를 먹으며 건강을 빌어요. 음력 5월 5일은 (4) 단오 이날 여자들은 창포물로 머리를 감거나 그네를 타고, 남자들은 씨름을 해요. 음력 8월 15일인 (5) 추석는 풍성한 농작물 수확에 감사하며 조상들께 차례를 지내요. 가족과 함께 송편을 만들고, 둥근 달을 보며 소원을 빌기도 해요. 이렇게 각각의 명절마다 먹는 음식과 하는 일이 다양해요.

낱말밭 사전 (확인✓)

* **명절** 해마다 일정하게 지키어 즐기거나 기념하는 때.
* **설날** 새해를 맞이하는 첫날을 기념하는 명절로, 음력 1월 1일임.
* **정월 대보름** 새해에 처음 맞는 보름날로, 음력 1월 15일임. 부럼을 깨물며 약밥, 오곡밥 등을 먹음.
* **단오** 모내기를 끝내고 농사가 잘되기를 비는 명절로, 음력 5월 5일임. 단오떡을 해 먹고 여자는 창포물에 머리를 감고 그네를 뛰며 남자는 씨름을 함.
* **추석** 한 해 농사를 끝내고 수확을 감사하며 차례를 지내는 명절로, 음력 8월 15일임. 햅쌀로 송편을 만들고 햇과일 등의 음식을 준비해서 차례를 지냄.

90쪽 91쪽

92쪽 / 93쪽

정답 및 해설 22쪽

사회 주제 08 낱말밭 일일학습

1단계 확인과 적용

01 다음 낱말의 뜻으로 알맞은 것을 보기에서 찾아 기호를 쓰세요.

보기
㉠ 새해에 처음 맞는 보름날로, 음력 1월 15일임.
㉡ 새해를 맞이하는 첫날을 기념하는 명절로, 음력 1월 1일임.
㉢ 한 해 농사를 끝내고 수확을 감사하며 차례를 지내는 명절로, 음력 8월 15일임.

(1) 설날 (㉡) (2) 추석 (㉢) (3) 정월 대보름 (㉠)

02 다음 빈칸에 들어갈 낱말을 보기에 있는 글자 카드로 만들어 쓰세요.

보기: 절 설 날 명

(1) 나는 음력 1월 1일 (설날) 아침에 부모님께 세배를 했다.
(2) 우리나라에는 사람들이 모여 함께 즐기고 기념하는 (명절)이/가 많다.

03 다음 중 밑줄 친 낱말이 바르게 사용된 것을 찾아 ○표 하세요.

① 나는 음력 1월 15일인 정월 대보름에 오곡밥을 먹었다. (○)
② 옛날 사람들은 단오에 수확한 곡식과 과일을 나누며 감사의 마음을 전했다. ( )

해설 수확한 곡식과 과일을 나누며 감사의 마음을 전하는 명절은 '추석'입니다. 그러므로 ②의 밑줄 친 부분에는 '단오' 대신 '추석'이 들어가야 합니다.

04 다음 중 밑줄 친 낱말을 바르게 사용하여 말한 친구의 이름을 쓰세요.

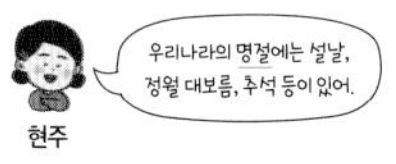

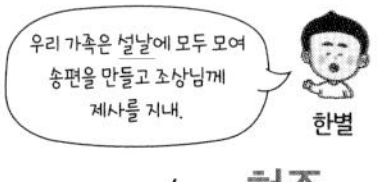

(현주)

해설 한별이는 송편을 만들고 조상님께 제사를 지내는 명절을 말하고 있습니다. 그러므로 밑줄 친 부분은 '설날' 대신 '추석'이 들어가야 알맞습니다.

05 다음 빈칸에 들어갈 낱말로 알맞은 것을 찾아 ○표 하세요.

음력 5월 5일 [ ]은/는 '수릿날'이라고도 부르는 명절이에요. 사람들은 나쁜 기운과 조여름 벌레를 쫓고 싶은 마음을 담아 쑥으로 만든 떡을 먹었어요. 또, 머리카락이 윤기가 나고 잘 빠지지 않도록 창포의 잎과 뿌리로 우려낸 물로 머리를 감았어요. 여름을 시원하게 보내자고 서로 부채를 선물하기도 했어요.

((단오), 추석)

해설 음력 5월 5일은 모내기를 끝내고 농사가 잘되기를 비는 명절인 단오입니다. 빈칸에는 '단오'가 들어가야 알맞습니다.

06 다음 빈칸에 들어갈 낱말로 알맞은 것은 무엇인가요? (⑤)

[ ]에 부럼을 먹는 것은 우리 고유의 풍습이에요. 부럼은 호두, 잣, 밤, 땅콩 등 여러 종류의 견과류를 말해요. 이 풍습은 한 해의 건강과 행운을 기원하는 의미가 있어요. 부럼을 깨물어 악귀를 쫓고 이를 튼튼하게 한다는 것이에요. 특히, 부럼을 먹으면 피부에 가려움을 일으키는 '부스럼'이 생기지 않는다고 전해져요.

① 돌 ② 단오 ③ 설날 ④ 추석 ⑤ 정월 대보름

2단계 활용

07 다음 문장의 빈칸에 들어갈 낱말을 보기에서 찾아 쓰고, 완성된 문장을 그대로 따라 써 보세요.

보기: 명절 단오 설날 추석

(1) (설날)에는 떡국을 먹어야만 한 살을 더 먹는다고 한다.
설날에는 떡국을 먹어야만 한 살을 더 먹는다고 한다.

(2) 우리나라의 (명절) 중 하나인 단오에는 쑥떡을 만들어 먹는다.
우리나라의 명절 중 하나인 단오에는 쑥떡을 만들어 먹는다.

92쪽 93쪽

94쪽 / 95쪽

공부한 날짜 월 일

사회 주제 05~08 낱말밭 주간학습

정답 및 해설 23쪽

01 다음 문장의 빈칸에 들어갈 낱말을 찾아 선으로 이으세요.

(1) 수의사는 아픈 동물을 치료하는 [ ] 에서 일한다. — ㉡ 병원

(2) 삼촌은 음력 5월 5일인 [ ]에 씨름 대회에 나갔다. — ㉠ 단오

(3) 나는 길을 잃고 울고 있는 아이를 [ ] 에 데려다줬다. — ㉢ 파출소

02 다음 문장에 어울리는 낱말을 찾아 ○표 하세요.

(1) (정형외과 , (이비인후과))에서는 귀의 건강 상태를 확인할 수 있다.

(2) 도서관은 사람들이 이용하는 (행사 , (공공장소))이므로 조용히 해야 한다.

(3) (무궁화 , (애국가))는 우리나라를 대표하는 노래라서 가사를 바꾸기 어렵다.

03 다음 밑줄 친 낱말을 바르게 사용하여 말한 친구의 이름을 쓰세요.

유하: 할머니께서는 상추를 사러 시장에 가셨어.

준섭: 내가 가장 좋아하는 꽃은 우리나라를 나타내는 태극기야.

(유하)

해설 준섭이는 우리나라를 나타내는 꽃에 대해 말하고 있습니다. 그러므로 밑줄 친 '태극기' 대신에 '대한민국을 나타내는 대표적인 꽃.'이라는 뜻의 '무궁화'가 들어가야 알맞습니다.

04 다음 빈칸에 들어갈 말로 알맞은 것은 무엇인가요? (②)

나는 눈이 나빠져서 [ ]에 가서 검사를 받았다.

① 내과 ② 안과 ③ 시장 ④ 학교 ⑤ 이비인후과

05 다음 ㉠~㉢ 중에서 뜻이 알맞게 쓰인 낱말을 찾아 기호를 쓰세요.

민재는 ㉠단오 때 송편을 너무 많이 먹어서 배탈이 났어요. 그래서 어머니와 함께 ㉡내과에 갔어요. 의사 선생님께서는 배탈이 낫기 전까지 약을 먹으라고 하셨어요. 집으로 돌아오는 길에 ㉢소방서에서 파는 맛있는 떡볶이를 보았지만, 민재는 침을 삼켜야만 했어요.

(㉡)

해설 ㉠에는 '추석'이, ㉢에는 '시장'이 들어가야 알맞습니다.

06 다음 ㉠과 ㉡에 들어갈 알맞은 낱말을 보기에서 찾아 쓰세요.

보기: 설날 정월 대보름

새해가 되자마자 맞이하는 두 개의 명절이 있어요. 먼저 음력 1월 1일인 [㉠]에는 "새해 복 많이 받으세요."라는 말로 인사를 나누며, 새해의 시작을 축하해요. 그로부터 14일 후인 [㉡]에는 밤에 보름달을 바라보며, 건강과 풍년을 기원하고 소원을 빌어요.

(1) ㉠: (설날) (2) ㉡: (정월 대보름)

07 다음 밑줄 친 부분과 바꾸어 쓸 수 있는 낱말로 알맞은 것은 무엇인가요? (⑤)

한복은 우리 조상들이 입었던 전통적인 옷이에요. 남자는 허리까지 오는 저고리와 통이 넓은 바지를 입고, 발목에 끈을 묶었어요. 여자는 짧은 저고리와 풍성한 모양의 치마를 입었어요. 요즘에는 한복에 다양한 색이 사용되지만, 옛날에는 주로 한복을 흰색으로 만들었어요. 흰색은 우리 민족의 순수함을 나타내요.

① 부모 ② 친척 ③ 무궁화 ④ 태극기 ⑤ 한민족

해설 '한민족'은 '한반도와 그에 딸린 섬에서 옛날부터 살아온 우리나라의 중심이 되는 민족.'을 뜻합니다. 그러므로 밑줄 친 '우리 민족'과 바꾸어 쓸 수 있습니다.

94쪽 95쪽

96쪽 / 97쪽

[08~10] 다음 글을 읽고, 물음에 답하세요.

동네 주민을 돕는 파출소, 불을 끄고 응급 상황에 대처하는 [㉠], 학생들을 가르치는 학교 등에 가면 태극기를 쉽게 볼 수 있어요.

태극기는 우리나라를 나타내는 국기로, 1882년에 고종이 박영효라는 사람에게 만들게 했어요. 태극기는 흰색 바탕의 가운데에 빨간색과 파란색의 태극무늬가 들어 있고, 네 개의 모서리에는 검은색 선들이 있어요. 이 선은 '괘'라고 부르며, 각각 하늘, 땅, 물, 불을 상징해요. 이 상징들은 자연과 함께 살아가고 싶어 했던 우리 민족의 소망을 나타내요. 또한, 태극기에는 서로 다른 것들이 조화를 이루며 어우러진다는 의미도 담겨 있어요. 그래서 태극무늬를 중심으로 만들어진 태극기는 한민족이 새롭고 좋은 것을 만들어 내고 싶어 한다는 뜻을 나타내지요. 이는 우리 조상들이 항상 미래를 생각하고, 더 나은 세상을 만들고자 노력했다는 것을 보여 줘요.

08 ㉠에 들어갈 낱말로 알맞은 것에 ○표 하세요.

(도서관 , (소방서))

해설 이 글에서 '불을 끄고 응급 상황에 대처하는'이라는 내용을 통해 볼 때 ㉠에는 '불을 끄거나 불이 나지 않게 예방하는 업무를 맡아보는 곳.'이라는 뜻의 '소방서'가 들어가야 알맞습니다.

09 다음 뜻을 가진 낱말을 윗글에서 찾아 네 글자로 쓰세요.

우리 민족이 세운 나라를 이르는 말.

(우리나라)

10 다음은 윗글의 제목입니다. 빈칸에 들어갈 낱말로 알맞은 것은 무엇인가요? (④)

[ ]에 담겨 있는 의미

① 모양 ② 무궁화 ③ 애국가 ④ 태극기 ⑤ 공공장소

해설 이 글은 태극기에 관한 설명을 담고 있습니다. 그러므로 빈칸에는 '대한민국을 상징하는 국기.'라는 뜻의 '태극기'가 들어가야 알맞습니다.

디지털 속 한 문장

정답 및 해설 23쪽

다음을 보고, 명절이라는 낱말을 넣어 내가 가장 좋아하는 명절과 그 이유를 써 보세요.

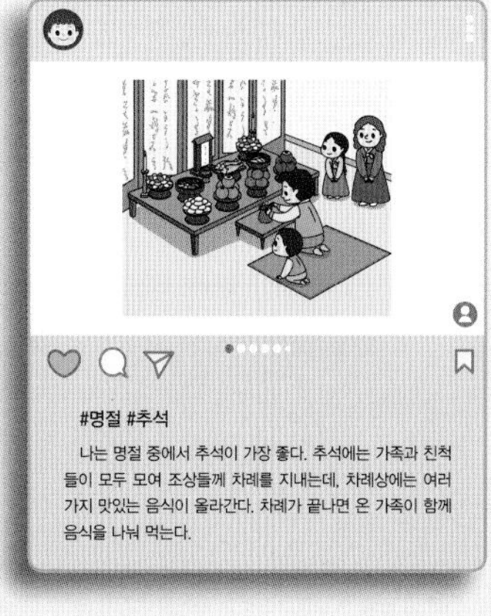

예 나는 명절 중에 설날이 제일 좋다. 왜냐하면 설날에는 맛있는 떡국을 먹기 때문이다.

96쪽 97쪽

100쪽 / 101쪽

공부한 날짜 월 일

정답 및 해설 24쪽

과학 주제 01 봄에 대해 알아볼까?

낱말밭

오랜만에 내리는 봄비가 새싹의 잠을 완전히 깨웠어요. 새싹은 처음 보는 세상이 신기했어요.

봄비

새싹은 비가 그친 뒤 불어오는 봄바람에 기분이 좋아졌어요. 쌀쌀한 겨울바람과 달리 봄바람은 따스했거든요.

봄바람

봄

봄이 오자 나뭇가지에 새싹이 얼굴을 내밀었어요. 새싹은 아직도 잠이 덜 깬 듯 어리둥절했어요.

나들이

어미 닭이 병아리들을 데리고 나들이를 가고 있었어요. 새싹은 손을 흔들며 인사했어요.

따뜻하다

따뜻한 햇살이 새싹을 비춰 주었어요. 새싹은 햇살을 받으며 다시 낮잠에 빠져들었어요.

다음 글을 읽으며, 빈칸에 들어갈 낱말을 따라 써 보세요.

(1) 봄 보통 3월부터 5월까지의 기간을 말해요. 봄이 되면 날씨가 (2) 따뜻해지고 쑥 자라기 시작해요. 그리고 (3) 봄비 리면 겨울 동안 얼었던 땅이 녹고, 나무에는 새로운 잎과 가지가 나요. 이를 통해 우리는 봄의 시작을 알 수 있어요.

봄에는 개나리, 진달래 등 여러 가지 꽃이 피어나요. 겨울 동안 보이지 않았던 벌과 나비 같은 곤충들은 꿀을 찾으러 바쁘게 움직여요. 사람들도 들판과 산으로 (4) 나들이 고, 소풍을 가거나 자전거를 타는 등 다양한 바깥 활동을 해요.

우리 몸은 겨울 동안 부족했던 햇빛을 많이 받아서 힘이 나요. 또한, 차가운 겨울바람과 다르게 따스한 (5) 봄바람 들의 기분을 좋게 만들어 줘요. 이처럼 봄은 새로운 시작을 알리는 계절이에요.

낱말밭 사전 확인

- **봄** 한 해의 네 계절 가운데 첫째 계절. 겨울과 여름 사이이며, 3~5월을 이름.
- **봄비** 봄철에 오는 비. 특히 조용히 가늘게 오는 비를 이름.
- **봄바람** 봄철에 불어오는 바람.
- **나들이** 집을 떠나 가까운 곳에 잠시 다녀오는 일.
- **따뜻하다** 덥지 않을 정도로 온도가 알맞게 높다.

102쪽 / 103쪽

정답 및 해설 24쪽

과학 주제 01 낱말밭 일일학습

1단계 확인과 적용

01 다음 뜻을 가진 낱말을 보기에서 찾아 쓰세요.

보기: 나들이 봄바람 따뜻하다

(1) 봄철에 불어오는 바람. (봄바람)
(2) 덥지 않을 정도로 온도가 알맞게 높다. (따뜻하다)
(3) 집을 떠나 가까운 곳에 잠시 다녀오는 일. (나들이)

02 다음 밑줄 친 낱말의 뜻으로 알맞은 것을 찾아 ○표 하세요.

나는 봄을 맞이하여 겨울에 입었던 두꺼운 옷들을 정리했다.

① 봄철에 오는 비. ( )
② 한 해의 네 계절 가운데 첫째 계절. (○)

해설 ①은 '봄비'의 뜻입니다.

03 다음 중 밑줄 친 낱말이 바르게 사용된 문장을 찾아 ○표 하세요.

① 나는 장갑을 껴서 손이 따뜻해졌다. (○)
② 놀이공원에 봄바람을 나온 가족들이 많았다. ( )

해설 ②는 놀이공원에 놀러 온 가족들이 많다는 내용입니다. 그러므로 '봄바람' 대신에 '집을 떠나 가까운 곳에 잠시 다녀오는 일.'이라는 뜻의 '나들이'가 들어가야 합니다.

04 다음 빈칸에 들어갈 낱말로 알맞은 것은 무엇인가요? (④)

3월이 되자마자 일주일 동안 [ ]가 내렸다.

① 봄 ② 단오 ③ 명절 ④ 봄비 ⑤ 추석

05 다음 빈칸에 들어갈 낱말로 알맞은 것을 찾아 ○표 하세요.

봄이 되어 날씨가 따뜻해지자, 주말에 [ ]을/를 떠나는 사람들이 많아졌어요. 가족이나 친구와 함께 봄꽃을 보러 가거나 공원에서 가벼운 운동을 하기도 해요.

(나들이(○), 봄바람)

06 다음 ㉠과 ㉡에 들어갈 알맞은 낱말을 보기에서 찾아 쓰세요.

보기: 봄 봄비

한별이는 [㉠]이/가 내린다고 좋아하시는 어머니를 보고 고개를 갸우뚱했어요. 비가 오면 밖에 나가서 놀기 힘든데 말이에요. 어머니께서는 겨울이 지나고 [㉡]이/가 되면 기온이 올라가는데, 이때 비가 내리지 않으면 땅이 건조해져서 식물들이 자라기 힘들다고 말씀해 주셨어요.

(1) ㉠: (봄비) (2) ㉡: (봄)

해설 이 글은 한별이와 한별이의 어머니가 봄에 내리는 봄비에 관해 말하는 내용입니다. 그러므로 ㉠에는 '봄비'가, ㉡에는 '봄'이 들어가야 알맞습니다.

2단계 활용

07 다음 보기와 같이 주어진 낱말을 넣어 짧은 문장을 만들어 쓰세요.

보기: 나들이 — 우리 가족은 공원으로 나들이를 가기로 했다.

(1) 봄비 — 예) 봄이 되어 봄비가 내리자, 나무에 새싹이 돋아나기 시작했다.
(2) 따뜻하다 — 예) 나는 감기에 걸려서 따뜻한 물로 씻었다.

104쪽 / 105쪽

과학 주제 02 여름에 대해 알아볼까?

낱말밭

은율이는 무더위를 피하기 위해 집에서 시원한 선풍기 바람을 쐬며 아이스크림을 먹었어요.

무더위

은율이는 가족과 함께 바닷가로 피서를 갔어요. 바다에서 신나게 물놀이를 하며 즐거운 시간을 보냈어요.

피서 避 피할 피, 暑 더울 서

여름

은율이가 가장 좋아하는 계절은 여름이에요. 여름에는 재미있는 활동을 많이 할 수 있어요.

뙤약볕

은율이는 시골 할머니 댁에도 갔어요. 뙤약볕을 피해 원두막에서 수박을 맛있게 먹었어요.

덥다

여름은 날씨가 더워서 밖에서 놀면 얼굴에 땀이 흘러요. 그래도 은율이는 여름을 가장 좋아해요.

공부한 날짜 월 일

정답 및 해설 25쪽

다음 글을 읽으며, 빈칸에 들어갈 낱말을 따라 써 보세요.

(1) 여름 날씨가 매우 (2) 덥고 요. 그래서 사람들은 쉽게 지치고 더위를 느껴요. 여름에는 물을 자주 마시고 신선한 과일을 많이 먹는 게 좋아요. 특히 오후 12시부터 4시까지는 태양이 가장 강하게 비추기 때문에 (3) 뙤약볕 바깥 활동을 줄이는 것이 바람직해요.

여름철 (4) 무더위 내는 방법은 여러 가지가 있어요. 선풍기나 에어컨을 사용해 시원하게 지내거나, 계곡이나 바다에서 물놀이를 하면서 (5) 피서 길 수 있어요. 또, 삼계탕 같은 뜨거운 음식을 먹고 땀을 흘려서 몸의 체온을 조절할 수도 있어요. 팥빙수 같은 차가운 간식을 먹으면서 더위를 잊고 시원한 기분을 느낄 수도 있지요. 우리는 이러한 방법들로 여름의 더운 날씨를 이겨 낼 수 있어요.

낱말밭 사전 (확인✓)

- 여름 한 해의 네 계절 가운데 두 번째 계절. 봄과 가을 사이이며, 6~8월을 이름.
- 무더위 습도와 온도가 매우 높아 찌는 듯 견디기 어려운 더위.
- 피서 더위를 피하여 시원한 곳으로 옮김.
- 뙤약볕 여름날에 강하게 내리쬐는 몹시 뜨거운 볕.
- 덥다 공기의 온도가 높다.

106쪽 / 107쪽

과학 주제 02 낱말밭 일일학습

정답 및 해설 25쪽

1단계 확인과 적용

01 다음 뜻을 가진 낱말을 보기에서 찾아 쓰세요.

보기: 피서 뙤약볕 무더위

(1) 더위를 피하여 시원한 곳으로 옮김. (피서)
(2) 여름날에 강하게 내리쬐는 몹시 뜨거운 볕. (뙤약볕)
(3) 습도와 온도가 매우 높아 찌는 듯 견디기 어려운 더위. (무더위)

02 다음 문장의 빈칸에 들어갈 낱말을 찾아 선으로 이으세요.

(1) 오늘은 그늘 아래에 있어도 날씨가 ____. — ㉠ 덥다
(2) 봄이 지나 ____이/가 되면서 기온이 높아졌다. — ㉡ 여름
(3) 은상이네 가족들은 계곡으로 ____을/를 가기로 했다. — ㉢ 피서

03 다음 문장에 어울리는 낱말을 찾아 ○표 하세요.

(1) 나는 나무 아래에서 (여름 , (뙤약볕))을 피했다.
(2) (피서 , (무더위))에는 과일과 채소가 빨리 상할 수 있다.
(3) 더운 (봄 , (여름))이 지나고 가을이 오면 날씨가 시원해진다.

해설 '얼굴이 새까맣게 탔다.'라는 내용을 통해 빈칸에는 '여름날에 강하게 내리쬐는 몹시 뜨거운 볕.'이라는 뜻의 '④ 뙤약볕'이 들어가야 합니다.

04 다음 빈칸에 들어갈 낱말로 알맞은 것은 무엇인가요? (④)

____ 아래에서 고추를 땄더니 얼굴이 새까맣게 탔다.

① 봄비 ② 피서 ③ 봄바람 ④ 뙤약볕 ⑤ 운동장

05 다음 빈칸에 공통으로 들어갈 낱말로 알맞은 것은 무엇인가요? (②)

____은/는 날씨가 덥지만 비가 자주 오는 계절이에요. ____ 중간에 '장마'라는 시기에는 며칠 동안 비가 계속 내려요. 또, 갑자기 많은 양의 비가 오는 '집중 호우'도 있어요. 가끔은 '소나기'처럼 잠깐 내렸다가 금방 그치는 비도 내려요.

① 봄 ② 여름 ③ 무더위 ④ 봄바람 ⑤ 뙤약볕

해설 밑줄 친 부분은 '더위를 피하여 시원한 곳으로 옮김.'이라는 뜻의 '피서'와 바꾸어 쓸 수 있습니다.

06 다음 밑줄 친 부분과 바꾸어 쓸 수 있는 낱말로 알맞은 것을 찾아 ○표 하세요.

승환이는 낮잠을 자다가 너무 더워서 잠에서 깼어요. 선풍기를 켜고 다시 누웠더니 시원한 바람에 다시 잠들 것 같았어요. 그런데 그때 어머니께서 더위를 피해서 시원한 곳에 가는 게 좋겠다고 하셨어요. 승환이는 눈을 번쩍 뜨고 일어났어요. 그런데 그 곳은 차가운 물이 가득한 욕조였어요.

((피서), 뙤약볕)

2단계 활용

07 다음 문장의 빈칸에 들어갈 낱말을 보기에서 찾아 쓰고, 완성된 문장을 그대로 따라 써 보세요.

보기: 여름 피서 더워서 무더위

(1) 농부는 (무더위) 속에서 땀을 흘리며 일을 했다.
농부는 무더위 속에서 땀을 흘리며 일을 했다.

(2) 나는 날씨가 너무 (더워서) 시원한 수박이 생각났다.
나는 날씨가 너무 더워서 시원한 수박이 생각났다.

정답 및 해설 26쪽

과학 주제 03 낱말밭 일일학습

1단계 확인과 적용

01 다음 낱말의 뜻으로 알맞은 것을 보기에서 찾아 기호를 쓰세요.

보기
㉠ 말라서 물기가 없다.
㉡ 말라서 떨어진 나뭇잎.
㉢ 익거나 다 자란 곡식이나 채소를 거두어들임.

(1) 낙엽 (㉡) (2) 수확 (㉢) (2) 건조하다 (㉠)

02 다음 밑줄 친 낱말의 뜻으로 알맞은 것을 찾아 ○표 하세요.

가을이 되자, 푸르렀던 나뭇잎이 붉은 단풍으로 변했다.

① 한 해의 네 계절 가운데 세 번째 계절. ( )
② 날씨의 변화로 식물의 잎이 붉은색이나 누런색으로 변하는 현상. (○)

해설 ①은 '가을'의 뜻입니다.

03 다음 문장에 어울리는 낱말을 찾아 ○표 하세요.

(1) 날씨가 (건조해서(○) , 따뜻해서) 입술이 자주 텄다.
(2) 농부가 과수원에서 잘 익은 감을 (수확(○) , 피서)했다.
(3) 여름이 지나고 (봄 , 가을(○))이 오면 시원한 바람이 분다.

04 다음 밑줄 친 부분과 바꾸어 쓸 수 있는 낱말로 알맞은 것은 무엇인가요? (①)

가을이 되면 공원에 나무에서 떨어진 마른 나뭇잎이 쌓인다.

① 낙엽 ② 단풍 ③ 무궁화 ④ 무더위 ⑤ 봄바람

해설 밑줄 친 부분은 '말라서 떨어진 나뭇잎.'이라는 뜻의 '① 낙엽'과 바꾸어 쓸 수 있습니다.

05 다음 ㉠과 ㉡에 들어갈 알맞은 낱말을 보기에서 찾아 쓰세요.

보기
가을 건조

인호는 ㉠ 이/가 되자 피부가 가렵고 거칠어졌어요. 아버지께 여쭈어보니, 여름에 비해 공기가 ㉡ 해져서 피부가 간지러울 수 있다고 하셨어요. 물을 많이 마시고 몸에 로션을 바르는 것이 좋다고 말씀하셨어요.

(1) ㉠: (가을) (2) ㉡: (건조)

해설 이 글에서 '여름에 비해 공기가 어떠해져서 피부가 간지러울 수 있다'라는 내용을 통해 ㉠에는 '가을'이, ㉡에는 '건조'가 들어가야 알맞다는 것을 알 수 있습니다.

06 다음 빈칸에 들어갈 낱말로 알맞은 것을 찾아 ○표 하세요.

나무는 여름에 햇빛을 받아 잎에서 에너지를 만들고 그 덕분에 건강하게 자랄 수 있어요. 하지만 가을이 되면 기온이 낮아져서 잎에서 에너지를 만들기가 점점 어려워지고, 나무는 겨울이 오기 전에 잎을 떨어트리게 돼요. 이때 나뭇잎은 이/가 되어 땅에 떨어지고, 나무는 겨울을 준비하게 되지요.

(단풍 , 낙엽(○))

2단계 활용

07 다음 보기와 같이 주어진 낱말을 넣어 짧은 문장을 만들어 쓰세요.

보기
가을
여름이 지나고 가을이 오면 자연은 새로운 색깔로 물든다.

(1) 단풍
예 가을이 되어 은행나무가 노랗게 단풍이 들었다.

(2) 건조하다
예 사막은 날씨가 매우 건조해서 생물들이 살기 어렵다.

110쪽 111쪽

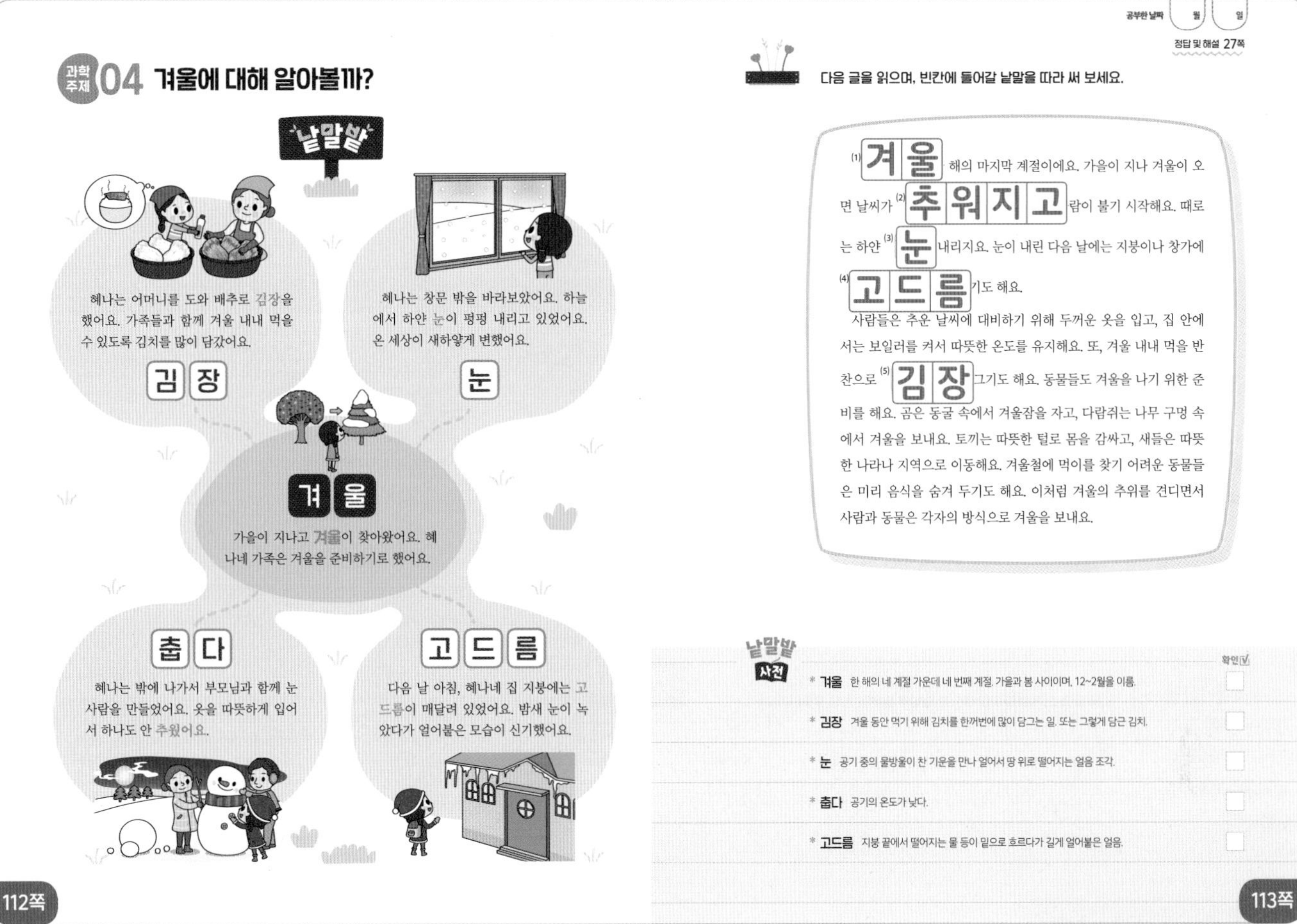
과학 주제 04 겨울에 대해 알아볼까?

낱말밭

혜나는 어머니를 도와 배추로 김장을 했어요. 가족들과 함께 겨울 내내 먹을 수 있도록 김치를 많이 담갔어요.

김 장

혜나는 창문 밖을 바라보았어요. 하늘에서 하얀 눈이 펑펑 내리고 있었어요. 온 세상이 새하얗게 변했어요.

눈

겨 울

가을이 지나고 겨울이 찾아왔어요. 혜나네 가족은 겨울을 준비하기로 했어요.

춥 다

혜나는 밖에 나가서 부모님과 함께 눈사람을 만들었어요. 옷을 따뜻하게 입어서 하나도 안 추웠어요.

고 드 름

다음 날 아침, 혜나네 집 지붕에는 고드름이 매달려 있었어요. 밤새 눈이 녹았다가 얼어붙은 모습이 신기했어요.

112쪽

공부한 날짜 월 일

정답 및 해설 27쪽

다음 글을 읽으며, 빈칸에 들어갈 낱말을 따라 써 보세요.

(1) 겨울 해의 마지막 계절이에요. 가을이 지나 겨울이 오면 날씨가 (2) 추워지고 람이 불기 시작해요. 때로는 하얀 (3) 눈 내리지요. 눈이 내린 다음 날에는 지붕이나 창가에 (4) 고드름 기도 해요.

사람들은 추운 날씨에 대비하기 위해 두꺼운 옷을 입고, 집 안에서는 보일러를 켜서 따뜻한 온도를 유지해요. 또, 겨울 내내 먹을 반찬으로 (5) 김장 그기도 해요. 동물들도 겨울을 나기 위한 준비를 해요. 곰은 동굴 속에서 겨울잠을 자고, 다람쥐는 나무 구멍 속에서 겨울을 보내요. 토끼는 따뜻한 털로 몸을 감싸고, 새들은 따뜻한 나라나 지역으로 이동해요. 겨울철에 먹이를 찾기 어려운 동물들은 미리 음식을 숨겨 두기도 해요. 이처럼 겨울의 추위를 견디면서 사람과 동물은 각자의 방식으로 겨울을 보내요.

낱말밭 사전 확인

* 겨울 한 해의 네 계절 가운데 네 번째 계절. 가을과 봄 사이이며, 12~2월을 이름.
* 김장 겨울 동안 먹기 위해 김치를 한꺼번에 많이 담그는 일. 또는 그렇게 담근 김치.
* 눈 공기 중의 물방울이 찬 기운을 만나 얼어서 땅 위로 떨어지는 얼음 조각.
* 춥다 공기의 온도가 낮다.
* 고드름 지붕 끝에서 떨어지는 물 등이 밑으로 흐르다가 길게 얼어붙은 얼음.

113쪽

114쪽 / 115쪽

과학 주제 04 낱말밭 일일학습

정답 및 해설 27쪽

1단계 확인과 적용

01 다음 낱말의 뜻으로 알맞은 것을 보기에서 찾아 기호를 쓰세요.

보기
㉠ 공기의 온도가 낮다.
㉡ 한 해의 네 계절 가운데 네 번째 계절.
㉢ 지붕 끝에서 떨어지는 물 등이 밑으로 흐르다가 길게 얼어붙은 얼음.

(1) 겨울 (㉡) (2) 춥다 (㉠) (3) 고드름 (㉢)

02 다음 첫 자음자를 보고, 빈칸에 들어갈 알맞은 낱말을 쓰세요.

(1) ㄱ ㅈ

온 가족이 모여 올겨울에 먹을 (김장)을/를 담갔다.

(2) ㄱ ㅇ

(겨울)이/가 가고 봄이 오면 나무들이 새싹을 틔운다.

03 다음 문장의 빈칸에 들어갈 낱말을 찾아 선으로 이으세요.

(1) 이번 ☐은 강물이 얼 정도로 춥다. — ㉡ 겨울
(2) 현수와 친구들은 ☐(으)로 눈사람을 만들었다. — ㉠ 눈
(3) 날씨가 따뜻해지자 창문에 매달린 ☐이 녹기 시작했다. — ㉢ 고드름

해설
'덥다'는 '공기의 온도가 높다.'라는 뜻이므로, '공기의 온도가 낮다.'라는 뜻의 '춥다'와 뜻이 반대되는 낱말입니다.

04 다음 밑줄 친 낱말과 뜻이 반대되는 낱말로 알맞은 것을 찾아 ○표 하세요.

아프리카는 일 년 내내 매우 덥다.

((춥다), 따뜻하다)

05 다음 빈칸에 공통으로 들어갈 낱말로 알맞은 것은 무엇인가요? (④)

겨울에 지붕에서 흘러내린 물이 차가운 공기와 만나면 얼어붙기 시작해요. 처음에는 작은 얼음 조각이지만, 흘러내리는 물이 계속 얼어붙기 시작하면서 길이가 긴 ☐이 만들어져요. 그래서 겨울에는 여러 가지 모양의 ☐을 볼 수 있어요.

① 눈 ② 낙엽 ③ 단풍 ④ 고드름 ⑤ 봄바람

해설
빈칸에는 공통으로 '겨울 동안 먹기 위해 김치를 한꺼번에 많이 담그는 일.'이라는 뜻의 '김장'이 들어가야 합니다.

06 다음 빈칸에 공통으로 들어갈 알맞은 낱말을 보기에서 찾아 쓰세요.

보기
눈 김장 고드름

☐은 겨울을 나기 위해 많은 양의 김치를 담그는 우리나라의 전통 문화예요. 배추와 무, 양념을 사용해서 김치를 만들어요. ☐에는 가족과 이웃이 함께 모여 정을 나누며 겨울철 먹거리를 준비하던 문화적 의미가 담겨 있어요.

(김장)

2단계 활용

07 다음 문장의 빈칸에 들어갈 낱말을 보기에서 찾아 쓰고, 완성된 문장을 그대로 따라 써 보세요.

보기
눈 겨울 김장 고드름

(1) 우리나라는 12월에 (눈)이 자주 내린다.

우리나라는 12월에 눈이 자주 내린다.

(2) 많은 집들이 겨울을 준비하며 (김장)을 한다.

많은 집들이 겨울을 준비하며 김장을 한다.

114쪽 115쪽

116쪽 / 117쪽

공부한 날짜 월 일

과학 주제 01~04 **낱말밭** 주간학습

정답 및 해설 28쪽

01 다음 빈칸에 들어갈 낱말을 보기에 있는 글자 카드로 만들어 쓰세요.

보기: 겨 눈 울

(1) 날씨가 추워서 (눈)이/가 녹지 않고 계속 쌓였다.
(2) 차가운 바람이 불던 (겨울)이/가 지나고 봄이 왔다.

02 다음 문장의 빈칸에 들어갈 낱말을 찾아 선으로 이으세요.

(1) 친구가 노랗게 물든 ( )을 나에게 줬다. — ㉡ 단풍
(2) 지붕에 매달린 ( )이 녹아서 아래로 떨어졌다. — ㉢ 고드름
(3) 겨울에 먹으려고 담근 ( )이 맛있게 익어서 나는 밥을 많이 먹었다. — ㉠ 김장

해설: 하준이는 여름의 더운 날씨에 관해 설명하고 있습니다. 그러므로 '추워' 대신에 '더워'가 들어가야 알맞습니다.

03 다음 중 밑줄 친 낱말을 바르게 사용하여 말한 친구의 이름을 쓰세요.

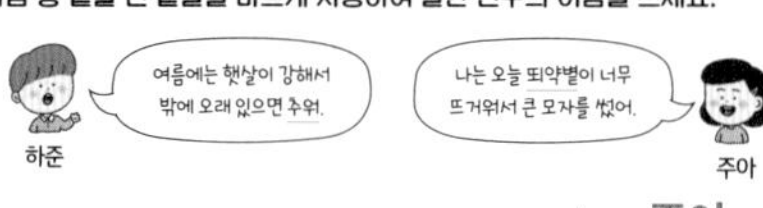

(주아)

해설: 밑줄 친 부분은 '집을 떠나 가까운 곳에 잠시 다녀오는 일.'이라는 뜻의 '② 나들이'와 뜻이 비슷합니다.

04 다음 밑줄 친 부분과 뜻이 비슷한 낱말로 알맞은 것은 무엇인가요? (②)

희진이는 동생에게 가까운 곳에 잠시 나갔다 오자고 했어요. 그 사이에 가족들은 동생의 생일 파티를 준비했어요. 희진이와 동생이 집에 돌아오자, 가족들은 "생일 축하해!"를 외쳤어요. 동생은 깜짝 놀라며 기뻐했어요.

① 교무실 ② 나들이 ③ 무더위 ④ 봄바람 ⑤ 공공장소

116쪽

해설: 빈칸에는 공통으로 '말라서 물기가 없다.'라는 뜻의 '① 건조'가 들어가야 알맞습니다.

05 다음 빈칸에 공통으로 들어갈 낱말로 알맞은 것은 무엇인가요? (①)

- 가을에는 ( )한 바람이 분다.
- 나는 방이 ( )해서 가습기를 켰다.
- 오징어를 햇볕에 ( )하면 오래 보관할 수 있다.

① 건조 ② 김장 ③ 따뜻 ④ 수확 ⑤ 피서

해설: '가을이 되면 산과 거리에 있는 나무에 울긋불긋한'이라는 내용을 통해, 빈칸에는 '날씨의 변화로 식물의 잎이 붉은색이나 누런색으로 변하는 현상. 또는 그렇게 변한 잎.'이라는 뜻을 가진 '단풍'이 들어가야 알맞습니다.

06 다음 빈칸에 들어갈 낱말로 알맞은 것을 찾아 ○표 하세요.

가을이 되면 산과 거리에 있는 나무에 울긋불긋한 ( )이 들어요. 이는 나무가 겨울을 준비하는 과정 중의 하나예요. 봄과 여름 동안 나뭇잎에서 영양분을 만드는 엽록소라는 초록색 색소가 가을이 되면 물과 햇빛이 부족해져서 점점 사라져요. 그래서 나뭇잎에 들어 있는 다른 색소들이 보이게 되고, 나뭇잎이 노란색이나 붉은색으로 바뀌어요.

(낙엽 , (단풍))

07 다음 ㉠과 ㉡에 들어갈 알맞은 낱말을 보기에서 찾아 쓰세요.

보기: 여름 무더위

(㉠)은/는 날씨가 덥고 습해서 몸이 뜨거워지기 쉬워요. 이럴 때는 열사병, 탈수증, 햇빛 화상 같은 병이 생길 수 있어요. 열사병은 몸이 너무 뜨거워져서 생기는 병이고, 탈수증은 몸에 물이 부족해져서 생기는 증상을 말해요. 햇빛 화상은 햇볕을 많이 쬐어 피부가 빨개지거나 아픈 것이에요. 그러므로 (㉡)이/가 심할 때는 충분히 물을 마시고, 자외선 차단제를 바르며, 시원한 곳에서 지내는 것이 중요해요.

(1) ㉠: (여름) (2) ㉡: (무더위)

117쪽

118쪽 / 119쪽

[08~10] 다음 글을 읽고, 물음에 답하세요.

제철 음식이 무엇인지 알고 있나요? '제철'은 '알맞은 시절'이라는 뜻으로, 제철 음식은 바로 그 계절에 수확하여 먹는 음식을 말해요. ㉠따뜻한 봄에는 쑥과 매실, ㉡더운 여름에는 수박과 참외, 단풍이 드는 가을에는 사과와 감, ㉢추운 겨울에는 귤 등이 대표적인 제철 음식이에요. 이처럼 자연의 변화에 따라 제철 음식의 종류가 다양해요.

옛날에는 기술이 발달하지 않아서 그 계절이 되어야만 계절에 맞는 음식을 먹을 수 있었어요. 하지만 요즘은 비닐하우스 같은 기술 덕분에 계절에 상관없이 다양한 음식을 즐길 수 있게 되었어요. 그래도 각각의 계절마다 나오는 제철 음식이 가장 신선하고 영양분도 많기 때문에 제철에 나는 음식을 먹는 것이 좋아요. 계절마다 새로운 맛을 느끼고, 건강도 챙길 수 있으니까요.

해설: 빈칸에는 '덥지 않을 정도로 온도가 알맞게 높다.'라는 뜻의 '㉠ 따뜻한'이 들어가야 합니다.

08 다음 빈칸에 공통으로 들어갈 낱말을 ㉠~㉢ 중에서 찾아 기호를 쓰세요.

- 겨울인데도 봄처럼 ( ) 날씨이다.
- 햇빛이 잘 들어와서 항상 ( ) 내 방.

(㉠)

09 다음 뜻을 가진 낱말을 윗글에서 찾아 한 글자로 쓰세요.

한 해의 네 계절 가운데 첫째 계절.

(봄)

해설: 이 글은 바로 그 계절에 수확한 제철 음식을 먹어야 하는 이유에 관한 내용을 담고 있으므로, 빈칸에는 '③ 수확'이 들어가야 알맞습니다.

10 다음은 윗글의 제목입니다. 빈칸에 들어갈 낱말로 알맞은 것은 무엇인가요? (③)

그 계절에 ( )한 제철 음식을 먹어야 하는 이유

① 김장 ② 건조 ③ 수확 ④ 표현 ⑤ 피서

118쪽

디지털 속 한 문장

정답 및 해설 28쪽

다음을 보고, 단풍이라는 낱말 넣어 ㉠에 들어갈 대화 글을 써 보세요.

예) 가을에는 단풍을 볼 수 있고, 날씨도 시원해서 정말 좋아. 나도 가족들한테 축제에 갈 수 있는지 물어봐야겠어.

119쪽

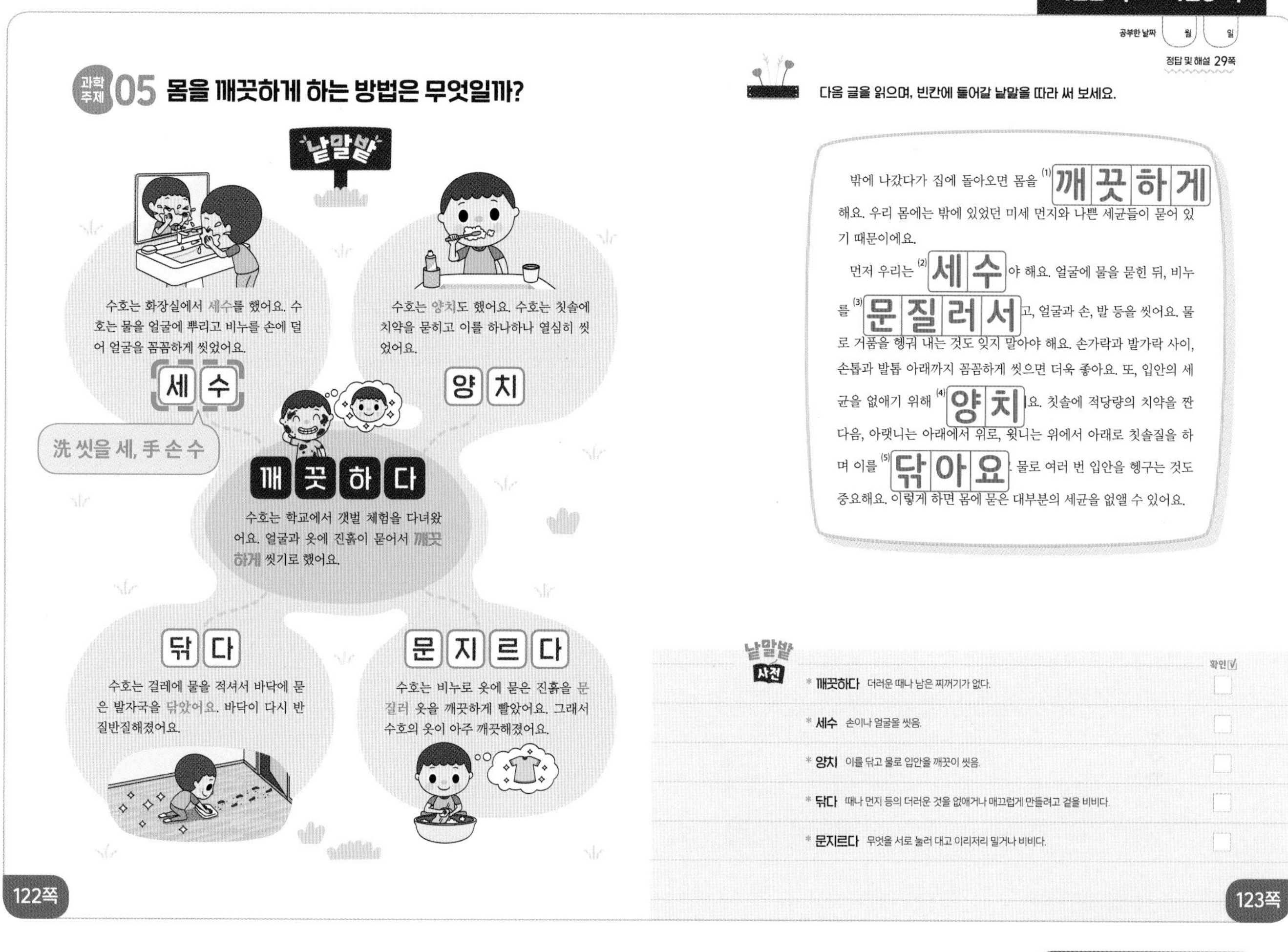

과학 주제 05 낱말밭 일일학습

정답 및 해설 29쪽

1단계 확인과 적용

01 다음 뜻을 가진 낱말을 보기에서 찾아 쓰세요.

보기: 닦다 세수 양치

(1) 손이나 얼굴을 씻음. (세수)
(2) 이를 닦고 물로 입안을 깨끗이 씻음. (양치)
(3) 때나 먼지 등의 더러운 것을 없애거나 매끄럽게 만들려고 겉을 비비다. (닦다)

해설 ①은 '혜수가 과자를 먹고 나서 칫솔로 이를 닦았다.'라는 내용이므로, '세수' 대신에 '양치'가 들어가야 알맞습니다.

02 다음 밑줄 친 낱말이 바르게 사용된 것을 찾아 ○표 하세요.

① 혜수는 과자를 먹고 나서 칫솔로 세수를 했다. ( )
② 누나가 책상에 묻은 물감을 휴지로 문질러 없앴다. (○)

해설 이 문장은 '민주가 장난감에 묻은 먼지를 없앴다.'라는 내용이므로, 빈칸에는 '때나 먼지 등의 더러운 것을 없애거나 매끄럽게 만들려고 겉을 비비다.'라는 뜻의 '② 닦았다'가 들어가야 알맞습니다.

03 다음 문장에 어울리는 낱말을 찾아 ○표 하세요.

(1) 영후는 얼굴에 음식이 묻어서 (세수(○), 양치)를 했다.
(2) 옷장에서 방금 꺼내 신어서 양말이 (깨끗하다(○), 문지르다).
(3) 나는 컵에 남아 있던 얼룩을 수건으로 (닦았다(○), 건조했다).

04 다음 빈칸에 들어갈 낱말로 알맞은 것은 무엇인가요? (②)

민주는 장난감에 묻은 먼지를 ☐.

① 그렸다 ② 닦았다 ③ 더웠다 ④ 건조했다 ⑤ 만들었다

05 다음 빈칸에 들어갈 낱말로 알맞은 것은 무엇인가요? (④)

소금은 세균을 줄이고 입안의 붓기를 가라앉혀 줘요. 그래서 치약이 없던 옛날에는 소금을 사용해서 ☐을/를 하기도 했어요. 우리도 옛날 사람들처럼 물 한 컵에 소금을 섞어서 소금물로 입을 헹구어 이를 닦을 수 있어요. 단, 소금을 너무 자주 사용하면 이가 상할 수 있으니 조심해야 해요.

① 세수 ② 소리 ③ 수확 ④ 양치 ⑤ 예의

해설 ㉡은 '문지르다'의 뜻입니다.

06 다음 밑줄 친 낱말의 뜻으로 알맞은 것을 보기에서 찾아 기호를 쓰세요.

보기
㉠ 더러운 때나 남은 찌꺼기가 없다.
㉡ 무엇을 서로 눌러 대고 이리저리 밀거나 비비다.

머릿니는 머리카락에 사는 작은 벌레예요. 머리카락이 더럽거나 여러 사람과 물건을 함께 사용할 때 생길 수 있어요. 머릿니가 있으면 머리가 가려지는데, 이를 치료하려면 머리카락을 자주 빗어주고 머리를 깨끗하게 감아야 해요.

(㉠)

2단계 활용

07 다음 보기와 같이 주어진 낱말을 넣어 짧은 문장을 만들어 쓰세요.

보기: 닦다
아버지께서는 자동차 유리창을 깨끗이 닦다가 잠시 쉬셨어요.

(1) 세수
예 형주는 날씨가 더워서 세수를 세 번이나 했다.

(2) 문지르다
예 아버지께서는 더러워진 구두를 걸레로 문질렀다.

126쪽 / 127쪽

공부한 날짜 월 일

정답 및 해설 30쪽

과학 주제 06 동물의 생애는 어떻게 흘러갈까?

낱말밭

검은코뿔소는 암수에 따라 뿔의 모양이 달라요. 암컷은 뿔이 길고 얇으며, 수컷은 뿔이 두꺼워요.

암수

검은코뿔소는 짝짓기를 통해 번식을 해요. 암컷과 수컷은 건강한 새끼를 낳기 위해 준비를 해요.

번식 — 繁 많을 번, 殖 번성할 식

동물 — 動 움직일 동, 物 만물 물

검은코뿔소는 아프리카에 사는 동물이에요. 초원에서 풀과 나뭇잎을 먹고 살아요.

出 날 출, 産 낳을 산

출산

암컷 검은코뿔소는 2년에서 3년마다 한 마리의 새끼를 출산해요. 새끼는 어미의 보호를 받으면서 자라요.

멸종 — 滅 멸망할 멸, 種 씨 종

검은코뿔소는 지구에서 사라져 가는 멸종 위기 동물이에요. 이를 보호하기 위해 우리 모두의 관심이 필요해요.

다음 글을 읽으며, 빈칸에 들어갈 낱말을 따라 써 보세요.

(1) 동물은 어떻게 살아갈까요? 동물이 세상에 태어나서 죽을 때까지의 과정을 동물의 한살이, 또는 동물의 생애 주기라고 해요. 모든 동물은 각자의 방법으로 태어나고 자라며 (2) 번식해요.

대부분의 동물들은 어른이 되면 암컷과 수컷이 만나서 짝짓기를 해요. 포유류인 개, 사슴, 사자, 고래 등의 동물들은 새끼를 (3) 출산하는 반면에 물고기, 곤충, 새와 같은 동물들은 보통 알을 낳아요. 부모들은 자신의 새끼를 돌보며 필요한 것을 가르쳐요. 새끼들은 어미의 젖을 먹거나 먹이를 먹으면서 자라요. 다 자란 후에는 (4) 암수를 찾아 다시 번식을 해요.

이처럼 동물들은 각각의 생애 주기를 가지고 있으며, 이를 통해 자신의 생명을 이어 가고 (5) 멸종하지 않도록 노력해요.

낱말밭 사전 확인

* 동물 사람을 제외하고 걷거나 기거나 날거나 물에 사는 모든 짐승을 통틀어 이르는 말.
* 암수 암컷과 수컷을 함께 이르는 말.
* 번식 동물이나 식물의 수가 늘어서 많이 퍼짐.
* 출산 아이를 낳음.
* 멸종 생물의 한 종류가 아주 없어짐.

126쪽 127쪽

128쪽 / 129쪽

정답 및 해설 30쪽

과학 주제 06 낱말밭 일일학습

1단계 확인과 적용

01 다음 낱말의 뜻으로 알맞은 것을 보기에서 찾아 기호를 쓰세요.

보기
㉠ 아이를 낳음.
㉡ 암컷과 수컷을 함께 이르는 말.
㉢ 생물의 한 종류가 아주 없어짐.

(1) 멸종 (㉢) (2) 암수 (㉡) (3) 출산 (㉠)

02 다음 첫 자음자를 보고, 빈칸에 들어갈 알맞은 낱말을 쓰세요.

(1) ㅂ ㅅ
개구리는 보통 물속에서 알을 낳아 (번식)한다.

(2) ㄷ ㅁ
기린과 코끼리는 주로 아프리카 대륙에서 사는 (동물)이다.

03 다음 문장에 어울리는 낱말을 찾아 ○표 하세요.

(1) 이모는 병원에서 아기를 (번식 , 출산(○))했다.
(2) 매머드는 약 4,000년 전에 (멸종(○) , 출산)되었다.
(3) 동물원에서는 여러 종류의 (동물(○) , 멸종)을 볼 수 있다.

해설 민들레가 씨앗을 퍼뜨리는 내용이므로, 빈칸에는 '동물이나 식물의 수가 늘어서 많이 퍼짐.'이라는 뜻의 '② 번식'이 들어가야 알맞습니다.

04 다음 빈칸에 들어갈 낱말로 알맞은 것은 무엇인가요? (②)

민들레는 씨앗을 바람에 날려서 [ ]을/를 한다.

① 멸종 ② 번식 ③ 세수 ④ 암수 ⑤ 표현

해설 '출산'은 '아이를 낳음.'이라는 뜻이므로, ②의 빈칸에 들어가야 알맞습니다. ①의 빈칸에는 '번식'이 들어가야 알맞습니다.

05 다음 밑줄 친 낱말과 같은 낱말이 들어갈 문장에 ○표 하세요.

우리 집 강아지가 새끼 세 마리를 출산했다.

① 선인장이 [ ]하여 화분이 가득 찼다. ( )
② 이 동물은 한 번에 여러 마리의 새끼를 [ ]한다. (○)

06 다음 ㉠과 ㉡에 들어갈 알맞은 낱말을 보기에서 찾아 쓰세요.

보기 멸종 번식 암수

달팽이는 암컷과 수컷의 구분이 없는 동물이에요. 그래서 모든 달팽이는 알을 낳을 수 있어요. 이들은 혼자서도 [㉠]할 수 있지만, 보통 다른 달팽이와 짝짓기를 해서 알을 낳아요. 달팽이처럼 [㉡] 구분이 없는 동물로 지렁이도 있어요.

(1) ㉠: (번식) (2) ㉡: (암수)

2단계 활용

07 다음 문장의 빈칸에 들어갈 낱말을 보기에서 찾아 쓰고, 완성된 문장을 그대로 따라 써 보세요.

보기 동물 번식 암수 출산

(1) 닭은 새이지만 하늘을 날 수 없는 (동물)이다.
닭은 새이지만 하늘을 날 수 없는 동물이다.

(2) 황새는 (암수) 두 마리가 번갈아 가며 알을 품는다.
황새는 암수 두 마리가 번갈아 가며 알을 품는다.

128쪽 129쪽

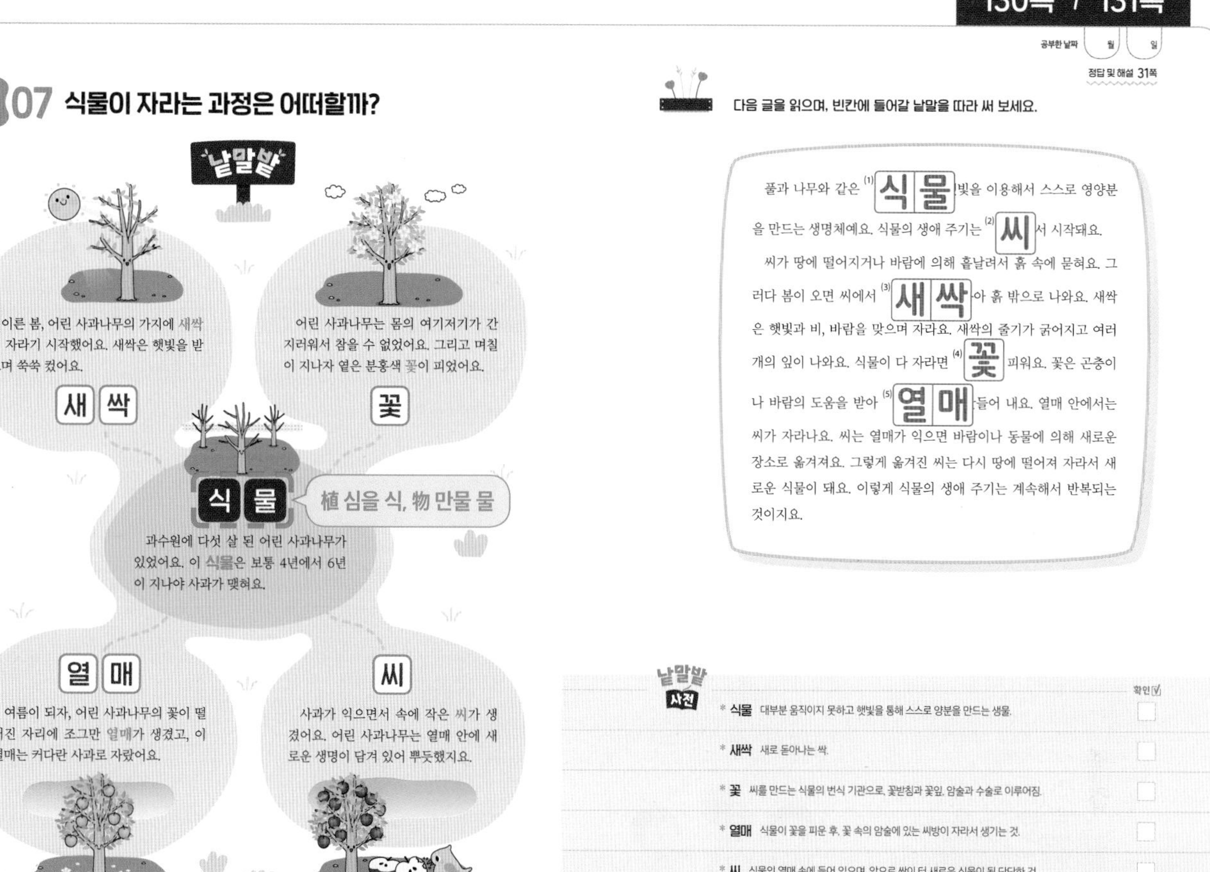

공부한 날짜 월 일

정답 및 해설 31쪽

과학 주제 07 식물이 자라는 과정은 어떠할까?

낱말밭

이른 봄, 어린 사과나무의 가지에 새싹이 자라기 시작했어요. 새싹은 햇빛을 받으며 쑥쑥 컸어요.

새싹

어린 사과나무는 몸의 여기저기가 간지러워서 참을 수 없었어요. 그리고 며칠이 지나자 옅은 분홍색 꽃이 피었어요.

꽃

식물 植 심을 식, 物 만물 물

과수원에 다섯 살 된 어린 사과나무가 있었어요. 이 식물은 보통 4년에서 6년이 지나야 사과가 맺혀요.

열매

여름이 되자, 어린 사과나무의 꽃이 떨어진 자리에 조그만 열매가 생겼고, 이 열매는 커다란 사과로 자랐어요.

씨

사과가 익으면서 속에 작은 씨가 생겼어요. 어린 사과나무는 열매 안에 새로운 생명이 담겨 있어 뿌듯했지요.

다음 글을 읽으며, 빈칸에 들어갈 낱말을 따라 써 보세요.

풀과 나무와 같은 (1) 식물은 빛을 이용해서 스스로 영양분을 만드는 생명체예요. 식물의 생애 주기는 (2) 씨에서 시작돼요.

씨가 땅에 떨어지거나 바람에 의해 흩날려서 흙 속에 묻혀요. 그러다 봄이 오면 씨에서 (3) 새싹이 흙 밖으로 나와요. 새싹은 햇빛과 비, 바람을 맞으며 자라요. 새싹의 줄기가 굵어지고 여러 개의 잎이 나와요. 식물이 다 자라면 (4) 꽃을 피워요. 꽃은 곤충이나 바람의 도움을 받아 (5) 열매를 들어 내요. 열매 안에서는 씨가 자라나요. 씨는 열매가 익으면 바람이나 동물에 의해 새로운 장소로 옮겨져요. 그렇게 옮겨진 씨는 다시 땅에 떨어져 자라서 새로운 식물이 돼요. 이렇게 식물의 생애 주기는 계속해서 반복되는 것이지요.

낱말밭 사전 확인☑

* 식물 대부분 움직이지 못하고 햇빛을 통해 스스로 양분을 만드는 생물.
* 새싹 새로 돋아나는 싹.
* 꽃 씨를 만드는 식물의 번식 기관으로, 꽃받침과 꽃잎, 암술과 수술로 이루어짐.
* 열매 식물이 꽃을 피운 후, 꽃 속의 암술에 있는 씨방이 자라서 생기는 것.
* 씨 식물의 열매 속에 들어 있으며, 앞으로 싹이 터 새로운 식물이 될 단단한 것.

130쪽 131쪽

과학 주제 07 낱말밭 일일학습

정답 및 해설 31쪽

1단계 확인과 적용

01 다음 뜻을 가진 낱말을 보기에서 찾아 쓰세요.

보기: 새싹 열매

(1) 새로 돋아나는 싹. (새싹)

(2) 식물이 꽃을 피운 후, 꽃 속의 암술에 있는 씨방이 자라서 생기는 것. (열매)

02 다음 중 '식물'의 뜻으로 알맞은 것을 찾아 ○표 하세요.

① 대부분 움직이지 못하고 햇빛을 통해 스스로 양분을 만드는 생물. (○)

② 사람을 제외하고 걷거나 기거나 날거나 물에 사는 모든 짐승을 통틀어 이르는 말. ( )

해설 ②는 '동물'의 뜻입니다.

03 다음 문장의 빈칸에 들어갈 낱말을 찾아 선으로 이으세요.

(1) 땅속에 ☐을/를 심으면 싹이 돋아난다. — ㉡ 씨

(2) 토마토 ☐이/가 익으면 초록색에서 빨간색으로 변한다. — ㉢ 열매

(3) ☐은/는 꽃받침, 꽃잎, 암술, 수술 등으로 이루어져 있다. — ㉠ 꽃

04 다음 중 밑줄 친 낱말을 바르게 사용하여 말한 친구의 이름을 쓰세요.

윤지: 식물의 열매 속에는 단단한 꽃이 들어 있어.

대원: 농부가 밭에 씨앗을 심었더니 작은 새싹이 자라났어.

(대원)

해설 윤지는 '식물의 열매 속에 들어 있으며, 앞으로 싹이 터 새로운 식물이 될 단단한 것.'에 대해 말하고 있습니다. 그러므로 '꽃' 대신 '씨'가 들어가야 합니다.

05 다음 빈칸에 공통으로 들어갈 낱말로 알맞은 것은 무엇인가요? (③)

끈끈이주걱은 습기가 많은 그늘에서 곤충을 잡아먹으며 자라는 식충 ☐이에요. 주걱 모양의 잎에 끈적한 물질을 발라 파리나 모기 같은 작은 곤충을 붙잡아 영양분을 흡수해요. 이 ☐은/는 다양한 색깔의 꽃을 피우고, 약의 재료로 사용되기도 해요.

① 꽃 ② 동물 ③ 식물 ④ 암수 ⑤ 열매

해설 이 글은 끈끈이주걱에 관해 설명하고 있습니다. '주걱 모양의 잎'이라는 부분을 볼 때, 빈칸에는 공통으로 '③ 식물'이 들어가야 알맞습니다.

06 다음 빈칸에 들어갈 알맞은 낱말을 보기에서 찾아 쓰세요.

보기: 씨 새싹 열매

유빈아, 안녕? 잘 지내고 있어? 나는 이번 여름 방학에 시골에 놀러 왔어. 여기서 수박이 익어 가는 모습을 보니까 정말 신기해. 밭에는 커다란 수박 ☐이/가 많이 열려 있어. 나중에 수확하면 너와 함께 나눠 먹고 싶어. 그럼 곧 수박을 가지고 갈게. 그때까지 잘 지내!

(열매)

2단계 활용

07 다음 보기와 같이 주어진 낱말을 넣어 짧은 문장을 쓰세요.

보기: 새싹 — 나무에서 새싹이 자라면 나중에 나뭇잎이 된다.

(1) 꽃 — 예 식물의 종류에 따라 꽃의 형태와 크기가 다양하다.

(2) 열매 — 예 감나무에서 딴 열매인 감은 달고 맛있다.

132쪽 133쪽

134쪽 / 135쪽

공부한 날짜 월 일

정답 및 해설 32쪽

과학 주제 08 자연 보호를 하는 방법은 무엇일까?

낱말밭

준호는 달력을 보고 매주 수요일이 재활용 쓰레기를 버리는 날이라는 것을 확인했어요. 오늘이 바로 수요일이었지요.

재활용 — 再 다시 재, 活 살 활, 用 쓸 용

준호는 누나와 함께 재활용 쓰레기를 버리기로 했어요. 종이, 비닐, 플라스틱, 스티로폼 등을 꼼꼼하게 분류했어요.

분류 — 分 나눌 분, 類 무리 류

자연 보호 — 自 스스로 자, 然 그러할 연, 保 보전할 보, 護 보호할 호

준호는 최근에 자연이 파괴되어 고통받는 동물들이 나오는 영상을 봤어요. 이를 보고 자연 보호를 결심했지요.

배출 — 排 물리칠 배, 出 날 출

준호는 재활용 쓰레기를 분리수거장에 모두 배출한 후, 앞으로 재활용을 더 철저히 해야겠다고 생각했어요.

절약 — 節 마디 절, 約 맺을 약

준호는 쓰레기를 줄이기 위해 절약하는 습관을 기르기로 하고, 작은 부분부터 실천하기 시작했어요.

다음 글을 읽으며, 빈칸에 들어갈 낱말을 따라 써 보세요.

자연을 보호하는 방법은 여러 가지가 있어요. 물을 (1) 절약 하고 물건을 아껴 쓰는 것도 중요하지만, (2) 재활용 를 잘 버리는 것도 일상에서 쉽게 실천할 수 있는 방법이에요.

재활용은 버려지는 물건 중에서 다시 사용할 수 있는 것들을 골라 새로운 물건으로 만드는 과정을 말해요. 재활용 쓰레기를 내놓을 때는 쓰레기를 올바르게 (3) 분류 것이 중요해요. 종이, 비닐, 플라스틱, 스티로폼, 유리 등 종류별로 쓰레기를 나누어 같은 종류끼리 모아 버려야 해요. 또한, 쓰레기에 음식물 찌꺼기가 남아 있다면 깨끗이 씻어서 버리고, 상자나 페트병에 붙어 있는 테이프나 종이는 떼어 내 따로 버려야 해요. 우리가 이렇게 재활용 쓰레기를 올바르게 (4) 배출 쓰레기 매립지를 줄이고 자원을 절약하는 등 (5) 자연보호 이 될 수 있어요.

낱말밭 사전 (확인)

- 자연보호: 인류의 생활 환경인 자연이 파괴되지 않도록 원인을 밝혀 미리 막고, 더 좋은 환경으로 만드는 일.
- 재활용: 못 쓰게 되어 버린 물품의 쓰임새를 바꾸거나 새 물건으로 만들어서 다시 씀.
- 분류: 종류에 따라서 가름.
- 배출: 안에서 밖으로 밀어 내보냄.
- 절약: 함부로 쓰지 않고 꼭 필요한 데에만 써서 아낌.

134쪽 135쪽

136쪽 / 137쪽

정답 및 해설 32쪽

과학 주제 08 낱말밭 일일학습

1단계 확인과 적용

01 다음 낱말의 뜻으로 알맞은 것을 찾아 선으로 이으세요.

(1) 배출 — ㉡ 안에서 밖으로 밀어 내보냄.
(2) 분류 — ㉠ 종류에 따라서 가름.
(3) 절약 — ㉢ 함부로 쓰지 않고 꼭 필요한 데에만 써서 아낌.

02 다음 빈칸에 들어갈 낱말을 보기에 있는 글자 카드로 만들어 쓰세요.

보기: 출 배 활 용 재

(1) 언니는 안 입는 옷을 (재활용)해서 강아지 옷을 만들었다.
(2) 공장에서는 오염 물질을 (배출)하지 않도록 주의해야 한다.

03 다음 문장에 어울리는 낱말을 찾아 ○표 하세요.

(1) 나는 옷을 색깔별로 (분류, 절약)해서 정리했다. [분류에 ○]
(2) 명수는 (재활용 , 자연 보호)을/를 위해 종이컵을 안 쓰기로 했다. [자연 보호에 ○]
(3) 아버지께서는 연료를 (배출 , 절약)하기 위해 가까운 곳은 걸어 다닌다. [절약에 ○]

04 다음 밑줄 친 낱말을 바르게 사용하여 말한 친구의 이름을 쓰세요.

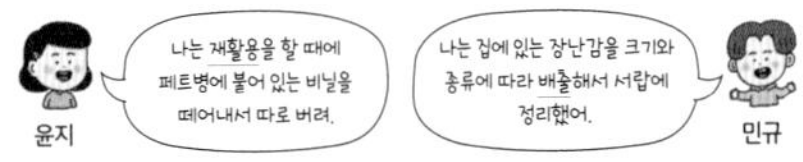

윤지: 나는 재활용을 할 때에 페트병에 붙어 있는 비닐을 떼어내서 따로 버려.
민규: 나는 집에 있는 장난감을 크기와 종류에 따라 배출해서 서랍에 정리했어.

(윤지)

해설 민규는 집에 있는 장난감을 크기와 종류에 따라 나누어 정리했다고 말하고 있습니다. 그러므로 '배출' 대신에 '분류'가 들어가야 알맞습니다.

05 다음 밑줄 친 낱말과 같은 낱말이 들어갈 문장에 ○표 하세요.

나는 전기를 절약하기 위해 사용하지 않는 전등은 끈다.

① 형은 이를 닦을 때 수도꼭지를 잠가서 물을 [ ]한다. (○)
② 나는 [ ]을 위해 매주 쓰레기 줍기 활동에 참여한다. ( )
③ 도서관은 책이 잘 [ ]되어 있어 원하는 책을 찾기 쉽다. ( )

해설 '절약'은 '함부로 쓰지 않고 꼭 필요한 데에만 써서 아낌.'이라는 뜻이므로, ①의 빈칸에 들어가야 알맞습니다. ②의 빈칸에는 '자연 보호'가, ③의 빈칸에는 '분류'가 들어가야 알맞습니다.

06 다음 빈칸에 공통으로 들어갈 낱말로 알맞은 것은 무엇인가요? (④)

요즘 사람들은 오래된 옷이나 액세서리를 버리지 않고 새롭게 만들어서 [ ]하기도 해요. 예를 들어, 오래된 티셔츠를 가방으로 만들거나 낡은 장신구를 새로운 모양으로 바꾸기도 해요. 이렇게 오래된 물건을 [ ]하면 계속해서 사용할 수 있어요. 그리고 쓰레기를 줄일 수 있어요.

① 배출 ② 분류 ③ 절약 ④ 재활용 ⑤ 자연 보호

2단계 활용

07 다음 보기와 같이 주어진 낱말을 넣어 짧은 문장을 쓰세요.

보기: 분류 — 가족의 신발을 분류하여 신발장에 넣었다.

(1) 배출 — 예 공장에서는 폐수를 배출해서는 안 된다.

(2) 자연 보호 — 예 우리 가족은 자연 보호를 위해 등산 후 쓰레기를 주워서 집으로 가져온다.

136쪽 137쪽

공부한 날짜 월 일

과학 주제 05~08 낱말밭 주간학습

정답 및 해설 33쪽

01 다음 문장의 빈칸에 들어갈 낱말을 보기에서 찾아 쓰세요.

보기: 배출 새싹 출산

(1) 우리 몸은 땀을 통해 노폐물을 (배출)한다.
(2) 따뜻한 봄바람이 불자 여기저기 (새싹)이 돋아났다.
(3) 호랑이는 (출산)을 하고 나서 새끼를 안전한 장소에서 돌본다.

02 다음 문장에 어울리는 낱말을 찾아 ○표 하세요.

(1) 비둘기는 평화를 상징하는 (동물, 식물)로 여겨진다.
(2) 벌은 (번식, 암수)이/가 구분되며 각각의 역할이 다르다.
(3) 약국에서는 종류에 따라 약을 (분류, 절약)하여 정리한다.

해설 ②는 플라스틱 쓰레기가 나오는 것을 줄인다는 내용이므로, '절약' 대신에 '배출'이라고 써야 알맞습니다.

03 다음 중 밑줄 친 낱말이 바르게 사용된 것을 찾아 ○표 하세요.

① 언니는 우유갑을 깨끗하게 씻어서 재활용했다. (○)
② 나는 플라스틱 절약을 줄이기 위해 종이 빨대를 사용한다. ( )

해설 승주는 밥을 먹고 나서 수세미로 그릇을 닦았다는 것을 말하고 있습니다. 그러므로 '분류했어' 대신에 '닦았어'가 들어가야 합니다.

04 다음 밑줄 친 낱말을 바르게 사용하여 말한 친구의 이름을 쓰세요.

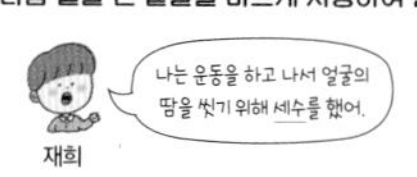

나는 밥을 먹고 나서 수세미로 그릇을 깨끗하게 분류했어.
승주

(재희)

해설 ㉣에는 '씨를 만드는 식물의 번식 기관으로, 꽃받침과 꽃잎, 암술과 수술로 이루어짐.'이라는 뜻의 '꽃'이 들어가야 알맞습니다.

05 다음 ㉠~㉤ 중에서 뜻이 알맞게 쓰이지 않은 낱말을 찾아 기호를 쓰세요.

동물과 식물은 생명을 계속 이어 가기 위해서 각각 ㉠번식을 해요. 동물은 ㉡암수의 짝짓기를 통해 새끼를 ㉢출산하고, 식물은 꽃을 피운 후, 암술과 수술이 꽃가루를 통해 만나지요. 그러고 나서 ㉣새싹은 열매로 변하는데, 이 열매는 새로운 식물이 자라날 수 있는 ㉤씨를 담고 있지요. 이러한 과정을 통해 자연은 계속 유지돼요.

(㉣)

06 다음 빈칸에 공통으로 들어갈 낱말로 알맞은 것은 무엇인가요? (②)

우리가 먹는 과일 중에는 열매 안에 있는 [ ]을/를 함께 먹을 수 있는 것도 있지만, 먹지 말아야 하는 것도 있어요. 참외, 포도, 딸기와 같은 과일의 [ ]은/는 영양분이 많아서 과일과 함께 씹어 먹을 수 있어요. 반면에 체리, 살구, 복숭아, 매실의 [ ]은/는 깨물면 독이 나와서 배나 머리가 아플 수 있으니, 먹지 않는 것이 좋아요.

① 꽃 ② 씨 ③ 새싹 ④ 식물 ⑤ 암수

해설 이 글은 우리나라에서 사라져 가는 식물들에 대한 글이므로, 빈칸에는 '생물의 한 종류가 아주 없어짐.'이라는 뜻의 '멸종'이라는 낱말이 들어가야 알맞습니다.

07 다음 빈칸에 들어갈 낱말로 알맞은 것을 보기에서 찾아 쓰세요.

보기: 멸종 암수 출산

우리나라에서 [ ]될 위기에 처한 식물들이 있어요. 열매 모양이 둥근 부채를 닮은 미선나무, 나무줄기나 바위에 붙어사는 나도풍란, 주로 한라산에 있는 한라솜다리, 자주색 꽃이 국화처럼 피는 단양쑥부쟁이 등이 있지요. 따라서 이러한 식물들을 지키기 위해서 우리는 자연 보호에 더욱 힘써야 해요.

(멸종)

[08~10] 다음 글을 읽고, 물음에 답하세요.

옛날 전라도에 조륵이라는 사람이 살았어요. 조륵은 돈을 아끼고 [㉠]하는 생활을 중요하게 여겼지요. 예를 들어, 고무신을 한 켤레 사면 닳을까 봐 평소에는 신지 않고, 꼭 필요한 날에만 신었어요. 또 시장에 가서 생선을 살 때도, 막상 생선은 사지 않고 만지작거리기만 한 뒤 집에 돌아와 손을 ㉮깨끗하게 닦고 그 물로 국을 끓여 마치 생선국처럼 먹었지요. 이런 조륵의 모습을 보고 사람들은 그를 구두쇠라며 비웃었어요. 하지만 그는 남들이 뭐라 하든 상관없이 자신의 생활 방식을 지켰어요.

그러던 어느 날, 심한 가뭄이 전국을 휩쓸어 많은 사람이 어려움에 부딪혔어요. 이때 조륵은 그동안 아껴 모은 재산을 마을 사람들에게 나누어 주어, 그들이 굶어 죽지 않도록 도왔어요. 사람들은 이 모습을 보고 조륵의 진정한 마음을 깨닫고, 그동안 비웃었던 것을 미안하게 생각했지요.

08 ㉠에 들어갈 알맞은 낱말로 알맞은 것에 ○표 하세요.

멸종 분류 (절약)

해설 ㉡은 '문지르다'의 뜻입니다.

09 ㉮의 뜻으로 알맞은 것을 보기에서 찾아 기호를 쓰세요.

보기
㉠ 더러운 때나 남은 찌꺼기가 없다.
㉡ 무엇을 서로 눌러 대고 이리저리 밀거나 비비다.

(㉠)

해설 이 글은 평소에 절약하며 구두쇠 노릇을 하던 조륵이 이웃이 어려운 상황에 전 재산을 내놓았다는 이야기이므로, 빈칸에는 '④ 절약'이 들어가야 알맞습니다.

10 다음은 윗글의 제목입니다. 빈칸에 들어갈 낱말로 알맞은 것은 무엇인가요? (④)

[ ](으)로 이웃을 도운 구두쇠 조륵 이야기

① 배출 ② 세수 ③ 양치 ④ 절약 ⑤ 재활용

정답 및 해설 33쪽

디지털 속 한 문장

다음 활동 후기를 읽고, 자연 보호라는 낱말을 넣어 ㉠에 들어갈 답글을 써 보세요.

예 나도 자연 보호를 위해서 쓰레기를 함부로 버리지 않고, 물과 에너지를 아껴 써야겠다.

어휘 평가 정답 및 해설

국어 어휘평가

01 ⑤	02 ②	03 ①	04 ①	05 ④	06 ④
07 ③	08 ②	09 ④	10 ③	11 ④	12 ⑤
13 ①	14 ⑤	15 ②	16 ⑤	17 ④	

03 '① 모레'의 뜻은 '내일의 다음 날.'입니다.

04 이 그림은 고양이가 다양한 감정을 생각하는 모습이므로, 이와 어울리는 낱말은 '① 감정'입니다.

05 밑줄 친 부분은 '설명, 명령하거나 권하는 문장의 끝에 쓰는 문장 부호.'라는 뜻의 '④ 마침표'로 바꾸어 쓸 수 있습니다.

06 '만나다'는 '누군가 가거나 와서 둘이 서로 마주 보다.'라는 뜻이고, '헤어지다'는 '모여 있던 사람들이 따로따로 흩어지다.'라는 뜻이므로, 반대되는 뜻을 지닌 낱말끼리 묶인 것은 ④입니다.

08 ②의 문장에서 '오늘보다 날씨가 흐릴 것이다.'라는 말은 아직 일어나지 않은 일을 뜻하므로, 밑줄 친 '어제' 대신 '내일'이나 '모레'가 들어가야 합니다.

10 ㉠에는 '책을'과 '도서관에 가자.'를 통해 '읽으러'라는 말이 들어가야 하고, ㉡에는 '오늘은 할머니 병문안을 가야 해.'라는 내용을 통해 '오늘의 바로 다음 날.'이라는 뜻의 '내일'이 들어가야 한다는 것을 알 수 있습니다.

11 '쑥스럽다'는 '하는 짓이나 모양이 자연스럽지 못하고 우습고 싱거운 데가 있다.'라는 뜻으로, '쑥스러움을 느끼어 매우 수줍다.'라는 뜻의 '④ 부끄럽다'로 바꾸어 쓸 수 있습니다.

12 ①은 '시간', ②는 '헤어지다', ③은 '기쁘다', ④는 '만들다'의 뜻입니다.

14 ①은 '물음표', ②는 '만들다', ③은 '퐁당퐁당', ④는 '무섭다'의 뜻입니다.

15 ①은 '내일', ③은 '대롱대롱', ④는 '예의', ⑤는 '내용'의 뜻입니다.

16 ㉡은 '생각이나 느낌 등을 언어나 몸짓으로 드러내어 나타내는 것.'이라는 뜻의 '⑤ 표현한다'와 바꾸어 쓸 수 있습니다.

사회 어휘평가

01 ②	02 ③	03 ⑤	04 ②	05 ⑤	06 ⑤
07 ③	08 ⑤	09 ②	10 ②	11 ①	12 ③
13 ③	14 ⑤	15 ①	16 ②	17 ⑤	

01 '② 설날'은 '새해를 맞이하는 첫날을 기념하는 명절로, 음력 1월 1일임.'이라는 뜻입니다.

02 '입학'은 '학생이 되어 공부하기 위해 학교에 들어감.'이라는 뜻이고, '졸업'은 '학생이 학교에서 정해진 교육 과정을 마침.'이라는 뜻이므로, 반대되는 뜻을 지닌 낱말끼리 묶인 것은 ③입니다.

03 '경찰'이라는 내용을 통해 빈칸에는 '⑤ 파출소'가 들어가야 알맞습니다.

05 '정형외과'는 '근육이나 뼈에 생긴 병을 치료하는 곳.'이라는 뜻입니다. 그러므로 ⑤에는 '눈에 생긴 병을 치료하는 곳.'이라는 뜻의 '안과'가 들어가야 알맞습니다.

06 이 글은 '새해에 처음 맞는 보름날로, 음력 1월 15일임.'이라는 뜻의 '정월 대보름'의 전날에 하는 쥐불놀이를 설명하고 있습니다. 그러므로 빈칸에는 '⑤ 정월 대보름'이 들어가야 합니다.

08 ①은 '자매', ②는 '친척', ③은 '돌', ④는 '내과'의 뜻입니다.

10 밑줄 친 부분은 '아버지와 어머니를 함께 이르는 말.'이라는 뜻의 '② 부모'와 바꾸어 쓸 수 있습니다.

11 ㉠의 앞에 '첫 생일'이라는 내용을 통해 ㉠에는 '어린 아이가 태어난 날로부터 한 해가 되는 날.'이라는 뜻의 '돌'이 들어가야 알맞다는 것을 알 수 있습니다.

12 ①은 '행사', ②는 '사촌', ④는 '명절', ⑤는 '남매'의 뜻입니다.

14 이 그림은 소방서에서 소방차가 출동하는 모습입니다. 그러므로 이와 어울리는 낱말은 '⑤ 소방서'입니다.

15 정월 대보름은 우리 나라의 명절 중 하나입니다. 그러므로 ㉠에는 '① 명절'이 들어가야 알맞습니다.

16 '㉮ 행사'는 '어떤 일을 실제로 함. 또는 그 일.'이라는 뜻이므로, '돌', '입학', '졸업', '결혼'이 이와 관련 있는 낱말입니다. '② 내과'는 '병원'과 관련 있는 낱말입니다.

과학 어휘평가

01 ④	02 ⑤	03 ③	04 ③	05 ③	06 ④
07 ②	08 ③	09 ②	10 ⑤	11 ②	12 ①
13 ⑤	14 ①	15 ②	16 ②	17 ②	

01 ①은 '배출', ②는 '멸종', ③은 '피서', ⑤는 '수확'의 뜻입니다.

02 이 글은 여름의 더운 날씨에 관해 설명하고 있습니다. 그러므로 빈칸에는 '습도와 온도가 매우 높아 찌는 듯 견디기 어려운 더위.'라는 뜻의 '⑤ 무더위'가 들어가야 알맞습니다.

03 '③ 문지르다'는 '무엇을 서로 눌러 대고 이리저리 밀거나 비비다.'라는 뜻입니다.

05 집을 떠나 가까운 숲이나 산에 갈 때 벌레에 물리지 않기 위해 긴 옷을 입어야 한다는 내용입니다. 그러므로 빈칸에 공통으로 '집을 떠나 가까운 곳에 잠시 다녀오는 일.'이라는 뜻의 '③ 나들이'가 들어가야 알맞습니다.

06 밑줄 친 부분은 '손이나 얼굴을 씻음.'이라는 뜻의 '④ 세수하니'와 바꾸어 쓸 수 있습니다.

08 '고드름'은 '지붕 끝에서 떨어지는 물 등이 밑으로 흐르다가 길게 얼어붙은 얼음.'이라는 뜻입니다. ③에는 '고드름' 대신 '새로 돋아나는 싹.'이라는 뜻의 '새싹'이 들어가야 알맞습니다.

09 밑줄 친 부분은 '② 낙엽'으로 바꾸어 쓸 수 있습니다.

10 이 그림은 재활용 분리수거장의 모습이므로, 이와 어울리는 낱말은 '⑤ 재활용'입니다.

11 ㉠에는 우리나라의 사계절 중 여름과 겨울 사이의 계절을 나타내는 말이 들어가야 합니다. 그러므로 '② 가을'이 알맞습니다.

12 '㉮ 춥게'는 '공기의 온도가 낮다.'라는 뜻입니다. 이와 반대되는 낱말은 '공기의 온도가 높다.'라는 뜻의 '① 덥게'입니다.

14 이 글은 식물이나 동물의 한 종이 아주 사라지는 일에 대해 말하고 있습니다. 그러므로 ㉠이 가리키는 낱말은 '생물의 한 종류가 아주 없어짐.'이라는 뜻의 '① 멸종' 입니다.

15 이 문장은 '그는 매연이 나오지 않는 자동차를 개발했다.'라는 내용입니다. 그러므로 빈칸에는 '안에서 밖으로 밀어 내보냄.'이라는 뜻의 '② 배출'이 들어가야 알맞습니다.

16 '겨울 동안 먹기 위해 김치를 한꺼번에 많이 담그는 것'이라는 내용을 통해 ㉠에는 '② 김장'이 들어가야 알맞습니다.

17 ①은 '건조하다', ③은 '따뜻하다', ④는 '문지르다', ⑤는 '닦다'의 뜻입니다.

어휘 실력을 확인하는 방법

맞은 개수 17~14개 실력이 매우 우수합니다.
어휘의 사전적·문맥적 의미를 정확하게 이해하며 낱말을 논리적으로 활용할 수 있습니다.

맞은 개수 13~8개 실력이 보통입니다.
학습하는 데 필요한 용어를 이해하고 구분하여 쓸 줄 압니다. 다만 아직 문맥 속에서 뜻을 유추하거나 활용하는 능력은 부족해 보입니다. 어휘 이해력과 활용 능력을 향상시킬 필요가 있습니다.

맞은 개수 7~0개 실력이 다소 부족합니다.
교과서에 자주 등장하는 학습 도구 어휘와 교과서를 이해하는 데 꼭 필요한 국어 개념 어휘를 이해하지 못해 교과서를 읽는 데 어려움을 겪을 것으로 보입니다. 기본적인 교과 개념 어휘를 익히는 훈련이 필요합니다.

메모

www.neungyule.com

달곰한 문해력 초등 어휘

학년별 시리즈 안내

추천 학년	단계	어휘 교과 영역
초 1~2학년	1단계	국어, 사회, 과학, 수학
초 1~2학년	2단계	국어, 사회, 과학, 수학
초 3~4학년	3단계	국어, 사회, 과학, 수학
초 3~4학년	4단계	국어, 사회, 과학, 수학
초 5~6학년	5단계	국어, 사회, 과학, 수학
초 5~6학년, 예비 중 1	6단계	국어, 사회, 과학, 수학

NE능률 국어연구소

NE능률 국어연구소는 전문성과 탁월성을 기반으로
국어교육 트렌드를 선도합니다.

달곰한 문해력 초등 어휘 1단계

펴 낸 날 2024년 11월 15일(초판 1쇄)
펴 낸 이 주민홍
펴 낸 곳 (주)NE능률

지 은 이 NE능률 문해력연구회
개발책임 장명준
개 발 류예지, 이자원, 박수희
디자인책임 오영숙
디 자 인 민유화, 김명진
제작책임 한성일

등록번호 제1-68호
I S B N 979-11-253-4877-1 63710

대표전화 02 2014 7114
홈페이지 www.neungyule.com
주 소 서울시 마포구 월드컵북로 396(상암동) 누리꿈스퀘어 비즈니스타워 10층 (우편번호 03925)